Über das Denken bei Joseph Beuys und Rudolf Steiner

ÜBER DAS DENKEN

bei Joseph Beuys und Rudolf Steiner

Wolfgang Zumdick

Wiese Verlag
Basel

Für ihre Unterstützung danke ich
Prof. Dr. Matthias Gatzemeier,
Prof. Dr. Theo Buck,
Hans Ulrich Bodenmann,
dem Evangelischen Studienwerk Haus Villigst,
meiner Familie und meinen Freunden.

Besonders danken möchten wir der JOSEPH BEUYS-STIFTUNG, Basel, für ihren Beitrag, der es ermöglichte, diese Publikation in dieser Form erscheinen zu lassen.

ISBN 3-909164-28-5
© 1995 Wiese Verlag, Basel; ProLitteris, Zürich
Für alle Beuys-Reproduktionen in diesem Buch:
Copyright 1995 ProLitteris, Zürich
D82 (Diss. RWTH Aachen)
Herstellung und Druck: Basler Zeitung, Basel
Printed in Switzerland

INHALT

VORWORT	9
I. VON DER GRÖSSE DES DENKENS	11
EINFÜHRUNG	13
1. DIE «PHILOSOPHIE DER FREIHEIT» **Rudolf Steiners Erkenntnistheorie**	15
– Die erkenntnistheoretische Argumentation	17
– Die ‹Philosophie der Freiheit› im Werkkontext Rudolf Steiners – Warum eine Freiheitsphilosophie?	20
– Wie schließt Beuys an Steiners Freiheitsphilosophie an?	23
– Zusammenfassung	29
2. «ZU WIRKEN DIE WUNDER EINES DINGES». **Mikrokosmos und Makrokosmos – Steiners Lehre von der Entsprechung der Welten**	31
– Mikrokosmos	31
– Makrokosmos	37
– Engel	39
3. DIE HÖHEREN FORMEN DES DENKENS **Imagination, Inspiration, Intuition**	43
– Imagination	45
– Inspiration	51
– Intuition	57
Moralische Intuition	57
Das Ich	59
Der Wille	61
Das höhere Ich	63
– Zusammenfassung	67

4. «EIN TAG IM LEBEN BRAHMAS» — 69
Weltgeschichte als Geschichte des Menschen

- Erste Epoche: Die physische Weltentwicklung – Saturn, Sonne, Mond, die Herausbildung der Erde — 71
  - Saturn (Feuer) — 72
  - Sonne (Luft) — 73
  - Mond (Wasser) — 74
  - Erde (Erde) — 74

- Exkurs: Weltentwicklung als zyklischer Prozeß — 78

- Zweite Epoche: Die seelische Weltentwicklung – Vierter Äon:
  - Die Erde — 80
  - Das Paradies — 81
  - Der Sündenfall — 81
  - Christus — 85

- Dritte Epoche: Die geistige Weltentwicklung – Spätzeit der Erde, Jupiter, Venus, Vulkan — 86
  - Materialismus — 86
  - Auferstehung — 89

5. Schlussbetrachtung — 91

II. «DER TOD HÄLT MICH WACH» — 95

EINFÜHRUNG — 97

1. JOSEPH BEUYS – EVOLUTION — 101

- Inspirationskulturen — 101
- Säkularisation — 108
- Platon — 110
- Aristoteles — 113
- Kant — 117
- Christentum — 121
- Sonnenstaat — 126

2. «HIERMIT TRETE ICH AUS DER KUNST AUS» — 133

3. PLASTISCHE THEORIE UND SOZIALE SKULPTUR 141

SCHLUSSWORT 153

ANHANG 1 155

Zur Forschungslage 155

Weiterführende Literatur 158

ANHANG 2 161

Abbildungen 161

Literaturverzeichnis 165

«Sehr geehrter, lieber Herr Schradi,

es liegen noch etwa 1000 unbeantwortete Anfragen vor mir. Entschuldigen Sie bitte deswegen, daß diese Antwort zunächst nicht tiefer eingehen kann. Nehmen Sie aber bitte entgegen: ihre Worte haben mich tiefberührt weil Sie mir damit den Namen Rudolf Steiners zuriefen über den ich seit meiner Kindheit immer wieder nachdenken muß weil wie ich weiß gerade von ihm ein Auftrag an mich erging *auf meine Weise* den Menschen die Entfremdung und das Mißtrauen gegenüber dem Übersinnlichen nach und nach wegzuräumen. Im politischen Denken, dem Acker den ich täglich zu bearbeiten habe gilt es die Dreigliederung so schnell wie möglich Wirklichkeit werden zu lassen. Diese Idee muß aus den Menschen herausgeholt werden da sie in jedem einzelnen in verschiedenem Grade vorgebildet ist. Sie muß erstehen als die freie Leistung des Menschen selbst. Die große Leistung Steiners ist es gewesen garnichts «erfunden» zu haben sondern (*nur!*) aus der unendlich gesteigerten Wahrnehmung heraus vorgetragen zu haben was des Menschen höhere Sehnsucht ist wenn er es auch *noch nicht* weiß.

Behutsamkeit, Indirektheit, Unmerklichkeit, auch oft ‹Antitechniken› sind *meine* Möglichkeiten. Nicht ein Überfluten mit ‹anthroposophischem Museum›. Denn mit der ‹Gesellschaft› haben sehr viele auch ich selbst nicht recht überzeugende um nicht zu sagen üble Erfahrungen gemacht. Und ich kenne zu gut das Mißtrauen, ja sogar den Ekel allzuvieler.

Wo dieses Mißtrauen auch nur ganz gering Eingang gefunden hat ist man immer bereit den Schatz mit dem Unwert zusammenzuwerfen und zu *ver*werfen. Dann aber wird man blind für den einzig gangbaren Weg.

Mit herzlichen Grüßen Ihr Joseph Beuys»[1]

---

[1] Aus: Joseph Beuys – Plastische Bilder 1947–1970, Stuttgart 1990, Anm. 23 auf S. 31 zu dem Aufsatz von Dieter Koepplin.

VORWORT

Womit beschäftigt sich dieses Buch? Es geht zunächst der Frage nach, wie Rudolf Steiner aus dem menschlichen Denkvermögen eine ganze Welt entfaltet. Philosophisch gesprochen: Es fragt nach der Logik und Metaphysik in Steiners Werk. Sodann versucht es, die Ideenzusammenhänge des Erweiterten Kunstbegriffes von Joseph Beuys nachzuzeichnen – es analysiert sein philosophisches Denken, seinen Freiheitsbegriff und die praktischen Konsequenzen, die er aus ihm zieht.

An vielen Stellen in Beuys' Werk findet sich ein direkter Hinweis auf Rudolf Steiner. Beuys hat ihm in Theorie und Praxis in vielem zugestimmt. Wenn nun hier versucht wird, ihre Ideen einander gegenüberzustellen, so sollte das nicht dazu verleiten, daß man sie in ein falsches Abhängigkeitsverhältnis zueinander bringt. Auch wenn die isolierte Darstellung von reinen Ideenzusammenhängen beim Lesen dieses Buches manchmal zu der Annahme verführen könnte, Beuys sei lediglich ein genialer Interpret Steiners gewesen, so waren beide jedoch jeweils auf ihre Weise daran interessiert, Interpreten eines weitaus größeren Zusammenhangs zu sein:

> *Beuys: «Mein ganzes Leben war Werbung, aber man sollte sich einmal dafür interessieren,* wofür *ich geworben habe.»*[2]

Daß die Konzentration auf rein gedankliche Zusammenhänge zu einer künstlichen Aufspaltung der tatsächlich geleisteten Lebensarbeit sowohl Steiners als auch Beuys' führt, die zu allererst daran interessiert waren, die Trennung zwischen *Intellekt* und *Seele*, *Kunst* und *Leben* aufzuheben, ist ein Paradox, mit dem jeder konfrontiert wird, der sich ihren Arbeiten nähert.

Beide – sowohl Idee als auch Praxis – besitzen eine starke Anziehungskraft, welche die meisten Neugierigen zunächst auf die eine oder die andere Seite zieht: So werden Steiners praktische Ansätze oft genug von Leuten anerkannt und geschätzt, die mit seinen sonstigen «Flausen» nichts anzufangen wissen. Bei Beuys hingegen teilt sich die Anhängerschaft oftmals in solche, die entweder seine sozialen, politischen Ideen überzeugend finden, vor einer Fettecke aber mehr als ratlos stehen – oder umgekehrt.

Hier offenbart sich in der Rezeption der Werke Beuys' und Steiners selbst noch einmal jene Spaltung, deren Überwindung beide für lebens-

---
[2] Zitiert in: Johannes Stüttgen: Zeitstau. Im Kraftfeld des Erweiterten Kunstbegriffes von Joseph Beuys. Stuttgart 1988, S. 71.

notwendig hielten, deren Vorhandensein aber auch nicht vorschnell übertüncht werden darf. Darauf haben beide immer wieder hingewiesen. Der Schmerz, den der blinde Fleck zwischen den Polen *Idee* und *Praxis* in der menschlichen Seele hinterläßt, ist vielleicht der beste Fingerzeig darauf, daß die eigentliche Arbeit am «Rätsel Mensch» erst noch zu leisten ist.

Rudolf Steiner, Gründer der Anthroposophischen Bewegung, wurde am 27. Februar 1861 im österreichisch-ungarischen Kraljevec geboren. Er starb am 30. März 1925 in Dornach/Schweiz. Bis heute haben seine in zahllosen Vorträgen und Schriften entwickelten Ideen nichts von ihrer Aktualität verloren und finden ihre praktische Umsetzung insbesondere in Pädagogik, Landbau und Medizin.

Joseph Beuys, geboren am 12. Mai 1921 in Krefeld, gilt bereits heute als einer der bedeutendsten Künstler des zwanzigsten Jahrhunderts. Sein *Erweiterter Kunstbegriff*, den er selbst als *Mein größtes Kunstwerk* bezeichnete, führte ihn zu unermüdlichem sozialem und politischem Engagement, so unter anderem als Mitbegründer der Grünen Partei. Er starb 1986 in Düsseldorf.

TEIL I

VON DER GRÖSSE DES DENKENS

«Die Tätigkeitsformen des Denkens sind unbegrenzt und gestalten die Lebensumstände. Ein unreines Denken umgibt sich mit unreinen Dingen, und ein reines Denken umgibt sich mit reinen Umständen. Umstände sind folglich ebenso unbegrenzt wie die Tätigkeitsformen des Denkens (...) Daher ist die Lebens- und die Todeswelt vom Denken geschaffen, dem Denken verhaftet, durch Denken regiert, und das Denken ist jeglicher Lage Herr und Meister.»

Aus einer Mahayana-Schrift

Einführung

> Hat Rudolf Steiner diese Dinge geträumt? Hat er sie geträumt, weil sie einmal, zu Anfang aller Zeit geschehen sind? Es steht jedenfalls fest, daß sie viel erstaunlicher sind als die Demiurgen und Schlangen und Stiere anderer Kosmogonien.
>
> Jorge Luis Borges

Was Jorge Luis Borges so sehr in Erstaunen setzte, hatte seit dem ersten Auftreten Rudolf Steiners in der Öffentlichkeit Anfang dieses Jahrhunderts erbitterten Widerstand wie kritiklose Faszination, gewissenhaftes Studium wie höhnische Ablehnung zur Folge.

In der Tat tummeln sich in Steiners Universum Engel, Geister und Dämonen, reisen Seelen durch Planetensphären, tanzen Schleier, Farben, Energien – und dies alles vorgebracht mit größter Selbstverständlichkeit in dem Anspruch, ein modernes, umfassendes Bild des Menschen vorzustellen.

Bemerkenswert ist allerdings, worauf diese, auf den ersten Blick so exotische Kosmologie – die selbst einen so ausschweifenden und besessenen Leser wie Borges noch verblüffen konnte – gründet: Der überreiche Steinersche Kosmos findet seinen Anfang in der scheinbar staubtrockenen methodischen Beschäftigung eines Gelehrten mit dem *Denken*.

Schon Jahre vor dem Erscheinen seiner grundlegenden philosophischen Schrift «Die Philosophie der Freiheit» beschreibt Steiner seine Auffassung des Denkens wie folgt:

> *Wer dem Denken seine über die Sinnesauffassung hinausgehende Wahrnehmung zuerkennt, der muß ihm notgedrungen auch Objekte zuerkennen, die über die bloße sinnenfällige Wirklichkeit hinaus liegen. Diese Objekte des Denkens sind aber die Ideen. Indem sich das Denken der Idee bemächtigt, verschmilzt es mit dem Urgrunde des Weltdaseins; das was außen wirkt, tritt in den Geist des Menschen ein: er wird mit der objektiven Wirklichkeit auf ihrer höchsten Potenz eins. Das Gewahrwerden der Idee in der Wirklichkeit ist die wahre Kommunion des Menschen. – Das Denken hat den Ideen gegenüber dieselbe Bedeutung, wie das Auge dem Lichte, das Ohr dem Ton gegenüber. Es ist Organ der Auffassung.*[1]

---

[1] Rudolf Steiner, Einleitung zu Goethes naturwissenschaftlichen Schriften in Kürschners «Deutscher Nationalliteratur». Zweiter Band, S. IV. Zit. nach: ders., «Mein Lebensgang», Frankfurt/M. 1985, S. 164f.

Steiner selbst spürte, daß dieser emphatischen und im eigentlichen Sinne romantischen Auffassung des Denkens, angesichts des metaphysikfeindlichen und deutlich ernüchterten geistigen Klimas des 19. Jahrhunderts eine grundlegend methodische und Schritt für Schritt durchdachte Auseinandersetzung mit dem Phänomen des Denkens vorausgehen müsse:

Was ist das Denken?
Wo liegen seine Grenzen?
Und welche Möglichkeiten eröffnet es dem Menschen?

1. DIE «PHILOSOPHIE DER FREIHEIT»
Rudolf Steiners Erkenntnistheorie

Rudolf Steiners «Philosophie der Freiheit», die sich diesen Fragen widmet, erschien 1894.[2] Dementsprechend trägt sie auch die Züge der wissenschafts- und erkenntnistheoretischen Diskussion dieser Zeit, einer Zeit, in der die Philosophie Hegels allmählich von den Hochschulen verdrängt wird und mehr und mehr einer neuen Zuwendung und Neuinterpretation Kants zu weichen beginnt.[3] Zeitgleich mit der Wiederbeschäftigung mit Kant geht der Versuch einher, eine einheitliche, materialistisch-positivistische Wissenschaftstheorie der Naturwissenschaften zu begründen. Die stete Weiterentwicklung der Naturwissenschaften und der Technik und die Stagnation der Geisteswissenschaften und der Philosophie führen zu einer wissenschaftlichen Euphorie, die – ganz allgemein gesagt – in das Bestreben mündet, Philosophie ganz und gar in Wissenschaftstheorie aufzulösen. Steiner sieht in dieser Entwicklung, durch die das geistige Leben seiner Zeit immer deutlicher in den Sog vornehmlich dieser zwei Varianten des philosophischen und wissenschaftstheoretischen Dualismus gerät, eine Bedrohung für das Denken überhaupt und sieht sich, allen dualistischen Tendenzen zum Trotz, vor die Aufgabe gestellt, ein in der Tradition von Goethe und Hegel stehendes Konzept eines erkenntnistheoretischen Monismus zu entwickeln. Diesem Zweck dient die «Philosophie der Freiheit».

«Das Reden von Erkenntnisgrenzen hatte für mich keinen Sinn», schreibt er rückblickend in seiner Autobiographie «Mein Lebensgang». «Erkennen war mir das Wiederfinden der durch die Seele erlebten Geistesinhalte in der wahrgenommenen Welt. Wenn jemand von Erkenntnisgrenzen sprach, so sah ich darinnen das Zugeständnis, daß er die wahre Wirklichkeit nicht geistig in sich erleben und sie deshalb auch in der wahrgenommenen Welt nicht wiederfinden könne. Auf die Widerlegung der Anschauung von Erkenntnisgrenzen kam es mir beim Vorbringen meiner eigenen Einsichten in erster Linie an.»[4]

Ganz in diesem Sinne ist die Hauptargumentation der Schrift auf die Widerlegung des kantischen und neukantischen Dualismus gerichtet. Dieser, so Steiner, widerspreche dem geistigen Bedürfnis nach einer grundlegenden Übereinstimmung von Geist und Natur. Da der Mensch selbst ein Naturwesen sei, bringe er auch alle Erkenntnisvoraussetzungen mit, um das Wesen der Dinge adäquat erkennen und verstehen zu können. Eine Philosophie, die diese Möglichkeit bestreite, müsse auf

---

[2] Vgl.: Johannes Hemleben: Rudolf Steiner in Selbstzeugnissen und Bilddokumenten. Hamburg 1978 (19. Aufl.), S. 58 ff.
[3] Vgl.: Hans-Ludwig Ollig: Neukantianismus. Texte der Marburger und der Südwestdeutschen Schule, ihrer Vorläufer und ihrer Kritiker. Stuttgart 1982.
[4] Hemleben, a.a.O. S. 63.

einen methodischen Mangel zurückzuführen sein. Außerdem trenne sie durch ihre Selbstbeschränkung gerade das Band ab, das sie am intensivsten mit der Welt verbinde. «So wahr es ist», so Steiner im zweiten Kapitel seines Buches, «daß wir uns von der Natur entfremdet haben, so wahr ist es, daß wir fühlen: wir sind in ihr und gehören zu ihr. Es kann nur ihr eigenes Wirken sein, das auch in uns lebt. (...) Dieses Naturwesen in uns müssen wir aufsuchen, dann werden wir den Zusammenhang auch wieder finden.»[5]

Nun könnte man annehmen, daß Steiner mit dieser Rückbindung an die Natur vor allem gefühlsmäßige Komponenten anspricht und die angestrebte Selbst- und Welterkenntnis durch eine Steigerung der seelischen Vitalität erreichen zu können glaubt. Was läge näher, als das Verlorene durch eine tiefere Innigkeit und Einfühlung, durch ein romantisches Naturerleben zurückgewinnen zu wollen? Doch wendet sich Steiner ausdrücklich gegen eine Verklärung des mystischen Naturerlebens. Der Irrtum der mystischen Anschauung bestehe darin, daß sie *erleben* wolle, was sie *wissen* solle.[6] Die angestrebte Identität könne nur dann erreicht werden, wenn man den Weltinhalt zum Gedankeninhalt mache.[7]

Steiner, der in Anlehnung an Platos Seelenlehre, drei seelische Vermögen unterscheidet – das Denken, das Fühlen und das Wollen –, betont, daß die Wiederherstellung der verlorenen Einheit eine Sache des Denkens sei. Warum aber gerade des Denkens? Es ist nicht so ohne weiteres verständlich, warum gerade das Denken, das ja mit Wissenschaftlichkeit und analytischem Verstand, also mit Rationalität gleichgesetzt wird, eine Vereinigung mit dem Leben leisten soll. Hören wir dazu Steiner:

> *Man wird es absonderlich finden, wenn jemand in «bloßen Gedanken» das Wesen der Wirklichkeit ergreifen will. Aber wer sich dazu bringt, das Leben im Denken wahrhaft zu haben, der gelangt zur Einsicht, daß dem inneren Reichtum und der in sich ruhenden, aber zugleich in sich bewegten Erfahrung innerhalb dieses Lebens das Weben in bloßen Gefühlen oder das Anschauen des Willenselementes nicht einmal verglichen werden kann, geschweige denn, daß diese über jenes gesetzt werden dürften. (...) Wer nämlich zum wesenhaften Denken sich hinwendet, der findet in demselben sowohl Gefühl wie Willen, die letztern auch in den Tiefen ihrer Wirklichkeit (...)».[8]

---

[5] Philosophie der Freiheit, a.a.O. S. 33–34.
[6] Ebd. S. 140.
[7] Ebd. S. 29.
[8] Ebd. S. 142/143.

Es sei ein Mißverständnis, so Steiner, wenn man nur im Wollen und im Fühlen die eigentlich lebendigen Seelenglieder sehe und das Denken nur als kaltes Nacherleben dieser Ursprungszustände erlebe. Zwar scheine es das «Seelenleben auszutrocknen», aber das sei «nur der stark sich geltend machende Schatten seiner lichtdurchwobenen, warm in die Welterscheinungen untertauchenden Wirklichkeit».[9]

Obwohl Gefühl und Wille unbezweifelbar das elementare Naturprinzip verkörpern, sieht Steiner in ihnen – zumindest was den Erkenntnisprozeß betrifft – nur untergeordnete Funktionen der Erkenntnis. Sie sind wichtig als die lebentragenden Säulen der Existenz, das Leben *verstehen* können sie nicht.[10] Nur das Denken ist in der Lage, beide – Gefühl und Willen – zu integrieren. Es schließt weder die passiven, empfindenden noch die aktiven, triebhaften Momente des Seelischen aus und ist daher die Kraft, die alles andere in sich schließt: das Fühlen, das Wollen und das Denken – also auch sich selbst.

Nicht durch Bekämpfung des Rationalismus, also gerade nicht in romantischer oder, wenn man so will, existentialistischer Opposition zu ihm, will Steiner also den rationalistischen Diskurs der Kantianer und der Wissenschaftstheorie überwinden, sondern durch seine Erweiterung und Ausdehnung in jene von Romantik und Existentialismus berührten Daseinsbereiche hinein. Der Mensch kehrt Steiner zufolge nicht dadurch aus seiner «metaphysischen Obdachlosigkeit» wieder in das Leben zurück, daß er den Rationalismus verleugnet und verdrängt, sondern dadurch, daß er ihn wieder mit Leben erfüllt und so gleichsam mit jenen Qualitäten ernährt, die während seines Siegeszuges an den Wegrändern der Geistesgeschichte zurückgeblieben sind.

Die erkenntnistheoretische Argumentation

Erkenntnistheoretisch argumentiert Steiner dabei etwa wie folgt: Wenn man das menschliche Erkenntnisvermögen betrachtet, so erkennt man, daß es auf zwei Stützen beruht: der Wahrnehmung und dem Denken. Zeitlich geht dabei die Wahrnehmung dem Denken voraus. Das Denken stützt sich auf Wahrnehmungen, und diese wiederum werden ideell miteinander verknüpft und in ein gedankliches Beziehungssystem eingebunden. Für den Bereich der Wahrnehmungen gilt, daß sie grundsätzlich einer systematischen Beobachtung zugänglich sind[11]. Nicht nur Erscheinungen der dinglichen Welt kann man beobachten, sondern

---

[9] Ebd. S. 144.
[10] Ganz in diesem Sinne wendet er sich gegen Philosophien, die aus einem der Prinzipien eine Metaphysik konstruieren wollen. Weder die Mystik, die versuche, etwas Individuelles, das Gefühl, zu einem universellen Prinzip zu stilisieren, noch die Willensmetaphysik, namentlich die Schopenhauers, die den ideenlosen Willen als universelle Welteinheit begreife, könne als allumfassendes Weltprinzip gelten (vgl. S. 139f. und S. 92f.).
[11] Hier sei darauf hingewiesen, daß Steiner den Begriff «Wahrnehmung» teilweise subjektbezogen, als Wahrnehmungsfähigkeit des Subjekts, dann aber auch wieder objektbezogen, als Charakterisierung für ein Wahrnehmungsobjekt, gebraucht.

auch alle subjektiven Daten. Steiner spricht von Empfindungsinhalten, von Wahrnehmungen und Anschauungen, von Gefühlen, Willensakten, Traum- und Phantasiegebilden, von Vorstellungen, Begriffen und Ideen und selbst von Illusionen und Halluzinationen, die man beobachten könne. Mithin sei alles, was subjektiv oder objektiv in der Welt erscheine, wahrnehmbar.[12] Und das gelte selbstverständlich, auch für das Denken selbst.

Das Denken hingegen befaßt sich mit der Beobachtung. Es ist auf den beobachteten Gegenstand, nicht auf die denkende Person bezogen. Es richtet sich auf das andere, nicht auf sich selbst. Das hat zur Folge, daß der Beobachtende im Moment seiner gedanklichen Erörterungen gar nicht weiß, daß er denkt. «Das ist die eigentümliche Natur des Denkens, daß der Denkende das Denken vergißt, während er es ausübt. Nicht das Denken beschäftigt ihn, sondern der Gegenstand des Denkens, den er beobachtet».[13] Er ist so darauf konzentriert, das Beobachtete zu begreifen, daß das Denken erst durch einen Reflexionsschritt bewußt werden kann. Daher nennt Steiner das Denken auch das «unbeobachtete Element des Geisteslebens»[14]. Die Wahrnehmung erscheint als objektive, das Denken als subjektive Seite des Erkennens. Da der Dualismus diese Trennung verabsolutiert und keine Möglichkeit sieht, mit dem Denken an das Gegenständige, an das Objekt heranzukommen und sich hieraus das ganze Elend der modernen Philosophie ergibt, ist es nur folgerichtig, daß Steiner gerade an diesem Punkt sein Hauptargument gegen die Spaltung anführt. Man müsse sich klarmachen, daß das Denken wie jedes andere Wahrnehmungsobjekt auch betrachtet werden könne. Denke man das Denken, so seien subjektives Tun und objektiver Gegenstand ein und dasselbe: Man versichere sich denkend der Natur des Denkens.

Bleibt bei der Wahrnehmung der wahrgenommene Gegenstand fremd und habe ich dementsprechend keine Möglichkeit, mich seiner Tatsächlichkeit zu vergewissern, so bin ich im Denken ganz bei mir selbst:

> *Das ist gerade der Grund, warum mir die Dinge so rätselhaft gegenüberstehen: daß ich an ihrem Zustandekommen so unbeteiligt bin. Ich finde sie einfach vor; beim Denken aber weiß ich, wie es gemacht wird. Daher gibt es keinen ursprünglicheren Ausgangspunkt alles Weltgeschehens als das Denken.*[15]

---

[12] Ebd. S. 39.
[13] Ebd. S. 42.
[14] Ebd.
[15] Ebd. S. 49/50.

Will man etwas über das Denken aussagen, kann man es nur, wenn man das Denken denkt. Vergleicht man nun aber das Denken über irgendeinen – egal ob subjektiven oder objektiven – Sachverhalt mit dem Denken über das Denken, so stellt man fest, daß es keinen wesentlichen Unterschied zwischen diesen beiden Gedankenformen gibt. Da aber Wahrnehmung und Denken die einzigen «Erkenntnisorgane» des Menschen sind, wird es keine geistige Instanz geben können, die sich über das Denken erhebt. Das Denken ist selbständig. «Im Denken haben wir ein Prinzip, das durch sich selbst besteht. Von hier aus sei es versucht, die Welt zu betrachten.»[16]

Kant war davon ausgegangen, daß es aufgrund unserer subjektiven Organisation keine Möglichkeit gibt, denkend das Sein zu erfassen. Das, was wir vom sinnlichen Material erfahren, ist immer nur Ausdruck der subjektiven Formung dieses Materials. Insofern sind wir nach Kant alle Solipsisten, gefangen im Käfig unserer eigenen Vorstellungen und – zumindest im Erkennen – vom Lebendigsten, dem Leben selbst, getrennt. Steiner will das nicht hinnehmen und holt gleichsam die Wahrnehmungen, die «Objekte»[17], in das Denken hinein. Um nun aber nicht gleich wieder dem Kantischen Subjektivismus zu verfallen – denn welches Kriterium gibt es dafür, daß das Gedachte auch den Wahrnehmungen entspricht – kommt er zu dem Ergebnis, daß das Denken weder subjektiv noch objektiv sein könne, da es diese Begriffe erst erschafft. Ich gebe Steiners Argumentation in voller Länge wieder:

> *Insoferne der Mensch einen Gegenstand beobachtet, erscheint ihm dieser als gegeben, insofern er denkt, erscheint er sich selbst als tätig. Er betrachtet den Gegenstand als Objekt, sich selbst als das denkende Subjekt. Weil er sein Denken auf die Beobachtung richtet, hat er Bewußtsein von den Objekten; weil er sein Denken auf sich richtet, hat er Bewußtsein seiner selbst oder Selbstbewußtsein. Das menschliche Bewußtsein muß notwendig zugleich Selbstbewußtsein sein, weil es denkendes Bewußtsein ist. Denn wenn das Denken den Blick auf die eigene Wesenheit richtet, dann hat es seine ureigene Wesenheit, also sein Subjekt als Objekt zum Gegenstande.*
>
> *Nun darf aber nicht übersehen werden, daß wir uns nur mit Hilfe des Denkens als Subjekt bestimmen und uns den Objekten entgegensetzen können. Deshalb darf das Denken niemals als eine bloß subjektive Fähigkeit aufgefaßt werden. Das Denken ist jenseits von Subjekt und Objekt. Es bildet diese beiden Begriffe ebenso wie alle anderen. Wenn wir als denkendes Subjekt also den Begriff auf ein Objekt beziehen, so dürfen wir diese Beziehung nicht als etwas bloß Subjektives auffas-*

---

[16] Ebd. S. 51.
[17] I.e. alle im obigen Sinne genannten subjektiven und objektiven Daten.

> *sen. Nicht das Subjekt ist es, welches die Beziehung herbeiführt, sondern das Denken. Das Subjekt denkt nicht deshalb, weil es Subjekt ist; sondern es erscheint sich als ein Subjekt, weil es zu denken vermag. Die Tätigkeit, die der Mensch als denkendes Wesen ausübt, ist also keine bloß subjektive, sondern eine solche, die weder subjektiv noch objektiv ist, eine über diese beiden Begriffe hinausgehende. Ich darf niemals sagen, daß mein individuelles Selbst denkt; dieses lebt vielmehr von des Denkens Gnaden. Das Denken ist somit ein Element, das mich über mein Selbst hinausführt und mit den Objekten verbindet.*[18]

Nicht das «Subjekt» denkt, sondern es lebt von des Denkens Gnaden. Es ist allgemeiner Weltbestand. Auf Seite 91 heißt es: «In dem Denken haben wir das Element gegeben, das unsere besondere Individualität mit dem Kosmos zu einem Ganzen zusammenschließt. Indem wir empfinden und fühlen (auch wahrnehmen), sind wir einzelne, indem wir denken, sind wir das all-eine Wesen, das alles durchdringt.» Wie Spinoza denkt Steiner also Subjekt und Objekt, «res cogitans» und «res extensa», als zwei Existenzformen ein und derselben Sache: Sie sind Manifestationen des göttlichen Denkens, Ausdruck des einen, denkend gestaltenden Seins.

Hier zeigt sich der phänomenologische und der spiritualistische Grundzug von Steiners Freiheitsphilosophie. Spiritualistisch insofern, als man das Denken ohne weiteres als den bildenden Weltstoff ansehen kann. Phänomenologisch, weil die Phänomene rein für sich sprechen, das heißt, man keine unbekannte Größe hinter ihnen vermutet, durch die sie Realität werden. Um die Kantische Differenzierung aufzugreifen: das Noumenon offenbart sich im Phänomen, das Phänomen ist das Noumenon. Es gibt keine unerkennbare Welt hinter den Dingen, die Phänomene sprechen für sich. Man kann sie beobachten und im Denken geistig erleben und erfahren. Begreifen ist nur die innere, geistige Seite des Erscheinens und das Denken die sich selbst begreifende Welt in der Form des Begriffs. Spricht der Dualismus von Erkenntnisgrenzen, so sind sie nicht auf die prinzipielle Unerkennbarkeit der Objekte zurückzuführen, sondern resultieren entweder aus fehlender Weltoffenheit, einer mangelhaften Beobachtung oder ganz einfach aus gedanklichen Vorurteilen oder einer gedanklichen Indifferenz.

Die «Philosophie der Freiheit» im Werkkontext Rudolf Steiners – Warum eine Freiheitsphilosophie?

In späteren, esoterischen Zusammenhängen wird der Gedanke, der schon in dieser relativ frühen Schrift Steiners anklingt, nämlich daß die Welt auch unabhängig von der Erscheinung als ein unsichtbarer, noeti-

---
[18] Ebd. S. 59–60.

scher Kosmos existiert, weiter differenziert und durchdacht. Nun begreift er das Denken als eine Existenzform, die im Verein mit den Qualitäten des Fühlens und des Wollens auf vielfältige Weise die erscheinende Welt erschafft. Aber auch schon vor dem Erscheinen der «Philosophie der Freiheit» war das spirituelle Element in Steiners Denken angelegt. Schon in dem Band «Grundlinien einer Erkenntnistheorie der Goetheschen Weltanschauung», der erstmalig im Jahre 1886, also acht Jahre vor Erscheinen der «Philosophie der Freiheit» erschien, hatte es geheißen:

> *Unsere Erkenntnistheorie führt zu dem positiven Ergebnis, daß das Denken das Wesen der Welt ist und daß das individuelle menschliche Denken die einzelne Erscheinungsform dieses Wesens ist.*[19]

Man kann also sagen, daß dasjenige, was man heute mit der Anthroposophie verbindet, nämlich vor allem jene dem herrschenden Wissenschaftsbegriff so konträre Esoterik, von Anfang an in Steiners Denken angelegt ist. Die frühen Schriften sind gleichsam der logische Kern, aus dem sich später das metaphysische System der Anthroposophie entfaltet. Denken, Fühlen und Wollen werden hier noch ganz konventionell als Seelenvermögen begriffen und nur unter einer erkenntnislogischen Perspektive betrachtet. Später spricht Steiner dann von ihnen als seelischen und geistigen «Substanzen»,[20] die ebenso zum Weltbestand gehörten, wie etwa die Physis zu ihm gehöre. Man könne sie wahrnehmen, wie man reale Dinge wahrnehmen kann. Gedanken und Gefühle seien «Lebewesen». Steiner will nun die Untersuchungen der «materialistischen Wissenschaft» auf geistigem Gebiete fortführen und nennt daher die Anthroposophie bewußt in Opposition zu dem Begriff Naturwissenschaft auch «Geisteswissenschaft».[21] Es werde in Zukunft immer mehr darum gehen, die Forschungen auf dem Gebiete der Natur durch Forschungen auf dem Gebiete des Geistes zu begleiten, und das heißt, wenn man seine Zielsetzungen interpretiert, daß sich das neuzeitliche wissenschaftliche Untersuchungsinteresse, das sich bis dahin fast ausschließlich mit sinnlich wahrnehmbaren Formen und Gestaltabläufen befaßte, nun den gestaltenden Kräften zuwendet, in Steiners Formulierung, den seelisch-geistigen Kräften, durch deren Wirken eine Gestalt überhaupt erst ihren je spezifischen Ausdruck erhält.

Steiners Absicht geht dahin, Metaphysik als Wissenschaft wieder hoffähig zu machen, und er ist bestrebt, jene geistigen Welten, die in der

---

[19] Rudolf Steiner: Grundlinien einer Erkenntnistheorie der Goetheschen Weltanschauung – mit besonderer Rücksicht auf Schiller. Dornach 1988, 4. Aufl. (TB. Nr. 629), S. 79.
[20] Steiner gebraucht lieber den an gnostische Traditionen anknüpfenden Terminus «Wesen» als den an die philosophische Tradition erinnernden Ausdruck «Substanz». Demgegenüber spricht Beuys häufiger von «unsichtbaren Substanzen», beispielsweise von der «Wärme» als einer «unsichtbaren, seelischen Substanz».
[21] Vgl. beispielsweise «Die Geheimwissenschaft im Umriß», Dornach 1987 (TB. Nr. 601), Vorbemerkungen zur ersten Auflage, S. 7–15.

christlichen Tradition von Dionysios Areopagita bis Thomas von Aquin[22] als geistige Realitäten, als «Engelwelten» betrachtet wurden, nun in gleicher Weise zu beschreiben und zu untersuchen, wie dies auf dem Gebiete der Natur durch die Naturwissenschaft geschieht. Es geht um die Erforschung und Sichtbarmachung des *künstlerischen* Raumes, in dem nicht mehr die Formen im Mittelpunkt stehen, sondern in dem sie ersonnen und geschaffen werden und in dem es, wie Paul Klee einmal formulierte[23], um die Beobachtung der formenden Kräfte geht. Zu diesem Zweck wird er ein auf alte meditative Techniken zurückgreifendes Meditationsverfahren entwickeln, das durch fortgesetzte innere Übung das Denken so «erweitert», daß es als eine autonome, innere Kraft erfahren werden kann. Das auf diese Art und Weise erlebte und erfahrene bildhafte Denken, das in der «Philosophie der Freiheit» intendiert war, nennt Steiner nun Imagination.[24]

In der Imagination sieht er eine Analogie zum Schöpfungsprozeß. Im Gegensatz zu der natürlichen Schöpfung jedoch, und das führt den Menschen über die Natur hinaus, ist die Schöpfung des menschlichen Geistes unabhängig, autonom. Er birgt das schöpferische Potential der Natur in sich, erschöpft sich aber nicht darin. Daher ist das menschliche Denken frei. Und das gilt nicht nur im imaginativ-ästhetischen, sondern auch im moralisch-sittlichen Bereich. Der Mensch ist nicht seelisch vorherbestimmt, sondern besitzt, um eine Formulierung aus der «Philosophie der Freiheit» aufzugreifen, eine eigene *moralische Phantasie*.[25] Er kann seine Sittlichkeit erschaffen und organisieren und unterscheidet sich insofern vom seelisch determinierten Tier. Steiner dehnt den zunächst nur auf die Logik und Ästhetik beschränkten Freiheitsbegriff also auch auf die Ethik aus. Im Kontext der «Philosophie der Freiheit» heißt das, die theoretische Philosophie leitet die praktische ein.[26]

Hier ist es allerdings noch zu früh, Steiners praktische Philosophie zu diskutieren. Dies wird geschehen, wenn der Intuitionsbegriff behandelt wird. Steiners Ethik, das sei deshalb nur angedeutet, will einen Anstoß geben, der zu einer besseren ethischen Selbstverständigung führt. Ethische Freiheit besteht in moralischer Selbstvervollkommnung, oder wie er auch sagt, in der Verwirklichung der moralischen Intuition.[27]

---

[22] Vgl. S. 58 ff.
[23] Paul Klee, Tagebücher 1898–1918. Köln 1957, S. 357-361.
[24] Vgl. S. 67 ff.
[25] Philosophie der Freiheit, a.a.O. S. 191 ff.
[26] Philosophie der Freiheit, a.a.O. S. 137 ff.
[27] Ebd. S. 158.

Wie schließt Beuys an Steiners Freiheitsphilosophie an?

Vergleicht man nun Steiners philosophische Konzeption mit Beuysschen Positionen, so wird unmittelbar deutlich, daß auch Beuys Denken und Freiheit in den Mittelpunkt seines Kunstbegriffes stellt. In einem Gespräch mit Robert Filliou aus dem Jahre 1970 sagt er:

> (...) Der Mensch ist gar kein Erdenwesen. Er ist für diese irdischen Verhältnisse partout gar nicht gemacht. Er ist nur zu einem Teil auf dieser Erde, um etwas ganz Bestimmtes zu erarbeiten, was dann in einer weiteren Evolution darüber hinausgreift. Er wird nicht ewig auf dieser Erde leben. Er wird eines Tages vielleicht auf einem anderen Planeten leben. Unter anderen Verhältnissen, nicht mehr mit dieser Art Körper. Das sind alles Dinge, die mit dem Begriff Plastik insofern zusammenhängen, weil Plastik den genetischen Ursprungspunkt bezeichnet. Da wo der Mensch also wirklich nicht abhängig ist von seiner äußeren Objektwelt, also seiner Umwelt, sondern ganz unabhängig ist aufgrund seines Denkens und seines Freiheitbegriffs. Es wird also in meinem Sinne das Denken schon als Plastik bezeichnet. Weil das Denken nicht auf etwas Weiteres zurückgeführt werden kann, weil es nicht abhängig ist von der Objektwelt. Da wo das Denken entsteht, ist kein einziges Objekt in der Außenwelt beim Menschen vorhanden. Da wo das Denken sich betätigt, bin ich nicht konfrontiert mit einer Sache, die mich von außen beeinflußt. Denn da wo Denken ist, kann nichts anderes stattfinden. Das kann nur in mir selber sein. Es kann sozusagen nur von einem Kreationspunkt ganz neu in die Welt hineinkommen (...)[28]

Die Freiheit hat im Denken ihren Ursprung, Denken ist Kreation, ein elementarer Schöpfungsvorgang. Denken ist ein unsichtbarer plastischer Prozeß, eine Formung nach Innen, eine Formung in einen Geistraum hinein. Der Mensch ist frei aufgrund seines Denkens – im schöpferischen Denken wird Freiheit ganz unmittelbar erlebt.

Beuys kommt – wie Steiner – zu dem Schluß, daß Stoff und Erscheinung, Materie und Form, aus einem geistigen Grund hervorgehen müssen: aus dem Denken. So spricht er davon, daß das Denken ein Schöpfungsakt, an anderem Ort, daß der Ursprung der Kreativität das Denken sei. Das Denken des freien Individuums wiederhole das Evolutionsprinzip von Urbeginn an. Der freie Mensch sei selbst ein Weltenschöpfer, und er erlebe, wie er die Schöpfung fortsetzen könne. Das sei seine ganze Verantwortung.[29]

---

[28] Zitiert in: J. Stüttgen: Das Kraftfeld des 'Erweiterten Kunstbegriffes' von Joseph Beuys. Vortrag im Rahmen einer Vortragsreihe von sieben Vorträgen zu Joseph Beuys in dessen Todesjahr 1986. Museumsverein Mönchengladbach (Hg.) 1986, S. 111 f.
[29] «Was ist Kunst? ...» A.a.O. S. 23.

In einem öffentlichen Vortrag anläßlich der «documenta 6» in Kassel im Jahre 1977 hat Beuys die erkenntnistheoretische Logik, auf der sein Denken basiert, sehr genau dargestellt und gezeigt, wie er aus rein theoretischen Überlegungen zu seinem ganz praktischen Kunstbegriff kommt.[30] Zunächst geht er dabei von der ganz allgemeinen Fragestellung aus, wie sich sein «Erweiterter Kunstbegriff», also insbesondere der Satz «Jeder Mensch ist ein kreatives Wesen»[31] theoretisch begründen lasse. Kreativität, so Beuys, bedeute erst einmal nichts anderes, als daß eine Schöpfung frei sein müsse, denn der Begriff der Kreativität schließe Unfreiheit a priori aus. Man müsse sich aber fragen, wo diese Kreativität

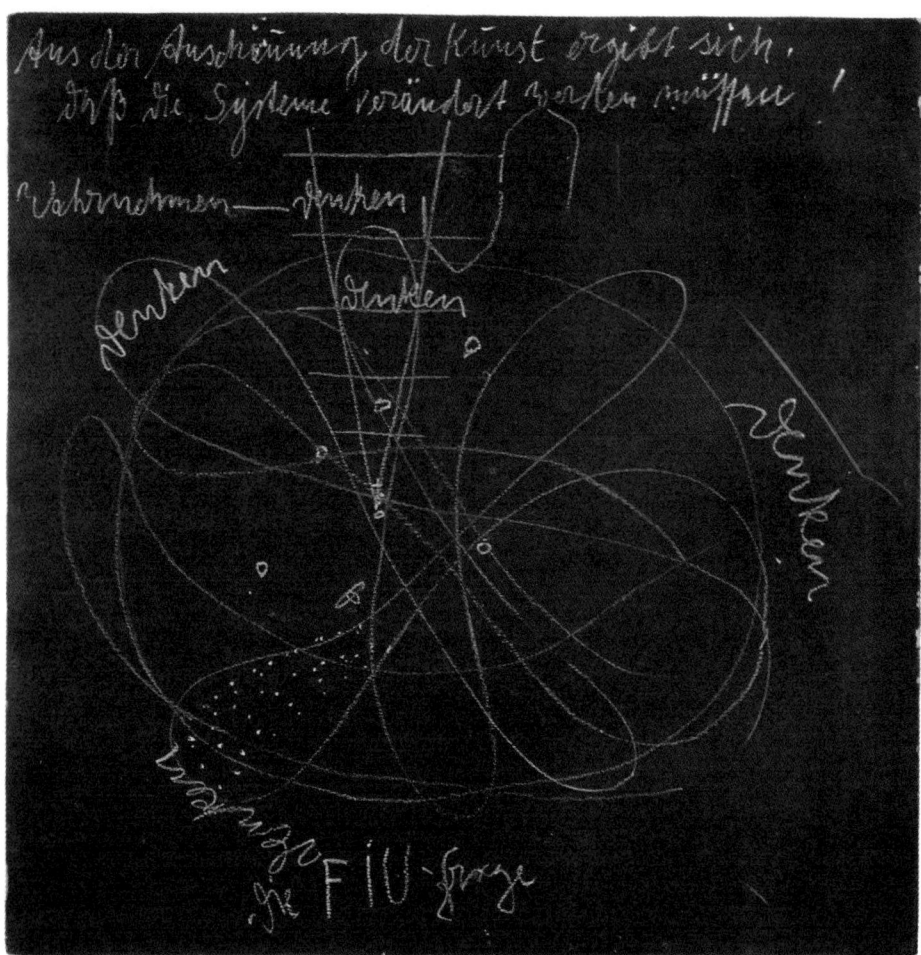

Wandtafelzeichnung von Joseph Beuys. Gezeichnet anlässlich eines Vortrages mit dem Titel: «Jeder Mensch ein Künstler», gehalten in Achberg, am 23. März 1978.

---

[30] Joseph Beuys – Eintritt in ein Lebewesen. Vortrag, gehalten am 6.8.1977 im Rahmen der Free-International University, documenta 6 in Kassel. Publiziert in: Harlan, Rappmann, Schata a.a.O. S. 123–128.
[31] Ebd. S. 125.

ihren Ursprung habe: «(...) bereits im Denken», so Beuys, «liegt der Formvorgang gegründet, der dann durch meine Leibesorgane und andere Werkzeuge als Abdruckcharakter in die Welt und dort zu einer Form kommt, die informiert (...)»[32]

Inwieweit aber, so fragt Beuys weiter, könne man sagen, daß das Denken aus einer freien Willensentscheidung hervorgehe oder ob und wieweit man zugestehen müsse, daß es determiniert sei. Um diese Frage zu beantworten, betrachte man zunächst die Wechselwirkung von Wahrnehmung und Begriff: «Ist in diesem Wahrnehmen etwas enthalten, was mich hinführt auf Elemente, mit denen ich begründen kann, daß es eine Möglichkeit der freien Kreativität gibt?»[33] Hinter der Wahrnehmung, so Beuys, stünden sowohl der Wille wie auch der die Wahrnehmung organisierende Begriff. Wille, insofern es der inneren Energie bedürfe, die seelischen Kräfte auf eine Wahrnehmung zu lenken und sie zu organisieren. Die Organisation selbst wiederum liege aber in der Obhut des Denkens bzw. des Begriffs. Die Wahrnehmungen, für sich selbst betrachtet, ergäben nichts anderes als ein unzusammenhängendes Chaos. Erst das Denken bzw. der Begriff bringe Ordnung in den wahrgenommenen Raum. Daher müsse man das Denken als eine vom Willen geleitete innere Aktivität begreifen, die der Wahrnehmung nicht passiv gegenüberstehe, sondern sie im Gegenteil erst schaffe. Denken, so Beuys, sei Tat.[34] Das Denken als eine vom Willen geleitete Tathandlung organisiert die Strukturen der Wahrnehmung in der Realität. Hinter der Wahrnehmung steckt also immer das vom Willen geleitete Denken, auch wenn es zumeist nicht bewußt ist. Man erinnere sich hier an Steiners Rede vom Denken als dem unbeobachteten Element des Geisteslebens. Nun gehe es aber auch darum, so Beuys, zu klären, wie Begriff und Welt, Begriff und Wahrnehmung zusammenhingen. Man könne diese Frage am ehesten dann beantworten, wenn man von der logischen Struktur des Denkens absehe, wenn davon abgesehen werde, «wie im Denken die Begriffsinhalte den Ausschneidecharakter im Wahrnehmen herstellen, den Forminhalt des Ideellen im Begriff».[35] Wenn man von all diesen «operationellen Schritten des Begreifens» einmal absehe und nur

---
[32] Ebd.
[33] Ebd. S. 126.
[34] In Beuys' Worten: «In dem vorgegebenen Wahrgenommenen liegt ein Bild vor, das bei seiner Betrachtung nichts anderes hergibt als ein unzusammenhängendes Chaos, das heißt, solange ich passiv mich dem aussetze. Ich bemerke aber, daß es einer großen Energie bedarf, diese Passivität herzustellen. Eine allergrößte Willensanstrengung ist nötig. Im Hinschauen auf diesen Vorgang wird sich zeigen, daß es durchaus Wille ist, mit dem man sich in diese Sondersituation versetzt, passiv in die Welt zu schauen. Im Anschauen ist also schon Wille darin, das heißt, er ist immer bereit, er ist immer auf der Suche, Details aus diesem Chaos herauszuschneiden, also bewußt auszugliedern. In diesem, den Wahrnehmungsvorgang begleitenden Willensimpuls ist etwas enthalten, was sich weiter zurückverfolgen läßt als eine Intension der Kategorie, das heißt in dem Augenblick, in dem ich etwas in den Brennpunkt nehme oder ausschneide, Größe, Breite, Viereckigkeit, Genauigkeit oder nach qualitativen oder quantitativen Begriffen, die mich auf die Idee oder den Begriff zurückverweisen, also auf eine Denkkategorie, in der im Denken gehandelt wird. Denken ist Tat.» Ebd. S. 126.
[35] Ebd.

das Begreifen selbst, das Denken selbst betrachte, dann vereinige man bewußt die Pole von Wahrnehmung und Denken und überwinde damit die Trennung von Subjekt und Objekt. Beuys argumentiert hier ganz im Sinne der «Philosophie der Freiheit»: Das Denken selbst wird zur Wahrnehmung, und der Betrachter vereinigt auf diese Weise Subjekt und Objekt.

Habe man nun einerseits erlebt, daß eine Wahrnehmung auch begriffen werden müsse, so könne man jetzt, wo alle anderen Denkinhalte systematisch ausgeschaltet worden seien und das Denken nichts als sich selbst betrachte, feststellen, wie der aktive Wille im Denken zur Wahrnehmung werde. Das Denken werde in diesem Moment als Kraft, als «die Betätigung und Selbsttätigkeit des freien Ich»[36] erlebt. Man erlebe, wie Innen und Außen zusammenhingen und daß der eigene Leib, ja die Gefühle, im Verhältnis zu diesem «Quellpunkt der Freiheit» *Außenwelt* seien. Hier, in diesem rein geistigen, über Subjekt und Objekt erhabenen, freien Ich finde die eigentliche Transformation vom Gefühl der Abhängigkeit zum Begreifen der Freiheit statt. Hier, wo begriffen werde, daß das Ich der eigentliche Schöpfer des Selbst sei, führe dies den Menschen zu einer grundlegenden inneren Verwandlung, und er begreife, daß er selbst in einem allumfassenden Sinne sein eigener Schöpfer und damit ein freies, kreatives Wesen sei.

Man kann sagen, daß Beuys hier, unausgesprochen, einen Initiationsvorgang beschreibt. Systematisch werden alle Bezüge, die das handelnde Subjekt leiten, abgebaut und auf einen Nullpunkt, oder wie Beuys öfter sagt, auf einen «Todespunkt» zurückgeführt, an dem «der aktive Wille im Denken zur Wahrnehmung wird», und dies als Kraft, als Betätigung und Selbsttätigkeit des freien Ich erfahren wird. Es steht damit gleichsam am Beginn der Schöpfung und an ihrem Ende. Solange das Denken nur eine Spiegelung ist, nur die unlebendige Wiedergabe von Sachverhalten, ist es abbildhaft. Hat es aber diesen Ursprungspunkt erreicht, so kann es aus sich heraus eine Welt entwickeln, kann bildnerisch tätig werden und wird von einem spiegelbildlichen zu einem inspirierten Denkprozeß.

Das Denken ist die autonome innere Kraft, durch die sich das geistige Innenleben bildet und plastisch gestaltet. Es baut gleichsam die innere Architektur des Seins. Das Innen ist nicht mehr nur der Spiegel des Außen, eine Vorstellung, die zu der beschriebenen rationalistischen Verarmung des Denkens führt, sondern im Denken wird die den inneren und äußeren Erscheinungen gemeinsam zugrundeliegende Kraft erlebt. An anderem Ort[37] hat Beuys diesen Gedanken auf folgende Formel gebracht:

---

[36] Ebd. S. 127.
[37] Aus der Aktion: «und in uns ... unter uns ... landunter», 1965. Titelblatt des Ausstellungskataloges des Kunstmuseums Basel: Joseph Beuys. Werke aus der Sammlung Karl Ströher.

Ursache	*= der Mensch (h)*
Quantum	*= der Mensch (h)*
Wirkung	*= der Mensch (h)*
Energie	*= der Mensch (h)*
...	
Materie	*= der Mensch (h)*
Kausalität	*= der Mensch (h)*
Komplementarität	*= der Mensch (h)*
Determiniertheit	*= der Mensch (h)*
Undeterminiertheit	*= der Mensch (h)*
Dimension	*= der Mensch (h)*
Erscheinungen	*= der Mensch (h)*
Nichterscheinungen	*= der Mensch (h)*
Erzeuger der Wahrheit	*= der Mensch (h)*

Jordan tritt auf:
«Wirklich ist für den Physiker nur das, was gemessen werden kann!»
Hirschführergebrüll von rechts:
«Wie lange...»
...

Krümmer des Raumes:	*der Mensch (h)*
Krümmer der Zeit:	*der Mensch (h)*

...
Generator

Erzeuger der Zeit:	*der Mensch (h)*
Erzeuger der Überzeit:	*der Mensch (h)*

Generator

Erzeuger des Raumes:	*der Mensch (h)*
Erzeuger des Gegenraumes:	*der Mensch (h)*

Generator

Der Erkennende, so schließt Beuys seine Gedankenführung ab, wird sich nun bewußt, daß er die schöpferische Anlage in sich trägt, durch die er gestaltend tätig werden kann. Die Kreativität beginnt im Denken. Der Mensch ist nicht an das Vorgegebene gebunden, sondern ist als Denkender frei. «Er weiß jetzt, daß er selbst der Schöpfer ist, nicht nur Geschaffener, sondern auch Schaffender dessen, was in der Welt das ‹was ist zu tun› genannt werden kann.»[38] Er ist frei, Natur und Sozialität nach kreativen Prinzipien zu gestalten, das heißt er, stellt seine freie Schöpfung in die natürliche Schöpfung hinein:

---
[38] a.a.O. S. 127.

Die Kreativitätsfrage als Freiheitsfrage stellt die Welt vor eine lösbare ökologische Frage (Ganzheitsfrage): Wie wird das Produktionskapital Fähigkeit (Wirtschaftswert 1) geleitet, damit der Konsumentenbedarf und der Bedarf der leidenden Natur (Wirtschaftswert 2) im weltwirtschaftlichen Rahmen gesteckt werden kann? Der selbstlose Wille, der im reinen Denken als reiner Wille gefunden wurde, hat die Freiheit zur Tat begründet. Wenn aber in dieser Freiheit kein Zwang mehr vorhanden ist, was zwingt mich dann, noch etwas zu tun? Denn um Abhängigkeiten und Zwänge kann es sich bei der Freiheit nicht handeln. Noch einmal: wenn das ganze System des kreativen Quellpunktes für die Produktion mich vollkommen in Freiheit läßt, was bringt mich dann dahin, zur Tat zu schreiten? Die Liebe zur Sache. – Zwischen Wille und Denken wirkt nun das Herz, in dem die Liebe zur Sache die einzige Veranlassung ist.[39]

Beuys thematisiert hier die prinzipielle Schwierigkeit, auf die dieses offene Erkenntnis- und Handlungsmodell stößt. Wenn es keine äußere Autorität mehr gibt, die die Handlung veranlaßt, und wenn sowohl die Motivation wie auch die Richtlinien der Handlung selbst bestimmt werden müssen, was kann dann überhaupt noch zu einer Handlung führen? Und was bietet die Gewähr dafür, daß diese Handlung lebenschaffend wirkt? Beuys gibt darauf eine auf den ersten Blick so einfache, bei genauerem Hinsehen aber um so kompliziertere Antwort: Die Kunst. Zum einen sei der schöpferische Impuls, den er auch als Wärme oder hier als «Liebe zur Sache» bezeichnet, so stark, daß er aus sich heraus das Bedürfnis zum Handeln bewirke, zum anderen seien die Maßgaben, die die künstlerische Gestaltung vorgibt, so sehr an die elementaren Voraussetzungen des Lebens gebunden, daß der Kunstbegriff ganz elementar mit dem Begriff des Lebens verbunden sei.[40] Einzig Kunst besitze die Möglichkeit, Leben mit Leben zu verbinden[41]. Das heißt, durch sie wird eine Gestaltung möglich, die sich als menschliche Schöpfung gleichberechtigt an die Seite der natürlichen Schöpfung stellt.

Was nun, um noch einmal den Bogen zum Ausgangspunkt der Betrachtung zu schlagen, veranlaßt Beuys dann aber dazu, methodisch von dem Begriff des Denkens und nicht von dem künstlerischer Gestaltung ganz allgemein auszugehen? Weil, das dürfte aus der Diskussion hervorgegangen sein, das Denken die *Voraussetzung* der Gestaltung und damit die Voraussetzung menschlicher Freiheit überhaupt ist. Das Denken ist gleichsam die übersinnliche geistige Formkraft, die der Gestaltung zugrunde liegt. Es ist eine ästhetische Kategorie. Nicht ohne

---
[39] Ebd.
[40] Beuys: «Wenn es nicht in den lebendigen Stoff geht, zerstört sich das Ding selbst.» Zitiert in: Joseph Beuys, Zeichnungen – Skulpturen – Objekte. Düsseldorf/Hafen, 25.9.–28.10.1988. Düsseldorf 1988, S. 7.
[41] «Eintritt ...», a.a.O. S. 127.

Grund bezeichnet er Imagination, Inspiration und Intuition, also allesamt Kategorien der ästhetischen Theorie, als die «höheren Formen des Denkens».[42]

Zusammenfassung

In der «Philosophie der Freiheit» hatte Steiner von dem Denken als «einzig selbständigem», über Subjekt und Objekt erhabenem Erkenntnisprinzip gesprochen. Nun wird es zum transzendentalen Seinsprinzip. Es ist das Prinzip der Gestaltung, weil es die Gedankenformen der erscheinenden Welt nicht nur nachvollzieht, sondern sie auch erschafft. Im Denken finden sich die Organisationsformen der Natur, aber auch diejenigen, nach denen die menschliche Kreativität bildet. Nimmt man beispielsweise die Imagination, so wird deutlich, daß hier zwei Wesensmerkmale des Erkennens ineinanderfallen müssen, die bei der Erkenntnis eines sinnlichen Gegenstandes getrennt sind: Subjekt und Objekt. Einerseits ist das Objekt, das durch Imagination geschaffen wird, ein Objekt wie jedes andere auch, nur daß es eben in keiner sinnlichen, sondern in einer geistigen Organisationsform als bildlich bildendes Denken erscheint, andererseits ist es als Objekt aber vom Subjekt erschaffen. Im imaginativen Denken ist auf einer ganz elementaren Ebene der Subjekt-

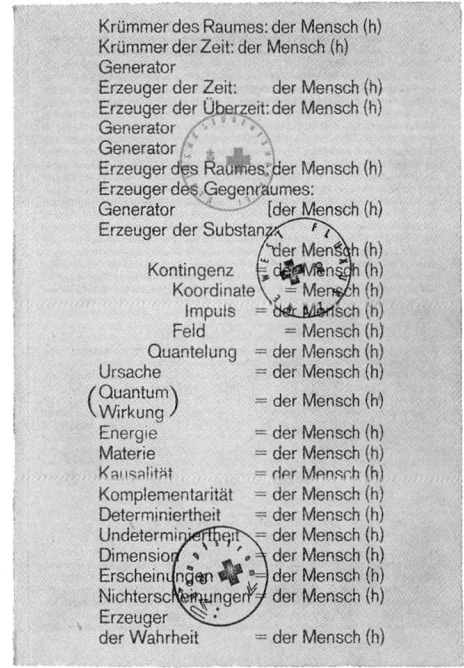

Joseph Beuys, Katalogdeckel der Ausstellung «Joseph Beuys, Werke aus der Sammlung Karl Ströher». Kunstmuseum Basel, Emanuel Hoffmann-Stiftung, November 1969 bis Januar 1970.

---

[42] Vgl. z.B.: Gespräche mit Beuys. Joseph Beuys in Wien und am Friedrichshof. Klagenfurt 1988, S. 75–76.

Objekt-Dualismus überwunden, und das Subjekt bewegt sich ganz in seiner selbstgeschaffenen objektiven Innerlichkeit.

In den auf die «Philosophie der Freiheit» folgenden Schriften entwickelt Steiner, ausgehend vom Begriff des Denkens, eine in sich konsistente Homologienlehre, nach der die Schöpfung überhaupt aus einem geistigen Schöpfungsakt hervorgegangen ist, der nur auf dem Weg des schöpferischen Nachvollzugs, das heißt der Ausdifferenzierung der eigenen Innerlichkeit, nachvollzogen werden kann. Das Projekt einer monistischen Erkenntnistheorie, das er sich in der «Philosophie der Freiheit» zum Ziel setzt, wird nun konsequent weitergeführt.

Auch Beuys geht vom Primat des Denkens aus. Auch für ihn ist das schöpferische Denken das geistige Weltzentrum. Es hat eine prospektive, ideelle Funktion. Es kann geistige Formen (Ideen) schaffen, die es zuvor weder in der natürlichen, noch in der sozialen Evolutionsgeschichte je gab. Damit wird es fähig, die Evolutionsgeschichte, die bisher das Werk inspirierender Kräfte war, aus eigener Kraft weiterzuführen. Als kreatives Wesen besitzt der Mensch die Fähigkeit, nicht nur im Bereich der traditionellen Kunstgattungen schöpferisch tätig zu werden, sondern auch die soziale Gestalt künstlerisch zu formen. Beuys geht so weit zu sagen, daß sich der Mensch unter dieser Perspektive eine neue Erde, ja sogar eine neue planetarische Zukunft schaffen wird.[43]

---

[43] Vgl. Kap. II. 1.

2. «ZU WIRKEN DIE WUNDER EINES DINGES»

Mikrokosmos und Makrokosmos – Steiners Lehre von der Entsprechung der Welten

> *Frage:* Vielleicht sollten Sie jetzt (auf Ihr Menschenbild) etwas näher eingehen?
> *Beuys:* Ja, das ist natürlich viel zu weit gefaßt: das Menschenbild, das ich habe. Darüber kann man sein ganzes Leben lang reden. Ich glaube, das führt zu weit ab. Das Menschenbild, was ist das Menschenbild? (...) Ich brauche gar kein Menschenbild zu konstruieren, ich brauche auch gar nicht auf irgendeine, zum Beispiel auf anthroposophische Terminologie zu kommen, zunächst. Das brauche ich nicht, damit würde ich viele Menschen abschrekken. Das ist ganz falsch. An einem bestimmten Punkt kommt man nicht darum herum, sozusagen die Dinge durchzudiskutieren bis in die Details. Aber wehe, wenn ich zu frühe beispielsweise vom Ätherleib spreche, dann jage ich doch alle Menschen zum Teufel.[1]

Genau darum aber wird es auf den folgenden Seiten gehen: Um Ätherleib, Astralleib, physischen Leib, Engel – Kategorien, die in Steiners Terminologie eminent wichtig sind, um das Wesen des Menschen zu beschreiben. Sie werden anschließend dazu dienen, seine Darstellung der höheren Denkformen – ‹Imagination›, ‹Inspiration›, ‹Intuition› – faßbar zu machen. Wenn der Mensch ‹Organe› besitzt, um höhere Wirklichkeiten erfassen zu können – von welchen ‹Organen› spricht Steiner überhaupt? Es wird sich zeigen, daß sein Begriff des ‹Organs› sehr weit – bis in die Engelwelt – reicht.

Mikrokosmos

Steiners Homologielehre[2] zufolge sind die kosmischen Ereignisse ein getreues Spiegelbild der irdischen Ereignisse, oder umgekehrt, die irdischen Ereignisse ein Spiegelbild der Ereignisse im Kosmos. Der Mensch ist das Urbild des Kosmos, und die Analyse seines physischen und geistigen Wesens erlaubt genaue Rückschlüsse auf das Entsprechungsverhältnis von Mensch und Welt.[3]

In enger Anlehnung vor allem an die indische Philosophie beschreibt Steiner die Leiblichkeit des Menschen als aus drei Komponenten bestehend: aus dem ‹physischen Leib›, dem ‹Ätherleib› und dem ‹Astralleib›. Dabei bilden diese drei Körperformen eine Art leiblich-geistiger Hierarchie. Die unterste Stufe dieser Hierarchie bildet der stoffliche und daher auch sinnlich erlebbare, ‹physische Leib›.

---

[1] In: Harlan, Rappmann, Schata a.a.O. S. 12.
[2] Die Lehre von der Entsprechung der Welten.
[3] Vgl. auch Kap. I. 4.

Hildegard von Bingen, zweite Vision aus dem «liber divinorum operum simplicis hominis»: Die göttliche Schöpferkraft mit dem Universum und Kosmos-Menschen in den Armen (Detail). Um 1230.

Hildegard von Bingen, dritte Vision aus dem «liber divinorum operum simplicis hominis»: zweites Bild des Kosmos-Menschen.

Der physische Leib, der sich aus den anorganischen Substanzen der mineralischen Welt zusammensetzt, hat kein eigenständiges Leben. Er wird vielmehr erst durch einen zweiten, ‹feinstofflichen› Körper, den sogenannten ‹Ätherleib›, am Leben erhalten und aufgebaut. Der physische Leib wäre nicht lebensfähig, ja könnte sich nicht einmal als solcher organisieren, gäbe es nicht die bildenden Kräfte dieses zweiten, das Urbild der Gestalt in sich tragenden geistigen Leibes. Der Ätherleib ist gleichsam der verborgene Bildner der Physis und trägt die Entelechie der Gestalt in sich. Inspiriert werden beide, physischer und ätherischer Körper, durch eine dritte Kraft, die Steiner den ‹Astralleib› oder zuweilen auch den Seelenleib des Menschen nennt. Um den Wesensunterschied der drei Leiber anschaulich zu machen, zieht er öfter den Vergleich von Mineral, Pflanze und Tier heran. Der physische Leib sei seiner Struktur nach mineralisch. Erst wenn die mineralischen Formen von einem ätherischen Körper durchzogen würden, könne man von einer elementaren Form des Lebens sprechen. Dies sei bei den Pflanzen der Fall. Ziehe sich der Ätherleib aus der Pflanze zurück, so verfalle diese wieder in ihre ursprüngliche, mineralische Form.

Mit der Inspiration durch den Astralleib tritt nun zu dieser ersten Lebensfunktion eine weitere hinzu. Steiner erklärt sie anhand eines Vergleiches von Pflanze und Tier. Der Astralleib verleihe dem Tier das seelische Leben, das die Pflanze als solche nicht besitze. Er sei der Träger der Triebe und Instinkte, der Neigungen und Bedürfnisse, also all dessen, was im engeren Sinne des Wortes das Seelische genannt wird. Der Astralleib, so Steiner, sei der nur geistig wahrnehmbare seelische Leib, der während des Wachens den physischen und ätherischen Körper von Mensch und Tier inspiriere. Während des Schlafes ziehe er sich aus den beiden niederen Körpern zurück, und Mensch und Tier lebten dann gleichsam in ihrer eigenen seelischen Innerlichkeit. Der im Schlaf zurückgelassene Körper aber gleiche dann dem Zustand, in dem die Pflanze zeit ihres Lebens lebt.[4]

Die Gestalt des Astralleibes, auch dies kann man zahlreichen Publikationen Steiners entnehmen[5], hängt von der seelischen Verfassung ihres Trägers ab, beim Menschen davon, inwieweit sein seelisches Wesen sittlich durchgestaltet ist. Zudem wirkt der Astralleib bildend auf die physische Gestalt des Menschen ein. Er gibt ihr ihren ganz eigenen seelischen Ausdruck und verleiht ihr unverkennbare physiognomische Züge. Während der Ätherleib die Physis gleichsam nur nach einem allgemeinen, urbildhaften Muster formt, zeichnet der Astralleib in dieses allgemeine Schema die feineren Züge der individuellen seelischen Gestalt.

So weit Steiners Ausführungen zu den drei Formen der Leiblichkeit. Wiederum in drei Elemente ist auch das menschliche Seelenleben aufgeteilt. Es ist durch drei Vermögen charakterisiert. Steiner nennt sie die

---

[4] Rudolf Steiner: Die Geheimwissenschaft im Umriß. Dornach 1987, 6. Aufl. (TB. Nr. 601), S. 59.
[5] Vgl. u.a. ebd. S. 70–72; Theosophie, Dornach 1990, 9. Aufl. (TB. Nr. 615) S. 145–171; Wie erlangt man Erkenntnisse der höheren Welten, Frankfurt/M. 1985, S. 115 ff.

‹Empfindungsseele›, die ‹Verstandes- oder Gemütsseele› und die ‹Bewußtseinsseele›. Die Empfindungsseele ist dabei eng mit dem Astralleib verbunden. Sie erlebt den sinnlichen Kontakt zur Außenwelt und nimmt ihn über die Empfindungen des Astralleibes wahr.[6] Da die verschiedenen Sinneseindrücke, sind sie vergangen, nicht verschwinden, sondern im Gedächtnis bleiben und als Erinnerung, als Vorstellung oder als Gedanke immer wieder aktualisiert werden können, nimmt Steiner ein zweites seelisches Vermögen an, durch das diese Verinnerlichung geschieht. Er nennt es die Verstandes- oder Gemütsseele.[7]

Das oberste Seelenvermögen erschließt sich über das menschliche Ich-Bewußtsein. Da der Mensch – im Gegensatz zu Pflanze und Tier – ein Bewußtsein von sich selbst hat und sich innerhalb des Wechsels der Erscheinungen auch bewußt als Einheit erleben kann, besitzt er mit seinem Ich-Bewußtsein ein Instrument, mit dem er einerseits sich selbst als fühlendes, wollendes und denkendes Wesen wahrnehmen, durch das er andererseits aber auch dieses Fühlen, Wollen und Denken in eine selbstbestimmte Richtung lenken kann. Das Ich-Bewußtsein ist die Voraussetzung sowohl der Selbstbestimmung als auch der Selbstreflexion und die Bewußtseinsseele das Wesensglied, das den Menschen als selbstbewußtes Wesen von allen anderen irdischen Wesen unterscheidet. «In der Bewußtseinsseele», schreibt Steiner in dem Band «Die Geheimwissenschaft im Umriß», «enthüllt sich erst die wirkliche Natur des Ich. Denn während sich die Seele in Empfindung und Verstand an anderes verliert, ergreift sie als Bewußtseinsseele ihre eigene Wesenheit (...) Mit der Wahrnehmung des ‹Ich› – mit der Selbstbesinnung – beginnt eine innere Tätigkeit des ‹Ich›.»[8]

Durch die Bewußtseinsseele wird sowohl das Selbstbewußtsein als auch der Ich-Begriff erst möglich. Durch sie wird die gesamte Hierarchie der körperlichen, seelischen und geistigen Funktionsabläufe einsehbar und läßt sich auf die eigene und prinzipiell auch auf andere Persönlichkeiten beziehen. «Die Kraft», heißt es daher wenig später in demselben Text, «welche in der Bewußtseinsseele das Ich offenbar macht, ist ja dieselbe wie diejenige, welche sich in aller übrigen Welt kundgibt. Nur tritt sie in dem Leibe und in den niederen Seelengliedern nicht unmittelbar hervor, sondern offenbart sich stufenweise in ihren Wirkungen. Die unterste Offenbarung ist diejenige durch den physischen Leib; dann geht es stufenweise hinauf bis zu dem, was die Verstandesseele erfüllt. Man könnte sagen, mit dem Hinansteigen über jede der Stufen fällt einer der Schleier, mit denen das Verborgene umhüllt ist.»[9]

Diese innere, geistige Tätigkeit, die zunächst nur in der Beobachtung der hierarchischen Gliederung der Seele und des Leibes besteht, wird durch das Ich-Bewußtsein auf eine neue Stufe gehoben. Denn durch die-

---
[6] «Die Geheimwissenschaft ...» a.a.O. S. 64 f.
[7] Ebd. S. 65 f.
[8] Ebd. S. 69.
[9] Ebd. S. 69 f.

ses ist nicht nur die Beobachtung des Selbst, sondern auch die Bestimmung desselben möglich. Das Ich als transzendentaler menschlicher Wesenskern ist in der Lage, die verschiedenen Leibes- und Seelenglieder zu lenken und höher zu bestimmen. Dies geschieht beispielsweise bei der Steigerung der Empfindsamkeit und bei der inneren, selbstbewußten Intensivierung der Verstandeskräfte. Dies ist aber auch bei der moralischen Selbstverwirklichung oder, wie Steiner in der «Philosophie der Freiheit» sagte, bei der Arbeit an der Verwirklichung der eigenen moralischen Intuition der Fall. «Wie der Mensch in dieser Arbeit begriffen ist», so Steiner, «das wird anschaulich, wenn man einen Menschen, der noch ganz niederem Begehren und sogenannter sinnlicher Lust hingegeben ist, vergleicht mit einem edlen Idealisten. Der letztere wird aus dem ersteren, wenn jener sich von gewissen niederen Neigungen abzieht und höheren zuwendet. Er hat dadurch vom Ich aus veredelnd, vergeistigend auf seine Seele gewirkt. Das Ich ist Herr geworden innerhalb des Seelenlebens. Das kann so weit gehen, daß in der Seele keine Begierde, keine Lust Platz greift, ohne daß das Ich die Gewalt ist, welche den Einlaß ermöglicht. Auf diese Art wird dann die ganze Seele eine Offenbarung des Ich, wie es vorher nur die Bewußtseinsseele war.»[10]

Das Ich hat die Fähigkeit, verstärkend auf die drei seelischen Potentiale einzuwirken, auf die Steigerung der seelischen Empfindungsfähigkeit und physischen Sensibilität, auf die Steigerung der Verstandes- und der Gemütskräfte und auf die Entwicklung der Selbstwahrnehmung. Es besitzt darüber hinaus aber auch die Fähigkeit, gestaltend auf die drei leiblichen Wesensglieder einzuwirken. Steiner bezeichnet eine solche Einwirkung des Ich auf Astralleib, Ätherleib und physischen Leib als die eigentlich geistige Tätigkeit des Ich. Wiederum also ist auch das Element des Geistes dreifach unterteilt und bestimmt sich durch den jeweiligen Grad der Selbstbestimmung, durch den das Ich an den drei leiblichen Gliedern der Persönlichkeit arbeitet. Als Selbstbestimmung, die auf die astrale Wesenheit wirkt, bewirkt es die Vervollkommnung des Astralleibes, die Steiner in Anlehnung an die indische Philosophie auch die Verwirklichung des Manas oder, wie es auch heißt, die Vereinigung mit dem Geistselbst nennt. Das empirische Ich vereinigt sich mit den seelischen Gesetzen seines höheren geistigen Ich und identifiziert sich so wieder mit der ursprünglichen seelischen Reinheit seines transzendentalen Wesenskerns. «Es kann sich der Mensch», so noch einmal Steiner wörtlich, «aber nicht nur durch die Arbeit an seiner Seele vom Ich aus zum Herrscher über diese Seele machen, so daß diese aus dem Offenbaren das Verborgene hervortreibt, sondern er kann diese Arbeit auch erweitern. Er kann übergreifen auf den Astralleib. Dadurch bemächtigt sich das Ich dieses Astralleibes, indem es sich mit dessen verborgener Wesen-

---

[10] Ebd. S. 70f.

heit vereinigt. Dieser durch das Ich eroberte, von ihm umgewandelte Astralleib kann das Geistselbst genannt werden.»[11]

Die Selbstbestimmung, die auf die ätherische Welt einwirkt, führt den Menschen zu einer höheren geistigen Selbstbestimmung, deren Ziel die Kräftigung des Lebensgeistes, die Erhöhung der allgemeinen seelischen Vitalität ist. Die Beschäftigung mit Kunst und Religion ist Steiner zufolge diesem Zwecke besonders förderlich. Sie breiten, so heißt es, ‹ein einheitliches Licht über das ganze Seelenleben aus› und führen dazu, daß nach und nach alle Handlungen von der Kraft und dem Licht des Geistselbst durchleuchtet werden. Wiederum in Anlehnung an die indische Philosophie nennt Steiner diesen durch das höhere geistige Ich inspirierten Ätherleib die Verwirklichung des ‹buddhi› oder, wie es auch heißt[12], des Lebensgeistes.

Die höchste Form der Selbstbestimmung schließlich ist Steiner zufolge diejenige, die nicht nur auf die Gefühls- und Gedankenwelt des Ich einwirkt, sondern bis hinein in die physische Konstitution. Steiner nennt den auf diese Weise auch physisch vergeistigten Menschen den Geistesmenschen (atman)[13], was einen Menschen meint, der seine ganze Wesenheit vom untersten bis zum obersten Glied vollkommen vergeistigt hat. Jedoch dürfe man das, was mit dieser Arbeit am ‹stofflichen Leib› gemeint sei, nicht mißverstehen. Was am physischen Leib als das Grob-Materielle erscheine, sei nur das Offenbare an ihm. Hinter ihm aber lägen die verborgenen Kräfte seines Lebens. Und diese seien geistiger Art. Wenn von der geistigen Arbeit an der Physis gesprochen werde, so sei damit die Arbeit an den unsichtbaren Kräften, welche ihn entstehen ließen und wieder zum Zerfall brächten, gemeint.

Makrokosmos

Die drei Geistformen, die neben der physischen Form existieren – der Ätherleib, der Astralleib und das Ich – besitzen eine genaue kosmische Entsprechung: Die ätherische Welt, die Astralwelt und die Welt des Ich. So, wie der Mensch mit seinem physischen Leib im physischen Kosmos lebt, so lebt er mit seinem Ätherleib in der Ätherwelt des Kosmos, mit seinem Astralleib in der astralen kosmischen Welt und mit seinem Ich in der kosmischen Welt des Welt-Ichs. Diese drei sogenannten ‹höheren› oder ‹geistigen Welten› sind zwar einerseits an der Konstitution des Individuums beteiligt, präexistieren aber auch unabhängig von ihm als geistige Welten an sich. Mit Hilfe seiner drei geistigen Wesensglieder ist es dem Menschen möglich, in die jeweilige Welt zu schauen. Steiner nennt drei ‹Wahrnehmungsorgane›, durch deren Ausbildung eine solche noetische Schau erreicht werden kann. Durch imaginative Erkenntnismetho-

---
[11] Ebd. S. 71.
[12] Ebd. S. 75.
[13] Ebd. S. 76.

Joseph Beuys: «Mensch», 1972.

den wird die Wahrnehmung der ätherischen Welt des Denkens möglich, durch inspirierte Erkenntnis das Erleben der astralen Welt des Fühlens. Das Wissen um die Welt des Ichs, die Steiner – weil sie die Instanz der Selbstbestimmung ist – auch als die Welt des Willens bezeichnet, erlangt man durch die Ausbildung der Intuition.

Dabei wird die gesamte Weltenhierarchie gemäß dem hermetischen Grundsatz: «Was oben ist, das ist auch unten»[14] gedacht, was in freier Übersetzung etwa heißt: Erst das Verständnis der eigenen menschlichen Wesenheit führt zum Verständnis der fremden Wesenheit, der Welt. Jene ist das ursprüngliche Vorbild des Menschen, weshalb Steiner sie auch ‹Makrokosmos› oder ‹Makroanthropos› nennt. Das Verständnis der Weltzusammenhänge erschließt sich über den Weg der Selbsterkenntnis. Ein Grund dafür, wie Steiner mehrfach betont, daß am Eingang des delphischen Orakels die Aufforderung ‹gnothi seauton› stand.[15]

Engel

Der erste Leitsatz der sogenannten «Smaragdenen Tafel», die Hermes Trismegistos, dem ‹Vater der Alchemie›, zugeschrieben wird, lautet: «In Wahrheit, gewiß und ohne Zweifel: Das Untere ist gleich dem Oberen und das Obere gleich dem Unten, zu wirken die Wunder eines Dinges.»[16] So wie der Mensch drei leibliche, seelische und geistige Wesensglieder besitzt, ebenso ist auch der gesamte sinnliche und übersinnliche Kosmos gegliedert, und das Leben dieses Kosmos wird aus der Einheit des Welt-Ichs heraus organisiert. Es ‹denkt› die Schöpfung, indem es geistige Wesenheiten und Mächte aus seinem reinen Innesein entläßt, die in der Folge den Schöpfungsauftrag übernehmen. Bis heute werden sie in Kunst, Religion und Volksmund die ‹Engel› genannt.

Diese göttlichen Geistwesen, die Steiner in Anlehnung an Dionysios Areopagitas Engellehre auch ‹die Hierarchien›[17] nennt, bilden den Himmel, den himmlischen Raum Gottes, den Geistraum, der der göttlichen Sphäre entströmt. Sie umgeben, wie es bei Dionysios heißt, den göttlichen Thron und sind die geistigen Strahlen der Himmel und Erde erwärmenden Gottgeistigkeit. Die ‹Throne› oder wie Steiner auch sagt, die ‹Geister des Willens›, sind Gott – neben den Cherubim und den Sera-

---

[14] Vgl. Titus Burckhardt: Alchemie. Sinn und Weltbild. Olten u. Freiburg i. Br. 1960, S. 219.
[15] Vgl. u.a. Erhard Fucke (Hg.): Rudolf Steiner, Themen aus dem Gesamtwerk 4: Vom Lebenslauf des Menschen. Stuttgart 1991, (4. Aufl.), S. 66. (Gnothi seauton – Erkenne dich selbst).
[16] Burckhardt a.a.O., S. 219.
[17] «Eine Hierarchie», so heißt es bei Dionysios, ist «(...) eine bestimmte vollkommen heilige Ordnung, das Abbild des thearchischen Glanzes, die durch die heilige Ordnung ihrer Ränge und Erkenntnisse die geheimnisvollen Verwirklichungen ihrer eigenen Erleuchtung vollzieht und so dahin strebt, soweit nur möglich, ohne sakrilegisch zu werden, dem einen, der kein anderes Prinzip außer sich hat, gleich zu werden.» In: Bardenheuer, O.u.a.: Des heiligen Dionysius Areopagita angebliche Schriften über die beiden Hierarchien. Kempten und München 1911. S. 48.

phim – am nächsten, sein Thron[18], der erste geistige Willensimpuls Gottes, der wie ein Thron die gesamte Schöpfung trägt. Direkt umgeben ist Gott auch von den Geistern der Liebe, das sind die Seraphim und von den Cherubim, den harmonientragenden Geistern der Form.

Die folgende Hierarchie wird durch die geistigen Kräfte der Weisheit, der Bewegung und der Form, der ‹Kyriotetes›, der ‹Dynameis› und der ‹Exusiai› repräsentiert. An der Basis der geistigen Pyramide – und hier dem Menschen am nächsten – stehen neben den ‹Archai›, den Geistern der Persönlichkeit (auch ‹Urbeginne› genannt), die ‹Archangeloi›, die ‹Künder des Anfangs› und schließlich, den Menschen direkt begleitend, auf der untersten Sprosse der Leiter, die Engel.[19]

In der ‹Summe der Theologie› des Thomas von Aquin heißt es:

> *Man sagt, der Engel sei in gewisser Hinsicht an einem körperlichen Ort durch die Hinwendung der Kraft des Engels zu diesem Ort (...) Eine nichtkörperliche Wesenheit, die durch ihre Kraft ein körperliches Ding berührt, hält dieses und wird nicht von ihm gehalten (...) So sagt man, der Engel sei an einem körperlichen Ort nicht als Gehaltener, sondern in gewisser Weise als Haltender.[20]*

Der Engel ist die wirkende geistige Kraft, die hinter der Erscheinung steht. Diese Kraft ist aber nicht sinnlich, sondern nur seelisch beziehungsweise geistig erfahrbar. Um sie erleben zu können, muß der Mensch gleichsam seine eigenen geistigen Kräfte von den gestaltenden Geistkräften des Kosmos inspirieren lassen, um das Prinzip der Gestaltung überhaupt zu verstehen. Diesem Zweck dient die Ausbildung der schon thematisierten Imagination, Inspiration und Intuition.

Der Mensch muß das Wirken der Engel aus eigener Anschauung erleben, wenn er sich der inneren Verbindung von Mensch und Welt, von Geist und Natur vergewissern will. Um zeigen zu können, auf welchen Ebenen diese Verwandtschaft besteht, entwickelt Steiner seine Lehre der übersinnlichen oder, wie er auch sagt, der ‹geistigen Welterkenntnis›. Ein Erkenntnisweg, der über die Ausgestaltung der inneren Erlebniswelt führt und so gleichsam durch Introspektion einen inneren Bezug zu den wirkenden spirituellen Kräften schafft. So, wie der Engel ‹durch die Hinwendung seiner Kraft an einen Ort die Dinge hält›, so wird durch die geistige Welterkenntnis das Sein im inspirierten Denken von innen heraus noch einmal neu erschaffen.

Die Quintessenz dieser Erfahrung, durch die, so Steiner, das Wirken der seelischen Gefühls- und der geistigen Formkräfte ganz intim erlebt

---

[18] Die Throne «(...) erfahren die Vollkraft all ihrer Anlagen, unverrückbar und ständig dem Einen nahe zu sein, der wahrhaft der Höchste ist, eine Eignung (...) die Einkehr der Thearchie zu genießen, das Privileg, von Gott als Thron benutzt zu werden.» Ebd. S. 49.
[19] Vgl. bes.: Günther Wachsmuth: Die ätherische Welt in Wissenschaft Kunst und Religion – Vom Weg des Menschen zur Beherrschung der Bildekräfte. Dornach 1927. Darin: «Über die Hierarchien». S. 244–258.
[20] Thomas von Aquin: Summe der Theologie 1.52.1

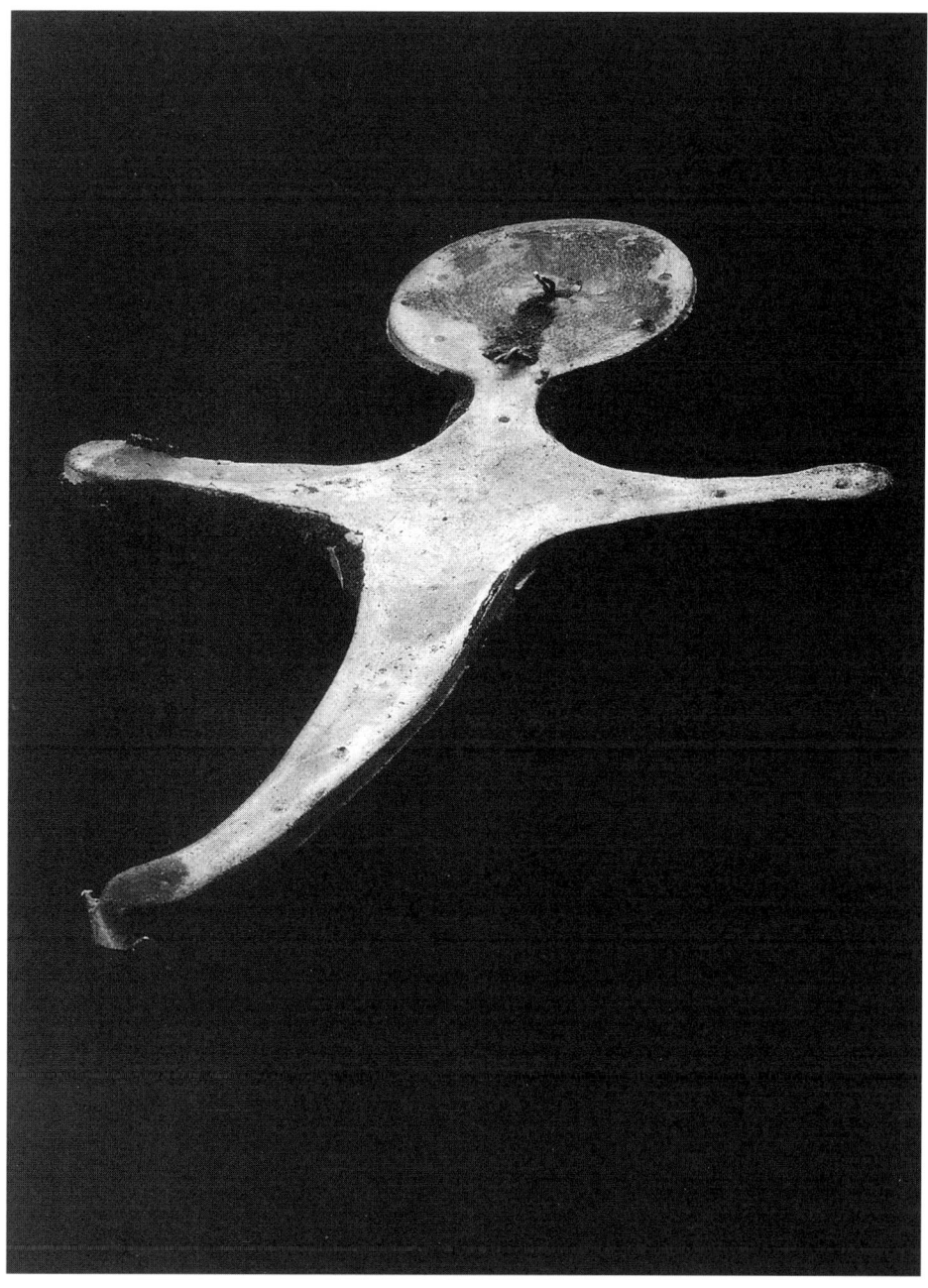

Joseph Beuys: «Bronzekreuz», 1948.

werden könne, sei die, daß der Mensch erfahre, daß er in ursprünglicher geistiger Verwandtschaft mit dem Schöpfer steht. Er erlebe, daß er nicht nur Geschaffener, sondern daß er auch der transzendentale Schöpfer der Erscheinungen ist. Er werde gewahr, wie die gestaltenden Geistkräfte das Universum organisieren, und er erfahre nun auch, wie er es selbst als geschaffener Schöpfer autonom zu Ende führen könne.

3. DIE HÖHEREN FORMEN DES DENKENS
Imagination, Inspiration, Intuition

So groß die kosmologische Grundeinheit Welt im Ganzen sein mag, mit wieviel Lichtjahren und Lichtgeschwindigkeiten hier herumgeworfen wird, und wie sie auch sein mögen, noch viel größer ist das menschliche Denken, weil es alles dieses umfassen kann. Das heißt, es gibt keine Galaxie, es gibt keine planetarische Einheit, die nicht im menschlichen Denken umgriffen und umfaßt werden kann. Es gibt keine Tierkreiskonstellation, aus der nicht das menschliche Denken einmal so und einmal so sprechen kann, so daß es also wiederum vom menschlichen Denken umfaßt werden kann. Das menschliche Denken als ein universelles Werkzeug zur Erneuerung der menschlichen Zukunft ist also noch größer als alles dieses. Auch ist in dem, was vielleicht dem ein oder anderen als die geistigen Kooperateure der Menschen bekannt ist, daß Menschen ja nicht als geistige Wesen alleine in der Welt sind, sondern daß sie ihre spirituellen Helfer und Führer finden in diesem Kosmos, in dieser Welt, was bekannt ist als Hierarchie, daß auch diese Hierarchien nichts anderes sind und darstellen in ihrem Wesen, als die höheren Formen des menschlichen Denkens. Also wiederum ist, wenn man die Dinge so sieht, die Spitze eines hierarchischen Kegels (...) Daß eigentlich von diesem Gesichtspunkt des menschlichen Denkens aus der hierarchische Kegel auf den Menschen zielt, daß er allerdings nach oben eine Erweiterung erfährt, die genau der Notwendigkeit der Erweiterung des menschlichen Denkens auf all diese Dimensionen hin entspricht.

Joseph Beuys[1]

---

[1] Joseph Beuys: Jeder Mensch ein Künstler. Auf dem Weg zur Freiheitsgestalt des Sozialen Organismus. Öffentlicher Vortrag vom 23. März 1978 im Internationalen Kulturzentrum Achberg. Veröffentlicht als Audiocassette im F.I.U. – Verlag Wangen, 1991, Cassette 1, Seite 1, ca. 612–639 m.

Imagination

Imagination, so liest man in einer Darstellung H. E. Lauers[2] über das anthroposophische Weltbild, ist der Einblick in die ätherische Welt der lebendigen, bildhaften Weltgedanken. Steiner selbst hatte die «Lebendigkeit» dieser Gedanken unter anderem in dem Text ‹Die Geheimwissenschaft im Umriß› wie folgt charakterisiert:

> *Was wie die Wärme die irdischen Dinge und Wesen alles im Geisterlande durchdringt, das ist die Gedankenwelt selbst. Nur sind die Gedanken da als lebendige, selbständige Wesen vorzustellen. Was der Mensch in der offenbaren Welt der Gedanken erfaßt, das ist wie ein Schatten dessen, was als Gedankenwesen im Geisterlande lebt. Man denke sich den Gedanken, wie er im Menschen vorhanden ist, herausgehoben aus diesem Menschen und als tätiges, handelndes Wesen mit einem eigenen Innenleben begabt, so hat man eine schwache Verbildlichung dessen, was das vierte Gebiet des Geisterlandes erfüllt.*[3]

Eine ganz ähnliche Darstellung von der Realität der Gedanken, beziehungsweise von der Autonomie des seelischen Geschehens, gibt der Zeit seines Lebens auf den wissenschaftlichen Ruf seiner Publikationen sehr bedachte Carl Gustav Jung in einem posthum von Aniela Jaffé veröffentlichten Text[4]. Jung legt hier die Beschreibung der Autonomie der menschlichen Seele einem tier/menschlichen Zwitterwesen in den Mund, das ihm nach eigenen Angaben des öfteren erschienen war und dem er den Namen ‹Philemon› gibt. ‹Philemon›, so Jung, ‹und andere Phantasiegestalten› hätten ihm ‹die entscheidende Erkenntnis› gebracht, daß es Dinge in der Seele gebe, die nicht wir machen, «(...) sondern die sich selber machen und ihr eigenes Leben haben.»[5]

Es ist in mehrfacher Hinsicht aufschlußreich, die Beobachtungen Jungs mit denen Steiners in diesem Punkt zu konfrontieren. Auch Jung beschreibt in dem erwähnten Text nicht nur die Selbständigkeit der seelischen Gestaltungen – eine Erfahrung, die jeder im Traum erleben kann –, sondern er beschreibt sie, ganz ähnlich wie Steiner, als ‹fast physisch real›. Es ist also zu vermuten, daß man es bei den Beschreibungen der Anthroposophen und den Erlebnissen Jungs mit ein und demselben Gegenstand zu tun hat.

Für die Anthroposophie ist die eigenständige Realität des Seelischen eine der wesentlichen transzendentalen Voraussetzungen ihres spiritua-

---
[2] Lauer, Hans Erhard: Vom neuen Bilde des Menschen. Leipzig, Straßburg, Zürich 1932.
[3] Geheimwissenschaft im Umriß, a.a.O. S. 114.
[4] Erinnerungen, Gedanken, Träume von C. G. Jung. Aufgezeichnet und herausgegeben von Aniela Jaffé. Olten 1992 (8. Aufl.).
[5] Ebd. S. 186.

listischen Weltbildes. Dies ist sie für die tiefenpsychologische Erklärung des Seelischen nicht. Jung geht in der Erklärung individuell unabhängiger psychischer Phänomene nicht so weit, wie Steiner dies, durch den monistischen Impuls seiner Weltanschauung angetrieben, tut. In der Beschreibung des Phänomens jedoch ergeben sich erstaunliche Ähnlichkeiten. So kommt Jung zum Beispiel zu dem Ergebnis, daß es eine grundlegende ‹Unterschiedenheit› zwischen ihm und seinem gedanklichen Objekt gebe. Philemon stellt ihm zufolge eine ‹eigene Kraft› dar. Eine Kraft, die er selbst nicht ist. Er führt Phantasiegespräche mit ihm und er wiederum spricht Dinge aus, die Jung niemals zuvor gedacht hatte:

> *Ich nahm genau wahr, daß er es war, der redete, und nicht ich. Er erklärte mir, daß ich mit den Gedanken so umginge, als hätte ich sie selbst erzeugt, während sie nach seiner Ansicht eigenes Leben besäßen, wie die Tiere im Walde, oder Menschen in einem Zimmer oder die Vögel in der Luft. «Wenn du Menschen in einem Zimmer siehst, würdest du auch nicht sagen, du hättest sie gedacht, oder du seiest für sie verantwortlich», belehrte er mich.*[6]

Philemon, so Jung weiter, habe ihm allmählich die psychische Objektivität, die Wirklichkeit der Seele beigebracht. Durch seine Gespräche mit Philemon habe sich ihm die Unterschiedenheit zwischen ihm und etwas in ihm, das unabhängig von ihm existiere, nahezu aufgedrängt:

> *Auch er war mir sozusagen objektiv gegenübergetreten und ich verstand, daß etwas in mir ist, was Dinge aussprechen kann, die ich nicht weiß und nicht meine. Dinge, die vielleicht sogar gegen mich gerichtet sind. Psychologisch stellte Philemon eine überlegene Einsicht dar. Er war für mich eine geheimnisvolle Figur. Zu Zeiten kam er mir fast wie physisch real vor. Ich ging mit ihm im Garten auf und ab. Und er war mir das, was die Inder als Guru bezeichnen.*[7]

Wenn C. G. Jung von der Objektivität der Seele und Rudolf Steiner von der Selbständigkeit der Gedanken spricht, so sprechen sie offenbar von ein und demselben Phänomen. Während Jung das Faktum aber als ein immanentes Phänomen der menschlichen Seele beschreibt und Philemon sich nur den Anschein der Objektivität gibt, haben die Gedanken für Steiner eine auch unabhängig von der menschlichen Seele existierende Realität. Jungs Objektivität ist eine letzten Endes doch wieder subjektivierte – und daher neigt seine Psychologie zu einer Art von seelischem Solipsismus. Für Steiner ist, wie für Plato, die Gedankenwelt

---
[6] Ebd. S. 186.
[7] Ebd. S. 187.

nicht nur scheinbar, sondern tatsächlich objektiv. Sie, von der im letzten Kapitel bereits als von der ‹ätherischen Welt› gesprochen wurde, ist eine unabhängig vom Subjekt existierende, autonome Ideenwelt. Das heißt aber nicht, daß das Individuum zu ihr keinen Zugang besäße. Denn, so würde sicherlich Rudolf Steiner die Erlebnisse C. G. Jungs interpretieren, in der Gestalt Philemons begegnete dem Psychoanalytiker, ohne daß ihm dies bewußt geworden wäre, sein höheres geistiges Ich, ein Engelwesen aus der ätherischen Welt der Imagination.

Steiner, der mit seiner ‹Anthroposophie als Geisteswissenschaft› beabsichtigt, eine wissenschaftliche Erklärung und Beschreibung der noetischen Welt zu liefern, betrachtet die ätherische Welt der Gedanken als eine autonome Sphäre. Gleichzeitig aber ist sie auf zweifache Weise mit der ‹physischen Welt› verbunden. Zunächst ist sie – ebenso wie die astrale Welt und die Welt des Ich – eine der drei Sphären des Ursprungs. Schöpferische Weltgedanken, die sogenannten «Urbilder»[8], sind die geistig-ätherische «Substanz» und der schöpferische Ursprung der physischen Welt. Diese ist ursprünglich gedacht und als solche eine Verstofflichung des Denkens. Jedes organische Wesen besitzt neben dem ‹physischen Leib› jenen bereits erwähnten ‹Ätherleib›, der gleichsam als Architekt des physischen Leibes fungiert, ihn aus den anorganischen Substanzen der physischen Welt aufbaut und durch die Stufenfolge seiner Entwicklung von der Geburt bis zum Tode begleitet. Die organische Welt ganz allgemein ist das Geschöpf einer unendlichen Menge von Ätherleibern, die als Abbilder ihres schöpferischen Urbildes das elementare organische Leben auf der Erde gedanklich prädestinieren und physisch verwirklichen.

Neben dieser ersten, schöpferischen Funktion, die der ätherische Leib für die Konstitution des Lebens ganz allgemein besitzt, hat er noch eine weitere Aufgabe. Er ist, wie Steiner sagt, ‹das übersinnliche Organ des Denkens›.[9] Der Ätherleib denkt nicht nur den Organismus, er ist zugleich das ‹Wahrnehmungsorgan›, durch das der Mensch die Ätherwelt wahrnehmen und sich in ihr zurechtfinden kann. Er denkt dann nicht mehr mit dem Gehirn, sondern mit und durch seinen ätherischen Körper. Physisch lebt er in der physischen Welt, und die Sinnesorgane sind das Mittel seiner sinnlichen Wahrnehmung. Ätherisch lebt er in der noetischen Welt, und der Ätherleib ist dementsprechend das Werkzeug seiner gedanklich-imaginativen Wahrnehmung.

Fortwährend wirken geistig-ätherische Kräfte in die physische Organisation hinein und ermöglichen auf diese Weise das organische Leben. Da Steiner zufolge die menschliche Wahrnehmung aber in den allermeisten Fällen nur den physischen und nicht den metaphysischen Phänomenen zugewandt ist, werden diese Kräfte nur in Ausnahmefällen erkannt.

---
[8] Vgl. ‹Theosophie›, a.a.O. S. 150ff.
[9] Vgl. u.a. Lauer, a.a.O. S. 91.

Durch Imagination, übersinnlich-ätherisches Denken aber wird es möglich, sie wahrzunehmen. Steiner zieht, um das so Erlebte anschaulich zu machen, immer wieder den folgenden Vergleich heran: Wie Eisstücke schwimmen die sinnlichen Formen auf einer Wassermasse, aus der sie sich herauskristallisiert haben.[10] An anderem Ort bemerkt er, daß da, wo wir die Dinge vermuten, eigentlich gar nichts ist, während der Raum, der dieses ‹Nichts› umgebe, mit einer Vielzahl von ätherischen Wesen angefüllt sei. Diese seien unablässig damit beschäftigt, das Nichts, das wir die ‹Dinge› nennen, zu produzieren. Zwar würden im Denken immer auch schon die den Dingen zugrundeliegenden Gedanken und Gedankenkräfte aufgenommen, durch die Spiegelung jedoch, die sie in unserem Gehirn erfahren müßten, um in unser physisches Bewußtsein einzutreten, würde ihr Leben in einem so hohen Grade gelähmt, daß wir innerhalb dieses Bewußtseins von ihrem wahren Ursprung nichts mehr wüßten und zu dem Glauben verführt würden, sie entstünden erst in unserem Innern und hätten nur für dieses eine Bedeutung.[11] Was man gemeinhin ‹Denken› nennt, ist demnach eine Spiegelung des wahrhaften, urbildhaft-kosmischen Denkens und «(...) wir könnten in Wahrheit nicht über die Welterscheinungen ‹nachdenken›, wenn sie nicht vorgedacht worden wären.»[12]

Imagination ist nun aber bereits keine Spiegelung mehr, sondern ursprünglich-authentisches Denken. Man kann sich ein Bild davon machen, was Steiner damit meint, wenn man versucht, eine Vorstellung so zu intensivieren, daß sie in der Phantasie ein regsames, eigenständiges Leben gewinnt. Man wird dann gleichsam zum Beobachter der eigenen Phantasiegestalten. Steiner spricht davon, daß man aus ‹seinem Leib heraustreten› müsse, um mit Hilfe der ‹Wahrnehmungsorgane des ätherischen Leibes› die ätherische Welt wahrnehmen zu können. Diese ‹leibfreie Wahrnehmung› sei mit nichts von dem zu vergleichen, was in der sinnlichen Welt wahrgenommen werden könne. Die sinnlichen Formen seien nicht mehr als Schatten der höheren geistigen Welt.[13]

Steiner – nach eigenem Bekunden auf wissenschaftliche Objektivität und genaue Nachprüfbarkeit der von ihm durch noetische Schau erkannten Zusammenhänge bedacht[14] – schlägt eine mehrstufige ‹Gei-

---

[10] So in der Schrift ‹Theosophie›, wo es wörtlich heißt: «Wie ein Stück Eis, das auf dem Wasser schwimmt, Stoff ist des umgebenden Wassers, aber sich durch gewisse Eigenschaften von diesem abhebt, so sind die Sinnendinge Stoff der sie umgebenden Seelen- und Geisterwelt; und sie heben sich von diesen durch gewisse Eigenschaften ab, die sie sinnlich wahrnehmbar machen. Sie sind – halb bildlich gesprochen – verdichtete Geist- und Seelengebilde; und die Verdichtung bewirkt, daß die Sinne sich von ihnen Kenntnis verschaffen können. Ja, wie das Eis nur eine Form ist, in der das Wasser existiert, so sind die Sinnendinge nur eine Form, in der die Seelen- und Geistwesen existieren. Hat man das begriffen, so faßt man auch, daß, wie das Wasser in Eis, so die Geist- in die Seelenwelt und diese in die Sinnenwelt übergehen können.» A.a.O. S. 146–147.
[11] Lauer, a.a.O. S. 91.
[12] Ebd.
[13] Vgl. auch das sogenannte ‹Höhlengleichnis› im siebten Buch von Platons ‹Staat›, S. 514–517 der Editio princeps.
[14] Vgl. u.a. ‹Die Geheimwissenschaft ...›, a.a.O. S. 33 ff.

stesschulung› vor, durch die es möglich werde, diese Erfahrungen im Einzelnen nachzuvollziehen. Die erste Stufe der Schulung, die Schulung der Imagination, besteht zunächst darin, kraftvolle, lebendige Gedankenbilder zu erzeugen, die über die einfache Vorstellung oder eine bloß schemenhafte Erinnerung weit hinausgehen sollen. Im Idealfall sollen die Bilder – Steiner rät einerseits zu sinnbildlichen Vorstellungen, wie beispielsweise der Imagination des ‹Rosenkreuzes›[15], andererseits zu zyklischen Vorstellungen, wie der ‹Metamorphose einer Pflanze[16]› – eine solche Kraft und Intensität erreichen, daß sie die Objektivität einer sinnlichen Wahrnehmung gewinnen. Allmählich werde sich die Seele daran gewöhnen, ein eigenes, inneres Gedankenleben zu erzeugen, und man werde gewahr, daß das vorher nur schattenhaft erlebte Innenleben zunehmend an Farbe und Reichtum gewinnt. Nach langer, anhaltender Übung werde das Denken nicht mehr in Schemen, sondern als ‹feine innerliche Willenshandlung› erlebt, die ‹ganz von Bewußtsein durchleuchtet› sei.[17] Man erlebe, wie sich aus diesem reinen, gedanklichen Stoff Gedanken herausbilden, die mit genau jenem Eigenleben begabt seien, von dem zu Beginn dieses Kapitels die Rede war. Sie bilden sich ohne unser Zutun, und wir nehmen sie so wahr, ‹wie Tiere im Walde oder Menschen in einem Zimmer oder die Vögel in der Luft›.

Das, was man nach Steiner in dieser Sphäre erleben kann, hängt davon ab, worauf man seine Imaginationen richtet. Der Ätherleib und die ätherische Welt sind die Reservoirs, in denen sich individuelle Erlebnisse einerseits und kollektive Erfahrungen andererseits sammeln. Der Ätherleib ist das individuelle, die ätherische Welt das kollektive Gedächtnis des Menschen beziehungsweise der Welt. Man kann aus diesen Bereichen tendenziell jedes Ereignis abrufen, und es stellt sich selbst in lebendigen, autonomen Bildern dar. Durch Imagination wird es laut

---

[15] Vgl. ‹Die Geheimwissenschaft …›, a.a.O. S. 309–313.
[16] In einem öffentlichen Vortrag aus dem Jahre 1915 mit dem Titel ‹Der Wert des Denkens für eine den Menschen befriedigende Erkenntnis› heißt es: «Es gibt zwei schöne Gedichte von Goethe. Das eine heißt ‹Die Metamorphose der Pflanzen›, das andere ‹Die Metamorphose der Tiere›. Diese zwei Gedichte kann man lesen, man kann sie schön finden, aber man kann auch folgendes machen. Man kann versuchen, den Gedanken in diesen Gedichten wirklich so zu denken, wie ihn Goethe gedacht hat, von der ersten Zeile bis zur letzten und dann wird man finden: wenn man das durchmacht, kann sich der Gedanke innerlich bewegen vom Anfang bis zum Ende. Und wer den Gedanken dieser Gedichte nicht so verfolgt, hat die Metamorphose nicht verstanden. Wer aber den Gedanken so verfolgt und ihn dann hinuntersinken läßt ins Unbewußte, und sich wiederum, nachdem er das öfters gemacht hat, erinnert gerade an diesen Gedanken der Metamorphose (...) wer diesen Gedanken hinuntersenkt und dann sich bemüht, dies fünfzig-, sechzig-, hundertmal zu machen, und hunderteinmal wird es vielleicht brauchen, der wird ihn dann einmal heraufkriegen. Dann aber wird dieser Gedanke, den er so praktiziert hat, ein beweglicher sein. Man wird erleben, daß er nicht so heraufkommt, wie etwa eine kleine Maschine, sondern – verzeihen Sie nochmals das Beispiel – wie eine kleine Maus; man wird erleben, wie er selber ein innerlich bewegliches, lebendiges Element ist.» In: Rudolf Steiner: Der Wert des Denkens für eine den Menschen befriedigende Erkenntnis. Dornach 1984 (GA Bd 164), S. 39.
[17] Rudolf Steiner: Die Erkenntnis vom Zustand zwischen dem Tode und einer neuen Geburt. In: ders.: Das menschliche Leben vom Gesichtspunkte der Geisteswissenschaft (Anthroposophie) und weitere Schriften. Dornach 1982, 2. Aufl. (TB Nr. 612), S. 110.

Steiner möglich, Einblick in vorangegangene Erdenleben zu bekommen, so wie man analog dazu in die verschiedenen Entwicklungsphasen der Menschheitsgeschichte sehen kann und dadurch eine genaue Vorstellung von der Geschichte der Entstehung der Welt erhält. Die ätherische Welt ist die genaue Entsprechung des Ätherleibes, und in ihr werden die Schöpfungsgedanken so aufbewahrt, wie die Lebensereignisse eines individuellen Lebens im übersinnlichen Ätherleib.[18] Sie ist der ‹Ätherleib des Kosmos› und damit die göttlich-geistige Sphäre des schöpferischen Denkens, aus der urbildhaft die Schöpfung entstand.

Die Kosmologie, die Steiner in dem Band ‹Die Geheimwissenschaft im Umriß› entwirft, geht nach eigenen Angaben ebenso auf geistiges Schauen zurück[19], wie die Aussagen, die er zur Grundlegung seiner Anthropologie über die ‹vierfache Natur des Menschenwesens› macht. Auch die Entsprechungslehre, von der zuletzt die Rede war, geht maßgeblich auf imaginative Erkenntnis zurück. Sie bezieht ihr Wissen daraus, daß sie imaginative Erkenntnisse aus den Bereichen der Ontogenese und der Kosmogenese gegenüberstellt und miteinander vergleicht. Selbst Philemon, jener spiritus rector, der C. G. Jung über die Autonomie des Geistes belehrt, dürfte seine Heimat in der ätherischen Welt haben. Er ist eine ätherische Verkörperung eines an sich rein geistigen Wesens, das im Normalfalle in den höheren Zonen der astralen Welt beziehungsweise des ‹Ichs› lebt und nur in Ausnahmefällen in die Ätherregionen herabsteigt und hier als ein Engelwesen in bildhafter Gestalt erscheint.

Nicht im ‹physischen Leib› und dementsprechend auch weder im zentralen Nervensystem noch im Gehirn befindet sich Steiner zufolge das Zentrum der menschlichen Lebenskraft. Dieses ist übersinnlich und wirkt aus den seelisch-geistigen Bereichen[20] in die Physis hinein. Ein unsterblicher Wesenskern – das Ich – bestimmt die Persönlichkeit durch die Bereiche des Denkens und Fühlens hindurch, und nicht der ‹physische›, sondern der ‹geistige Mensch»»schafft sich schon vor der Geburt die Bedingungen, unter denen er im folgenden irdischen Leben in der physischen Realität leben wird. Die ätherische Welt der Imagination ist dabei die ‹unterste› Sphäre der geistigen Welt. Über ihr liegt die autonome geistige Welt des Fühlens oder, wie Steiner auch sagt[21], die astrale Welt der Inspiration.

---

[18] Vgl.: Rudolf Steiner: Inneres Wesen des Menschen und Leben zwischen Tod und neuer Geburt. Dornach 1988 (TB Nr. 663), S. 111–113.
[19] Vgl. ‹Die Geheimwissenschaft ...›, a.a.O. Vorrede zur 16.–20. Auflage, S. 25–32.
[20] i.e. Ätherleib, Astralleib und Ich.
[21] Vgl. u.a.: Rudolf Steiner: Kosmologie, Religion und Philosophie. Dornach 1986, S. 92–93.

Inspiration

> Chassidische Legende
> Ein alter Sänger, irgendwo in der Ukraine oder in Galizien wurde einmal gefragt: «Für wen singst du?» Darauf der Kantor: «Ich singe immer einem Punkt zu.»
> *Frage:* «Warum machst du das?»
> *Der Sänger:* «Ich mache das so lange, bis der Punkt zu mir singt.»
> «Machst du das immer?»
> «Ja, bis alle Punkte singen.»

Die ursprüngliche Bedeutung des Wortes ‹Inspiration›, das man heute fast ausschließlich in einem ästhetischen Sinne gebraucht, geht wohl weniger auf einen künstlerischen als auf einen religiösen Zusammenhang zurück, wenngleich auch das, was es seit seiner neutestamentarischen Sinngebung bedeutet – eine göttlich-geistige Eingebung – zum Beispiel schon für Plato auch im musischen Bereich gilt. So wird etwa in dem Dialog ‹Phaidros› von den Dichtern gesagt, daß sie nicht durch Kunst[1], sondern ‹als Begeisterte› ‹alle diese schönen Gedichte› sprechen. Ein ‹leichtes Wesen› sei der Dichter und ‹geflügelt und heilig› und «(...) nicht eher vermögend zu dichten, bis er nicht begeistert worden ist und die Vernunft nicht mehr in ihm wohnt.»[2]

Auch den Anruf der Musen und die Bitte um ihre Inspiration, die beispielsweise noch Vergil als Einleitung ganz selbstverständlich an den Anfang seiner Dichtung stellt, sollte man nicht als Stilmittel oder als bloße Floskel mißverstehen. Ohne ihre Gewogenheit, dessen war sich der Dichter sehr bewußt, konnte kein Kunstwerk entstehen. Er mußte begeistert werden, wie ganz ähnlich in einem anderen Zusammenhang die Phytia begeistert wurde, die Priesterin des Apollon-Heiligtums in Delphi, die ihre Orakel direkt aus dem Munde des Gottes der schönen Künste empfing. Ihre Weissagungen waren Inspirationen Apolls, und weil sie als solche apokryph und unverständlich waren, wurden sie von den Priestern des Tempels in Verse übersetzt.

Ethymologisch leitet sich das Wort von dem lateinischen ‹inspiratio›: ‹einhauchen›, ‹einatmen›, einem Abstractum zu ‹inspirare›: ‹einflößen›, ‹einblasen› und ‹spirare›: ‹blasen›, ‹wehen›, ‹hauchen› ab[3], und es erscheint in der beschriebenen Bedeutung erstmalig in der Vulgata zu 2

---

[1] Schleiermacher übersetzt ‹Kunst›, gemeint ist aber etwas, was man heute besser als ‹Kunstfertigkeit› bezeichnen würde.
[2] Platon, Ion. In: Platon, Werke. In der Übersetzung von Friedrich Daniel Ernst Schleiermacher, Bd I.2. Berlin/Ost 1985, S. 191 (Editio Princeps S. 533/34).
Wenn Plato hier das Bild des Dichters ein wenig ironisch überzeichnet, so nicht deshalb, weil er die göttliche Inspiration des Dichters, den ‹Enthusiasmos›, bezweifelt, sondern weil ihm diese Form der Begeisterung als eine letztlich blinde Vorform der Vernunft und Einsicht gilt.
[3] Vgl. F. Kluge: Etymologisches Wörterbuch der deutschen Sprache, Berlin/New York 1989 (22. Aufl.), S. 333.

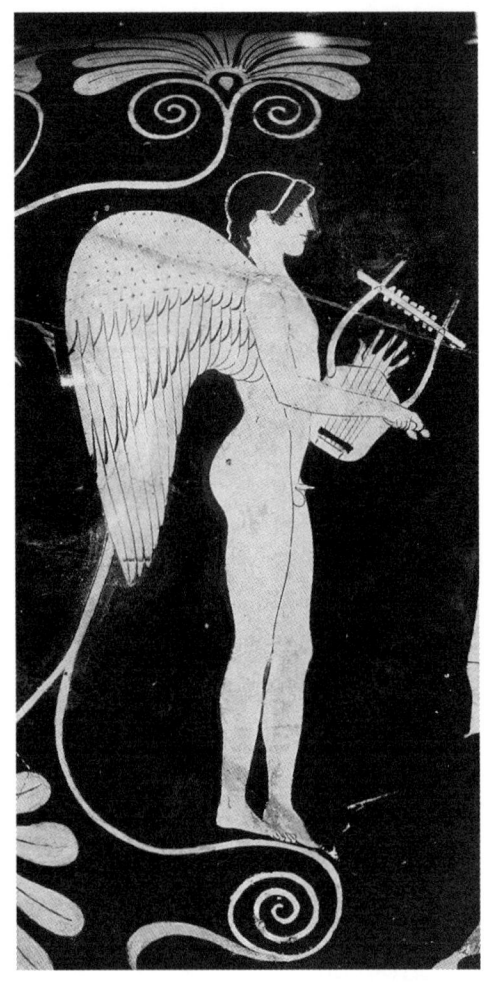

Leierspielender Eros in Gestalt eines geflügelten Epheben, auf und zwischen Ranken. 3. Jh. v. Chr.

Petr. I, 21 und 2 Tim. 3, 16, wo es eine Form der Offenbarung bezeichnet.

Steiner, für den die Inspiration zu einem festumrissenen Bestandteil der ‹geistigen Welterkenntnis› gehört, greift auf diese metaphysische Dimension des Begriffes zurück und ordnet ihn in den systematischen Zusammenhang seiner Geistphilosophie ein. Hier wird Inspiration zu einer der ‹höheren Formen des Denkens›, zur zweiten Stufe der ‹geistigen Welterkenntnis›. Die Inspiration, heißt es, tauche ein in den reinen seelischen Strom des Fühlens, in die terra incognita der reinen Welt der Seele. Besonders in dem Band ‹Theosophie› geht Steiner genauer darauf ein, was er mit diesem Eintauchen in die astrale Welt im Grunde genommen meint. «Wie den körperlichen Gebilden die räumliche Ausdehnung und räumliche Bewegung eigentümlich sind», so liest man dort in Kapitel 2, 1 – ‹Die Seelenwelt› –, «so den seelischen Dingen und Wesen die Reizbarkeit, das triebhafte Begehren. Man bezeichnet deshalb die Seelenwelt auch als die Begierden- oder Wunschwelt oder als die Welt des Verlangens.»[4]

Die ‹Welt des Verlangens› existiert ebenso wie die ätherische Welt als ein astrales Reich der ‹Gefühle an sich›. Sie ist die Sphäre seelischer Mächte – der Furcht, des Mutes, des Zorns und so weiter. Sie ist die Sphäre sowohl der ‹guten› als auch der ‹bösen› Seelenkräfte, der Engel und der Dämonen – wobei auch das Böse als Dämonie eigentlich nur der Schatten des Guten, ein von Gott abgefallener Engel ist. Die astrale Welt ist das Reich der ‹Triebe›, der ‹Wünsche› und der ‹Begierden›, also mithin all derjenigen seelischen Kräfte, die Steiner zufolge den Menschen am meisten an die Erde binden und ihn dementsprechend auch am leichtesten den Gefahren der Dämonie aussetzen. Um auch sie erlebbar zu machen, schlägt Steiner, wie schon zuvor bei der Schulung der Imagination, eine ‹Inspirationsschulung› vor.

Diese besteht zunächst darin, sich in Selbstdistanz zu üben. Man müsse lernen, sich selbst wie einem Fremden gegenüberzutreten, sich selbst aus der Perspektive eines anderen zu betrachten.[5] Diese Fähigkeit bewirke, daß man sein eigenes Verhalten und damit auch den eigenen ‹Charakter› sehr viel genauer kennenlerne, als dies zuvor der Fall gewesen sei. Nach einiger Zeit nehme man genau die seelischen Kräfte wahr, die das Selbst bestimmen. Man könne feststellen, daß nicht das ‹Ich› diese Kräfte bestimme, sondern daß es umgekehrt durch sie bestimmt werde. Die astrale Welt bestimme den Menschen, ohne daß ihm dies bewußt werde. Er sei dieser Fremdbestimmung aber nur so lange ausgeliefert, bis er sich als fremdbestimmt erkannt habe. Dann nämlich werde es möglich, sich dem ‹Einfluß der Gestirne› zu entziehen und das Leben selbstbestimmt zu führen.

In dem Maße, in dem die Schulung der Inspiration zur Selbsterkenntnis führt, soll sie zur Welterkenntnis führen. Nicht nur sich selbst müsse man die oben geforderte Aufmerksamkeit schenken, sondern auch anderen Menschen und den Dingen. Vorurteilsfrei und mit Anteilnahme – sei es am Geschick oder Mißgeschick anderer – solle man um sich blicken. Entscheidend sei, daß man keinem Wesen gegenüber das Mitgefühl verliere. Inspiration entstehe vornehmlich dadurch, daß man lerne, sich in die Gefühlszustände anderer hineinzuversetzen. Man müsse lernen, wie man fremde Gemütsbewegungen zur eigenen inneren Bewegung machen kann. Erstrebt wird ein Zustand der Kontemplation, in dem alles Persönliche zum Schweigen gebracht wird, wenn es ‹an eine Wahrnehmung hingegeben ist›. «Solange man nicht das Leben der Pflanze so vertraut in sich empfindet wie die Erlebnisse des eigenen Herzens», schreibt Steiner in dem Text ‹Stufen der höheren Erkenntnis›, «solange kann in der Inspiration keine Wahrheit sein.»[6]

---

[4] Theosophie, a.a.O. S. 97.
[5] Vgl.: ‹Wie erlangt man Erkenntnisse der höheren Welten?›, a.a.O. S. 31 f.
[6] Rudolf Steiner: Die Stufen der höheren Erkenntnis. Schriften und Aufsätze 1905, 1922–23. Dornach 1986 (TB Nr. 641), S. 17–18.

Das Ziel der verschiedenen Meditationen besteht darin, in einen Geisteszustand einzutreten, in dem das Bewußtsein klar und von allen Trübungen der Persönlichkeit gereinigt ist. Nur das solle sich zeigen, worauf man seine Gefühls- und Gedankenkräfte gerade konzentriere. Man solle sich so in Betrachtungen vertiefen, daß sie, von allen Vorurteilen befreit, allmählich zu eigenem Leben erwachen können. Der Betrachter müsse ‹ganz Auge›, ‹ganz Ohr› werden, und vor allem die ‹inneren Sinne› – der Sinn für Rhythmik, für Gleichgewicht, für Takt – sollten so angesprochen werden, daß im Idealfall die Empfindung des Betrachters mit der Selbstempfindung der Wahrnehmung zusammenfließt.[7]

In dem Band ‹Wie erlangt man Erkenntnisse der höheren Welten› heißt es, daß der ‹Geheimschüler› nach einiger Zeit mit der ‹Seele zu hören› beginne und nach einer längeren Zeit der Übung ‹die Wahrnehmung des inneren Wortes› erwache. Man lernt, auf das zu hören, was ‹auf der anderen Seite›, auf der ‹Seite der Dinge› geschieht. Der russische Dichter Ossip Mandelstam hat dieses ‹mit der Seele hören› in einer Form beschrieben, in der es dem von Steiner dargestellten Sachverhalt wohl am ehesten entspricht. Bevor er anfange zu dichten, sagt Mandelstam, entstehe vor seinem Ohr ein unabweisbarer musikalischer Gedanke, der, anfangs noch verschwommen, allmählich klarere Gestalt gewinne, wenn auch die Worte noch fehlten. «Bei mir», so Mandelstam wörtlich, «bildete sich der Eindruck heraus, Verse existieren, ehe sie verfaßt sind. Der ganze Prozeß des Dichtens besteht aus einem angestrengten Einfangen und zutage fördern von etwas Vorhandenem, dessen Ursprung unbekannt ist und das sich langsam in Worte umsetzt.»[8]

Auch Beuys hat in seiner letzten großen Rede, die er anläßlich der Verleihung des Wilhelm-Lehmbruck-Preises der Stadt Duisburg hielt, von der Inspiration als einem ‹übersinnlichen Hören› gesprochen. Bezogen auf die Skulptur Wilhelm Lehmbrucks sagte er, daß man sie weniger sehen als hören müsse, daß der Seele ein neuer Hörsinn erwachen müsse, wolle man die Kategorien erkennen, die in seiner Skulptur vorhanden seien.[9]

«Die Seele», schreibt Steiner in dem zuletzt zitierten Band, «wird imstande, Kundgebungen aus der geistigen Welt zu empfangen, die nicht ihren Ausdruck finden in äußeren Tönen, die für das physische Ohr wahrnehmbar sind.»[10] Man höre mit geistigen Ohren. Dinge, Vorstellungen, Gedanken werden lebendig und entstehen unabhängig und ohne

---

[7] Vgl.: ‹Wie erlangt man Erkenntnisse ...› a.a.O. S. 49.
[8] Vgl.: WDR III Hörfunkprogramm von Mittwoch, den 10.2.1993, 21.00 Uhr: Der Gehörmensch – Ossip Mandelstam. Lyriker, Erzähler, Essayist. Ein Hörfunkessay von Elisabeth Skapek und Wolfgang Seibel.
[9] «(...) das heißt, seine Skulpturen sind eigentlich gar nicht visuell zu erfassen. Man kann sie nur erfassen mit einer Intuition, wobei einem ganz andere Sinnesorgane ihr intuitives Tor offen machen, und das ist vor allen Dingen das Hörende – das Hörende, das Sinnende, das Wollende, d.h. es sind Kategorien in seiner Skulptur vorhanden, die niemals vorher vorhanden waren.» J. Beuys, Dank an Wilhelm Lehmbruck. In: ‹Die Tageszeitung› vom 27.1.1986. Vgl. auch ‹Werkstattgespräch mit Beuys›, a.a.O. S. 23.
[10] ‹Wie erlangt man ...›, a.a.O. S. 51.

bewußtes Zutun. Ein ‹höheres spirituelles Bewußtsein› spricht sich aus, das seine eigene Sprache spricht. Nietzsche ließe sich zitieren, der sein eigenes Inspirationserlebnis als Hören beschreibt: «Man hört», so Nietzsche, «man sucht nicht. Man nimmt, man fragt nicht, wer da gibt, wie ein Blitz leuchtet ein Gedanke auf, ohne Zögern (...) Alles geschieht in höchstem Maße unfreiwillig, aber in einem Sturme von Freiheitsgefühl, von Unbedingtsein, von Macht, von Göttlichkeit.»[11]

Neben dem ‹Alltagsmenschen›, so wiederum Steiner, trage jedes menschliche Wesen einen ‹höheren Menschen› in sich.[12] Die Stimme dieses ‹Geistmenschen› könne aber erst dann vernommen werden, wenn der Alltagsmensch, das ‹empirische Ich›, völlig zum Schweigen gebracht worden sei. Das höhere geistige Ich offenbare Dinge, die der empirische Mensch niemals in Erfahrung bringen könne. «Nur wer durch selbstloses Zuhören», heißt es in einer Fußnote zum Text, «es dahin bringt, daß er wirklich von innen aufnehmen kann, still, ohne Regung einer persönlichen Meinung oder eines persönlichen Gefühls, zu dem können die höheren Wesenheiten sprechen, von denen man in der Geheimwissenschaft spricht. Solange man noch irgendeine Meinung, irgendein Gefühl dem zu Hörenden entgegenschleudert, schweigen die Wesenheiten der Geisteswelt.»[13]

Durch allmähliches Einleben in andere Seelenzustände werde man überdies gewahr, daß das seelische Erleben anderer Wesen auch in der eigenen Seele lebe. Ihre Gefühlswelt offenbare sich als ein Aspekt der eigenen Gefühlswelt, denn auch die Seele der anderen sei Teil der Allseele des einen, transzendentalen Selbst.[14]

Durch Inspiration werden die göttlichen, aber auch die dämonischen Kräfte, die im Universum leben, erkannt. Es sei notwendig, auf die Inspirationen des höheren geistigen Ich zu hören. Nur diese Erkenntnis mache, so Steiner, das Individuum fähig, wahrhaft geistig selbstbestimmt zu leben. «Die Wogen des äußeren Lebens zwängen den inneren Menschen von allen Seiten ein, wenn der Mensch nicht dieses Leben beherrscht, sondern von ihm beherrscht wird», schreibt Steiner an anderem Ort.[15] Er sei dann wie eine Pflanze, die in einer Felsspalte gedeihen soll. Man müsse die Fähigkeit entwickeln, die Eindrücke der Außenwelt nur in einer selbstbestimmten Weise an sich herantreten zu lassen, dann beginne sich schon im empirischen Menschen jenes innere geistige Selbst zu entwickeln, das ‹ewig ist› und zu ursprünglicher geistiger und seelischer Reinheit und Vollkommenheit führt.[16]

---

[11] Friedrich Nietzsche, Ecce Homo. In: Friedrich Nietzsche, Werke Bd 4. Hg. v. Karl Schlechta. München 1980 (Neudruck der 5. Aufl. v. 1966), S. 1131–1132.
[12] Vgl.: ‹Wie erlangt man ...›, a.a.O. S. 32.
[13] Ebd. S. 52.
[14] Vgl.: Theosophie, a.a.O. S. 134.
[15] ‹Wie erlangt man ...›, a.a.O. S. 35.
[16] Ebd. S. 40.

Intuition

> Ich bin nicht Ich.
> Ich bin jener,
> der an meiner Seite geht, ohne daß ich ihn erblicke,
> den ich oft besuche,
> und den ich oft vergesse.
> Jener, der ruhig schweigt, wenn ich spreche,
> der sanftmütig verzeiht, wenn ich hasse,
> der umherschweift, wo ich nicht bin,
> der aufrecht bleiben wird, wenn ich sterbe.
>
> Juan Ramón Jiménez

Moralische Intuition

Im zweiten Teil der ‹Philosophie der Freiheit› entwickelt Steiner die Grundzüge einer praktischen Philosophie, die auf der ‹moralischen Intuition› der Individuen aufbaut und die er deshalb einen ‹ethischen Individualismus›[1] nennt. Der Text richtet sich insbesondere gegen die verschiedenen Spielarten weltlicher oder religiöser Gebots- oder Normethiken, da diese im Grunde genommen davon ausgingen, daß der Mensch nicht zu einer freien ethischen Entscheidung fähig sei. Man entmündige ihn statt dessen durch ethische oder religiöse Gebote und Vorschriften systematisch, da man nicht daran glaube, daß ihn seine moralische Intuition zur Sittlichkeit führt. Aus Angst vor den Folgen, die sich aus einem ethischen Freiheitspostulat ergäben, unterdrücke man aber gerade das Prinzip am meisten, das gegenwärtig deutlich sein Recht verlange: das Freiheitsprinzip. Selbst Kant, der als erster die Ethik auf dem Fundament des Freiheitsbegriffes aufgebaut habe, nehme die uneingeschränkte sittliche Verantwortung, die das Individuum für sich übernehmen müsse, durch einen dogmatischen Pflichtbegriff, den er dem Freiheitspostulat zur Seite stelle, wieder zurück und verlagere dadurch nur den Zwang, der zuvor von außen an das Individuum herangetragen worden sei, nach innen, wo die Pflicht als der strenge Zuchtmeister im Hause der Sinnlichkeit alle freien geistigen Impulse im Keim ersticke.[2]

Nehme man das Freiheitsprinzip ernst, so dürfe man keine Furcht vor der uneingeschränkten ethischen Autonomie des Individuums haben. Die moralische Intuition sei ein Band, das alle Individuen miteinander verbinde, und einzig die Unterschiede im Grade der Reife und des Ver-

---

[1] Vgl. u.a. Philosophie der Freiheit, a.a.O. S. 198/200.
[2] Ebd. S. 170f.

antwortungsbewußtseins seien der Grund dafür, daß es vorerst nur eine kleine Anzahl ethisch autonom handelnder Menschen gebe.[3]

Über weite Strecken des Bandes diskutiert Steiner die Einwände, die sich gegen diese Ethikkonzeption ergeben. So bespricht er beispielsweise den Vorwurf, daß durch den ethischen Individualismus der Willkür und dem Relativismus der Werte Tür und Tor geöffnet werde. Er hält dem entgegen, daß dieser Vorwurf den ethischen Individualismus nicht treffe, da nicht verstanden werde, was unter einer moralischen Intuition zu verstehen sei. Wenn gesagt werde, daß nur die moralische Intuition des Handelnden die Richtschnur seiner Handlung sein könne, so schließe dies die Verbindlichkeit ethischer Normen selbstverständlich mit ein. Diese Normen selbst seien sämtlich den ‹Intuitionen freier Geister› entsprungen, und nur das mache ihre Allgemeingültigkeit aus.[4] Aber die Norm, die in bestimmten historischen Kontexten für ganze Gesellschaften verbindlich war, könne heute keinen absoluten Anspruch mehr erheben. Sobald sie als Vorschrift oder als Dogma auftrete, bestehe immer auch die Gefahr, daß sie nur von außen an das Individuum herantrete, obwohl sie doch durch einen lebendigen geistigen Impuls getragen werden müsse.

Daher widerspreche der ethische Individualismus im Grunde genommen gar nicht der konventionellen Ethik, sondern bringe sie nur in eine zeitgemäße Form. Das Individuum sei aufgefordert, aus sich heraus die moralischen Kräfte zu entwickeln, die in der konventionellen Ethik nur von außen und ohne innere Übereinstimmung an es herangetragen worden seien. Man lege überdies einen falschen Individualitätsbegriff zugrunde, wenn man glaube, daß das ethische Freiheitspostulat zur Zerstörung der Sittlichkeit führe. Denn der Individualitätsbegriff sei gerade nicht ‹im menschlichen Organismus› begründet, sondern in der ‹Ideen-

---

[3] «Es wird viele geben», so Steiner (ebd. S. 167), «die da sagen: der Begriff des freien Menschen, den du da entwirfst, ist eine Schimäre, ist nirgends verwirklicht. Wir haben es aber mit wirklichen Menschen zu tun, und bei denen ist auf Sittlichkeit nur zu hoffen, wenn sie einem Sittengebote gehorchen, wenn sie ihre sittliche Mission als Pflicht auffassen und nicht frei ihren Neigungen und ihrer Liebe folgen. – Ich bezweifle das keineswegs. Nur ein Blinder könnte es. Aber dann hinweg mit aller Heuchelei der Sittlichkeit, wenn dieses letzte Einsicht sein sollte (...) Aus Handlungen der Freiheit und der Unfreiheit setzt sich unser Leben zusammen. Wir können aber den Begriff des Menschen nicht zuende denken, ohne auf den freien Geist als die reinste Ausprägung der menschlichen Natur zu kommen. Wahrhaft Menschen sind wir doch nur, insofern wir frei sind. Das ist ein Ideal, werden viele sagen. Ohne Zweifel, aber ein solches, das sich in unserer Wesenheit als reales Element an die Oberfläche arbeitet. Es ist kein erdachtes oder erträumtes Ideal, sondern ein solches, das Leben hat und das sich auch in der unvollkommensten Form seines Daseins deutlich ankündigt.»
[4] Ebd. S. 171.

welt›, die aus diesem Organismus ‹herausgeboren› werde.[5] Ethische Freiheit bestehe darin, daß sich das Individuum weder von außen noch durch seine Natur dazu verleiten lasse, gegen die eigene Intuition zu handeln. Nur ideelle Gesichtspunkte dürften den Anstoß zu einer Handlung geben. Dann erst handele das Individuum sittlich und seine Handlung sei frei.[6] Die ‹Geistesschulung›, von der in den letzten beiden Kapiteln die Rede war – von der Steiner allerdings im Kontext der «Philosophie der Freiheit» noch nicht spricht –, zielt unter anderem darauf ab, diese geistige Unabhängigkeit zu erreichen. Durch Meditationsübungen und praktische Handlungsanweisungen soll allmählich die Selbstdistanz eingeübt werden, die nötig ist, um aus innerer Überzeugung und ohne seelischen Zwang nach ideellen ethischen Maßstäben zu handeln. Erst, wenn das Individuum so frei geworden sei, daß es ohne innere oder äußere Gewalt sittlich handele, handele es nach moralischen Intuitionen, und erst jetzt könne man von einem Individuum sprechen.

Dieser Intuitionsbegriff, der in der ‹Philosophie der Freiheit› nur vage umrissen wird und dem man sich hier, man möchte sagen, wiederum nur intuitiv nähern kann, wird in den späteren Schriften Steiners genauer konturiert und dort in den metaphysischen Kontext seiner Geistphilosophie eingereiht. Intuition wird nun zur dritten Stufe der Geisterkenntnis, zur Erkenntnis des autonomen, in sich abgeschlossenen ‹Willens an sich›.

Das Ich

Formal lehnt sich Steiner mit der Dreiteilung von Imagination, Inspiration und Intuition an die Kantische Dreiteilung von Denken (Logik), Fühlen (Ästhetik) und Wollen (Ethik) an, bestimmt sie aber – und dies in ausgesprochenem Gegensatz zu Kant – als Kategorien der noetischen Welt und wagt sich damit in all jene Bereiche philosophischer Spekulation hinein, die Kant zuvor systematisch aus dem Untersuchungsbereich der philosophischen Wissenschaften ausgegrenzt hatte. Kant hatte seiner Meinung nach ausreichend bewiesen, daß traditionelle Metaphysik nicht

---

[5] «Daß die Tat des Verbrechers, daß das Böse in gleichem Sinne ein Ausleben der Individualität genannt wird wie die Verkörperung reiner Intuition, ist nur möglich, wenn die blinden Triebe zur menschlichen Individualität gezählt werden. Aber der blinde Trieb, der zum Verbrechen treibt, stammt nicht aus Intuitivem, und gehört nicht zum Individuellen des Menschen, sondern zum Allgemeinsten in ihm, zu dem, was bei allen Individuen in gleichem Maße geltend ist und aus dem sich der Mensch durch sein Individuelles heraus arbeitet. Das Individuelle in mir ist nicht mein Organismus mit seinen Trieben und Gefühlen, sondern das ist die einige Ideenwelt, die in diesem Organismus aufleuchtet. Meine Triebe, Instinkte, Leidenschaften begründen nichts weiter in mir, als daß ich zur allgemeinen Gattung Mensch gehöre; der Umstand, daß sich ein Ideelles in diesen Trieben, Leidenschaften und Gefühlen auf eine besondere Art auslebt, begründet meine Individualität.» Ebd. S. 163 f.
[6] «Eine Handlung wird als eine freie empfunden, soweit deren Grund aus dem ideellen Teil meines individuellen Wesens hervorgeht; jeder andere Teil einer Handlung, gleichgültig, ob er aus dem Zwange der Natur oder aus der Nötigung einer sittlichen Norm vollzogen wird, wird als unfrei empfunden.» Ebd. S. 164.

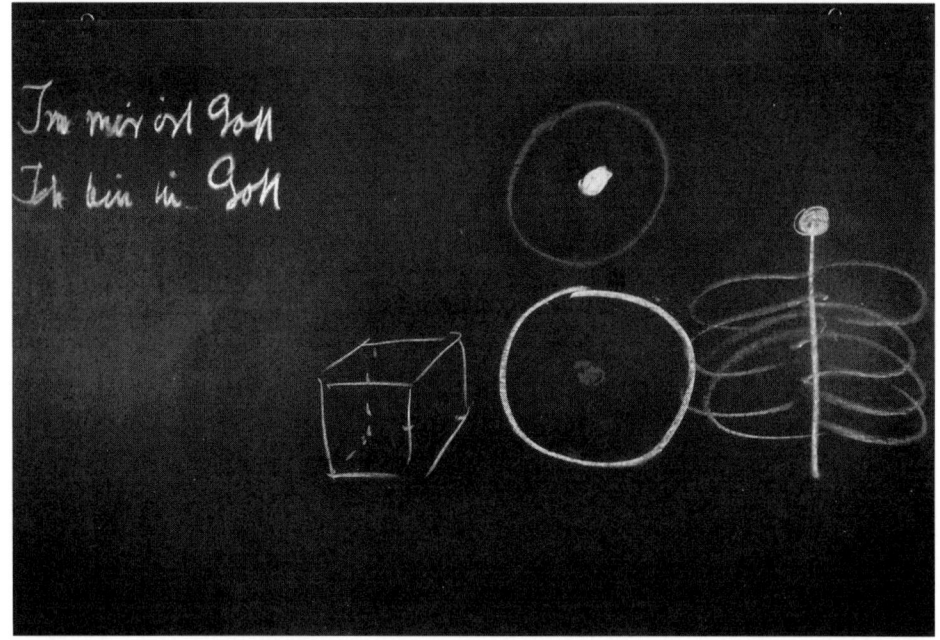

Wandtafelzeichnung Rudolf Steiners vom 5. Juli 1924. Angefertigt im Rahmen einer Reihe von zwölf Vorträgen zur Heilpädagogik.

wissenschaftlich betrieben werden könne und verwies die an ihr Interessierten an den Glauben, die Künste und die Religion. Steiners Forschungen auf dem Gebiete des ‹Übersinnlichen› erheben hingegen nicht nur einen ethisch-religiösen oder künstlerisch-ästhetischen, sondern erklärtermaßen auch einen wissenschaftlichen Anspruch. Schon der Titel seines Hauptwerkes – ‹Die Geheim*wissenschaft* im Umriß› – und die Charakterisierung der Anthroposophie als einer Geistes*wissen*schaft unterstreichen sein Bemühen, die Metaphysik trotz der Erkenntniskritik Kants wieder in den Rang einer Wissenschaft zu erheben.[7]

Eine ‹Wissenschaft des Übersinnlichen› gründet dabei auf den drei genannten geistigen Erkenntnisformen, deren letzte und zugleich ‹höchste› die Intuition als ‹unmittelbare geistige Ich-Erkenntnis› ist. – Was ist unter dieser ‹geistigen Ich-Erkenntnis› zu verstehen?

Steiner zufolge ist das ‹Ich› das Zentrum der menschlichen Wesenskräfte, der Ursprung und das Ziel der geistigen Bewegung. Es ist, wie es an einer Stelle der ‹Geheimwissenschaft im Umriß› heißt,[8] der ‹unaussprechliche Name Gottes›. Es bildet die Spitze der physischen, seelischen und geistigen Hierarchie, denn es ist die transzendentale Einheit, die allen sinnlichen und geistigen Erfahrungen einen gemeinsamen geistigen

---

[7] Explizit Stellung zum Problem der Wissenschaftlichkeit seiner Forschungen nimmt Steiner unter anderem in den «Vorbemerkungen zur ersten Auflage» der Geheimwissenschaft im Umriß. A.a.O. S. 7 ff.
[8] Ebd. S. 66 f.

Mittelpunkt gibt. Und es ist die Instanz, die sich in dieser Tätigkeit selbst betrachten, selbst wahrnehmen kann: Es ist der Träger des Selbstbewußtseins. Zugleich ist es aber keineswegs nur passiv, nur Selbstbewußtsein, sondern ist eine aktive Willensinstanz. Es ist der Motor der seelischen und geistigen Entwicklung und Transformation, der Wille zur Selbstbestimmung.

Ohne seine Empfindungen wäre das aktive, wollende Ich unzufrieden. Es gäbe nichts, an dem sein Trieb sich sättigen, an dem seine Seele sich erleben könnte. Es ist auf der Suche nach etwas, das Nicht-Ich ist. Es ‹setzt› das Nicht-Ich, auf daß es sich an ihm reiben und erleben kann. Steiner, der schon in seinen frühen philosophischen Studien mit Fichte in Berührung kam,[9] hat dessen Konzeption des Ich-Bewußtseins in diesem Punkte übernommen. Die erscheinende Welt ist ein Ergebnis der ‹Setzungen› des Ich. Es ist der schöpferische Demiurg des Nicht-Ich. Alle Erscheinungen sind durch den Willen, das Fühlen, das Denken des transzendentalen Schöpfers gesetzt.

Der Wille

Man muß die ideellen Voraussetzungen der Homologielehre vor Augen haben, um verstehen zu können, welche Bedeutung ‹das Ich› damit für Steiner bekommt. Da es als individuelles Ich ein Abbild der allwirksamen Kraft des All-Ich ist, das die Schöpfung bewirkt, wirken in ihm in nuce auch die geistigen Schöpferkräfte und die seelischen Empfindungskräfte, durch die das All-Ich die Erscheinungen schuf. Das Ich, gleichsam ein Trichter oder, um einen Terminus von Beuys aufzugreifen, der ‹Transformator› dieser schöpferischen Energie, wirkt im Menschen als intuitives Wissen der im verborgenen wirkenden kosmischen Kräfte, und diese begaben ihn nicht nur mit seiner elementaren Lebenskraft, sondern auch mit seiner ureigenen, göttlich-menschlichen Phantasie:

> *Indem wir mit unserer Seele, die sich gleichsam vollgesogen hat mit diesen Eigenschaften,[10] untertauchen in unsere eigene Leiblichkeit, merken wir, daß sich diese Grundkräfte verwandeln und ein anderes Gesicht bekommen. Und zwar merken wir, daß sich dasjenige, was wir in einem schwachen Abbilde als Willen unserer Seele kennen, was wir uns aber mitbringen aus einem unendlich viel größeren Maß von Weltenwillen, daß sich das im Einströmen verwandelt in etwas, was uns die Möglichkeit gibt, bewegliche Wesen zu sein, die aus ihrem Inneren heraus die Fähigkeit haben, die Glieder zu bewegen, im Kleinen und im Großen (...) Es kommt dasjenige, was Weltenwil-*

---

[9] Vgl. Hemleben, a.a.O. S. 22.
[10] Steiner meint die Gedanken-, Gefühls- und Willenskräfte des Kosmos, durch die sich, wie er meint, der Mensch während des Schlafes ernährt.

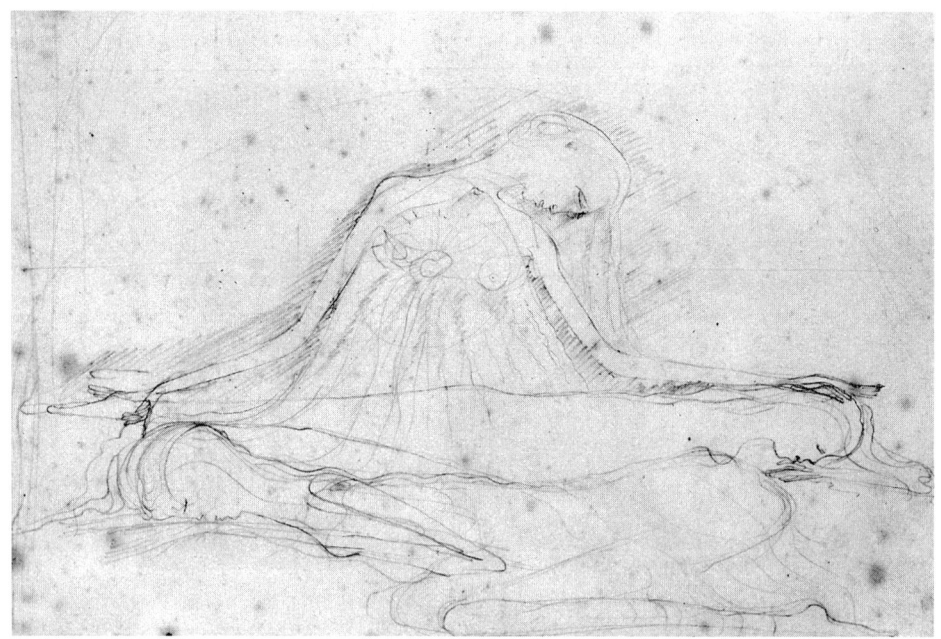

Joseph Beuys: ‹Hüterin des Schlafes›, 1951.

len ist, in uns als Kraft, als innere, uns erfüllende Kraft zum Vorschein. Wir sehen jetzt, wie tatsächlich die uns durchsetzende Kraft, die wir sonst nur seelenhaft verspüren, uns aus dem Weltenwillen heraus zuströmt. Jetzt wird es für uns eine Wahrheit, daß Wille die Welt durchströmt, daß der Wille der Welt uns durchströmt und daß wir nur dadurch bewegliche Menschen sind, Menschen, die ihre Glieder bewegen können, Menschen, die Selbsttätigkeit haben, daß uns am Morgen zufließt Weltenwille, den wir eingesogen haben in unsere Seele im Schlafzustand. Diesen Weltenwillen, der in uns einströmt am Morgen, verbrauchen wir während des Tages. Dieses Einströmen fühlen wir nicht im gewöhnlichen normalen Leben. Aber wenn wir an dem Hüter der Schwelle vorbeigekommen sind, dann fühlen wir fortwirken in uns selber den ganzen Willen des Makrokosmos, da fühlen wir uns einheitlich mit dem Weltenwillen zusammengewachsen. Es ist ein unendlich bedeutsames Gefühl, das wir da durchmachen. Wie verbunden, wie eingeschaltet in den gesamten Weltenwillen fühlen wir uns in diesem Momente.[11]

---

[11] Rudolf Steiner: Makrokosmos und Mikrokosmos. Die große und die kleine Welt. Seelenfragen, Lebensfragen, Geistfragen. Ein Zyklus von elf Vorträgen gehalten in Wien vom 21. bis 31. März 1910. Mit einem vorangehenden öffentlichen Vortrag, Wien, 19. März 1910. Dornach 1992 (TB Nr. 703), S. 114–115.

Während des Tiefschlafes ist das Ich innig verbunden mit dem Welt-Ich und insbesondere mit dessen Willenskräften. Sie strömen, so konnte man Steiners ausführlicher Beschreibung entnehmen, in das Ich hinein und durch das Ich hindurch. Aber nicht nur das. Wenn es gelänge, so Steiner an anderem Ort,[12] die intuitive Fähigkeit so zu entwickeln, daß das Bewußtsein auch während des Tiefschlafes verfolgen könne, was während dieser Zeit mit ihm geschehe, so könne es sich auf eine innige Art und Weise mit diesen schöpferischen Willenskräften verbinden und sie entbänden in ihm ein geistiges Vorstellungsvermögen, das direkt durch sein höheres geistiges Ich inspiriert sei.[13]

Das höhere Ich

Im ersten Teil dieses Kapitels wurde beschrieben, daß Steiner in der moralischen Intuition das ethische Grundvermögen des Individuums sieht. Diese moralische Intuition, die er im Kontext der ‹Philosophie der Freiheit› noch nicht spiritualistisch begreift, wird nun als ein ‹höheres geistiges Ich› gedeutet, das das empirische Individuum unbeobachtet im Tagesleben begleitet und das, wird seinen moralischen Impulsen gefolgt, dieses zu höheren geistigen Einsichten und wahrhaft sittlichen Handlungen führt. Steiner beschreibt die Tätigkeit dieses höheren Ich, das er auch den ‹Geistesmenschen› nennt, und die intuitive Welt, in der er sich bewegt, vor allem am Beispiel der Vorgänge, die sich seiner Meinung nach während des traumlosen Tiefschlafes abspielen. «Beim Beobachten des eigenen Wollens», heißt es beispielsweise in dem Band ‹Das menschliche Leben›, «erlischt die gewohnte vorstellende Kraft. Man hört auf, in der nach außen gerichteten Art vorzustellen; dafür aber entbindet sich aus den Untergründen des Wollens ein wesenhaftes Vorstellen!»[14] Was mit diesem Vorstellen gemeint ist, wird einige Zeilen weiter genauer beschrieben: Man werde gewahr, daß man einen verborgenen Geist-Menschen in sich trage. Dieser Geist-Mensch, das höhere geistige Ich, tritt aber «(...) nicht so auf, wie äußere, sinnlich wahrnehmbare Wesen», sondern er «(...) stellt sich vielmehr durch sein Inneres dar, durch Entfaltung einer inneren Betätigung, die ähnlich ist dem Entfalten der Bewußtseinsvorgänge in der eigenen Seele».[15] Der Blick dieses Geistwesens sei auf die Vorgänge des menschlichen Seelenlebens gerichtet, so daß er ein «bewußter Zuschauer des gewöhnlichen Seelen-Erlebens» sei. Im Willen lebe untergründig «ein im Geistigen webendes, wesenhaf-

---

[12] Ders.: ‹Vom Seelenleben›. Schriften und Aufsätze 1905, 1922/23. Dornach 1986 (TB Nr. 641), S. 176 ff.
[13] Ders.: Die Erkenntnis vom Zustand zwischen dem Tode und einer neuen Geburt. In: Das menschliche Leben vom Gesichtspunkte der Geisteswissenschaft (Anthroposophie) und weitere Schriften. Dornach 1982, 2. Aufl. (TB Nr. 612), S. 115.
[14] Ebd. S. 115.
[15] Ebd.

tes Bewußtsein».¹⁶ Habe man dieses Bewußtsein erst einmal in seiner inneren geistigen Tätigkeit erlebt, so erschließe es allmählich auch den Blick auf «(...) Wesenheiten und Vorgänge der geistigen Welt, die außerhalb seines Selbst liegen». «Wirkliche Wesenheiten und Vorgänge der geistigen Welt heben sich aus dem Bewußtseinswesen heraus, das aus der Entwickelung des Willens sich geoffenbart hat. Und durch die Wechselwirkung dieser Wesenheiten und Vorgänge mit den aus der Entwicklung des Denkens entsprungenen Willenswirklichkeiten werden sie geistig wahrgenommen.»¹⁷ So könne man vergangene Vorgänge nun direkt als unmittelbares neues Erlebnis schauen. Die Seelenwelt bilde ein Tableau, auf dem die geistige Welt diese Vorgänge abspiele, und man fühle sich unmittelbar in die vergangenen Vorgänge hineinversetzt.

An anderem Ort¹⁸ berichtet Steiner, daß der physische Mensch ein Geschöpf des Geistmenschen sei. Der ‹innere Mensch› sei der Schöpfer des ‹äußeren›. Er sei die geistige Wesenheit, die das menschliche Ich durch die verschiedenen Erdenleben führe. Er inspiriere den ‹physischen Menschen› und bereite während seines physischen Todes das Schicksal vor, das ihm im folgenden irdischen Leben widerfahren wird. «Dieses andere Selbst», so schildert Steiner ausführlich den Zusammenhang, «lebt in der Gesamtheit des Schicksals eines Menschenlebens. Es geht neben dem Selbst, das zwischen Geburt und Tod seine Bedingungen hat, einher und gestaltet das menschliche Leben mit allem, was Erfreuliches, Erhebendes, Schmerzvolles in dasselbe einschlägt. Das übersinnliche Bewußtsein lernt, indem es mit diesem ‹anderen Selbst› sich zusammenfindet, zu der Gesamtheit des Lebensschicksals so ‹Ich› zu sagen, wie der physische Mensch zu seinem Eigenwesen ‹Ich› sagt. Was man mit einem morgenländischen Worte ‹Karma› nennt: es wächst in der angedeuteten Art mit dem ‹anderen Selbst›, mit dem ‹geistigen Ich-Wesen› zusammen. Der Lebenslauf eines Menschen erscheint inspiriert von seiner eigenen Dauerwesenheit, die von Leben zu Leben sich weiterführt; und die Inspiration erfolgt so, daß die Lebensschicksale eines folgenden Erdenseins als die Folge sich ergeben der vorangehenden Erdenleben».¹⁹

Das ‹Ich› als ‹Geist-Ich› bereitet daher auch das irdische Schicksal vor. Es stellt Anforderungen, die der Einzelne mehr oder weniger inspiriert erfüllen wird. Durch die Art und Weise, wie er ihnen begegnet, wird sich sein weiteres Schicksal in einem folgenden Leben gestalten und so webt er gleichsam mit jeder seiner Handlungen an dem Muster des Schicksalsteppiches, auf dem er in einem folgenden Leben die Erde betreten wird.

---

[16] Ebd. S. 116.
[17] Ebd.
[18] Rudolf Steiner: Die Schwelle der geistigen Welt. Dornach 1987 4. Aufl. (TB Nr. 602), S. 118.
[19] ‹Die Schwelle der geistigen Welt›, a.a.O. S. 121.

An dieser Stelle ist es nicht mehr nötig, noch tiefer in die esoterischen Geheimnisse der Anthroposophie einzudringen. Das bisher Ausgeführte reicht aus, um zu begreifen, was Steiner systematisch unter Intuition versteht, wie er sie entwickelt und zu welchen Ergebnissen er durch intuitive Erkenntnis kommt. Entscheidend ist, daß das ‹Ich› in doppelter Gestalt erscheint. Einerseits ist es das empirische, ‹raumzeitliche› Ich und andererseits ein ‹überräumliches› und ‹überzeitliches› geistiges Ich. Dabei ist das phänomenale Ich eine Geburt des Geist-Ichs, das, wie sich an anderer Stelle herausstellt, das Geist-Ich zu seiner eigenen Vervollkommnung braucht.[20] Das Geist-Ich hat sich zu einem ‹physischen Ich› gemacht, da es nur in der physischen Welt Erfahrungen sammeln konnte, die ihm auf geistigem Wege nicht möglich waren.[21]

---

[20] ‹Wie erlangt man Erkenntnisse ...›, a.a.O. S. 207 f.
[21] Vgl. das folgende Kapitel: Weltgeschichte als Geschichte des Menschen. –
Auch hier gibt es wieder eine erstaunliche Parallele zur Psychologie C. G. Jungs. Auf Seite 326 f. der ‹Erinnerungen ...› beschreibt er einen Traum aus dem Jahre 1944, in dem er auf einen meditierenden indischen Yogin trifft. Jung schreibt dazu: «Diesen Traum hatte ich nach meiner Krankheit 1944. Er stellt ein Gleichnis dar: mein Selbst begibt sich in die Versenkung, sozusagen wie ein Yogin, und meditiert meine irdische Gestalt. Man könnte auch sagen: es nimmt menschliche Gestalt an, um in die dreidimensionale Existenz zu kommen, wie wenn sich jemand in einen Taucheranzug kleidet, um ins Meer zu tauchen.» Und wenig später gibt er folgende psychologische Deutung des Geschehens: «Die unbewußte Ganzheit erscheint mir daher als der eigentliche spiritus rector alles biologischen (sic!) und psychischen Geschehens. Sie strebt nach totaler Verwirklichung, also totaler Bewußtwerdung im Fall des Menschen. Bewußtwerdung ist Kultur im weitesten Sinne und Selbsterkenntnis daher Essenz und Herz dieses Vorgangs. Der Osten mißt dem Selbst unzweifelhaft ‹göttliche› Bedeutung bei, und nach alter christlicher Anschauung ist Selbsterkenntnis der Weg zur cognitio dei.» A.a.O. S. 326 f.

Zusammenfassung

Steiners Erkenntnislehre verfolgt vor allem das Ziel, den neuzeitlichen Dualismus in der Erkenntnistheorie zu überwinden. Zu diesem Zweck entwirft er in seinem Frühwerk ‹Die Philosophie der Freiheit› die Grundzüge einer geistigen Weltanschauung, die auf dem Primat des Denkens gegenüber der Wahrnehmung basiert. Das Denken organisiert die Vielzahl der sinnlichen und übersinnlichen Wahrnehmungen zu einer begrifflichen Einheit und strukturiert auf diese Art und Weise die gesamte Welterfahrung. Es hat sein Ziel erreicht, wenn es die inneren geistigen Beweggründe der weltgeschichtlichen Entwicklung – Verantwortung, Selbstbestimmung, Freiheit – erkennt und die Weltgeschichte, die, wie sich noch herausstellen wird[1], im Kern die Geschichte der Selbstverwirklichung des Menschen ist, in ihrer Gesamtheit wahrnimmt und als geistiges Panorama vor Augen führen kann.

Zu diesem Zweck ist es aber notwendig, nicht nur die physischen, sondern auch die metaphysischen Grundlagen dieser Entwicklung zu kennen. Steiner entwickelt eine systematische Lehre der übersinnlichen Erkenntnis, die auf den geistigen Erkenntnisformen von Imagination, Inspiration und Intuition basiert. Als die transzendentalen Eigenschaften des Geistes und der Seele organisieren Denken, Fühlen und Wollen das menschliche Sinnesleben. Durch genau definierte meditative Techniken wird es möglich, diese ansonsten ganz auf die Außenwelt konzentrierten Seelenvermögen auf sich selbst zu lenken. Es entsteht ein imaginatives, inspiriertes und intuitives Denken, Fühlen und Wollen ‹an sich›. Diese, von Steiner ‹die höheren Formen des Denkens› oder auch ‹sinnlichkeitsfreie Wahrnehmung› genannten Erkenntnisformen ermöglichen es, auch in die ansonsten verborgenen metaphysischen Bereiche des Geistes und der Seele einzudringen.

Durch Imagination wird die genaue Erkenntnis der zunächst unbewußten gestaltbildenden Kräfte der menschlichen Seele erzielt. Durch Inspiration wird diese Erkenntnis vertieft, und es wird deutlich, nach welchen seelischen Gesetzmäßigkeiten diese gestaltbildenden Kräfte ihre Formen schaffen. Durch intuitive Erkenntnis wird die moralische Intuition der Individuen vervollkommnet. Gleichzeitig wird es möglich, die Gesetzmäßigkeiten zu erfahren, die die Weltseele und den Weltgeist ganz allgemein bestimmen. Es offenbart sich der ‹verborgene Schöpfungsplan›.

Diesem Plan zufolge bedeutet Weltgeschichte für Steiner in erster Linie eines: Sie ist die im Verlaufe von Äonen sich verwirklichende Geschichte der physischen, seelischen und geistigen Selbstverwirklichung des Menschen.

---

[1] Vgl. das folgende Kapitel: ‹Weltgeschichte als Geschichte des Menschen›.

4. «EIN TAG IM LEBEN BRAHMAS»[1]
Weltgeschichte als Geschichte des Menschen

Man kann sich am ehesten ein Bild davon machen, was Steiner mit «Weltgeschichte» meint, wenn man versucht, sich den Verlauf der gesamten kosmischen Evolution morphologisch vorzustellen. Steiner denkt in erster Linie in morphologischen Bildern, und die Entstehung des Kosmos erscheint als die stufenweise Herausbildung einer ganz konkreten kosmischen Gestalt. Man denke sich ausgedehnte Zyklen, ihren Aufbau, ihre Blüte, ihren äußeren Verfall und ihre innere Vollendung. Man denke sich die Rückkehr der Schöpfung zu sich selbst als eine Einkehr Gottes, als einen langen, kosmischen Schlaf und die Erscheinungsweisen der Äonen als die Herausbildung künstlerischer Darstellungsformen sich steigernder Komplexität und Differenzierung.

Der Kosmos ist ein Organismus. Wie das menschliche Leben, zu dem er ein Analogon ist, durchläuft er eine stufenweise Entwicklung, die sich über einen Zyklus von sieben Äonen erstreckt. Jeder einzelne dieser Zyklen durchläuft drei Phasen: eine vorgeburtliche Phase, eine Phase der Entwicklung nach der Geburt und eine Phase nach dem Tode, die auf die Vorbereitung eines neuen Seins hinzielt. Da sich die Glieder eines Organismus aber nur aus dem Funktionszusammenhang des Gesamtorganismus erklären lassen, so kann auch der Sinn und Zweck des erhabensten aller Organismen, des Kosmos, nur dann verstanden werden, wenn der Kosmologie ein göttlicher Auftrag und ein menschlicher Sinn zugrunde gelegt wird: Der Kosmos wird zu einer Art Weltkörper des Menschen, und nur wer die Anthropologie seiner Schöpfung versteht, entdeckt die verborgenen geistigen Ziele in ihm.

Nach Steiners Auffassung vollzieht sich die weltgeschichtliche Entwicklung in drei Hauptepochen: Die physische, seelische und geistige Vervollkommnung des Menschen und der Welt:

> *Zuerst entwickelt sich im Menschenwesen das Moment der Weltzusammenfassung. Damit dies aber in Erscheinung treten kann, ist die gleichzeitige Entfaltung der Welt selbst in der Fülle ihrer Wesensreiche nötig. Sonst wäre ja nichts da, was zusammengefaßt werden könnte. Wir unterscheiden also eine erste Epoche, in welcher parallel nebeneinander der Makro-*

---

[1] Der Titel des Kapitels bezieht sich auf eine Komposition des italienischen Komponisten Giacinto Scelsi («Aion – Episoden aus einem Tag Brahmas für Orchester»). Die Uraufführung des Stükkes fand im Jahre 1985 in Köln statt. Der Komponist schrieb dazu: «Ein Tag Brahmas dauert 367 000 Erdenjahre. Angenommen, die vier Episoden würden einen seiner Tage ganz einnehmen, dann müßte jeder der vier Teile etwa 90 000 Jahre dauern. Ich denk', das Publikum würde das sehr lang finden. Deshalb habe ich beschlossen, die Dauer der Episoden auf je ungefähr sieben Minuten zu reduzieren, alle vier zusammen auf neunzehn Minuten unserer irdischen Zeit. Ich hoffe, daß es so erträglich sein wird. Wenn man will, kann man sich jedoch die Ereignisse sehr gut in ihrer tatsächlichen planetarischen Dauer vorstellen.»

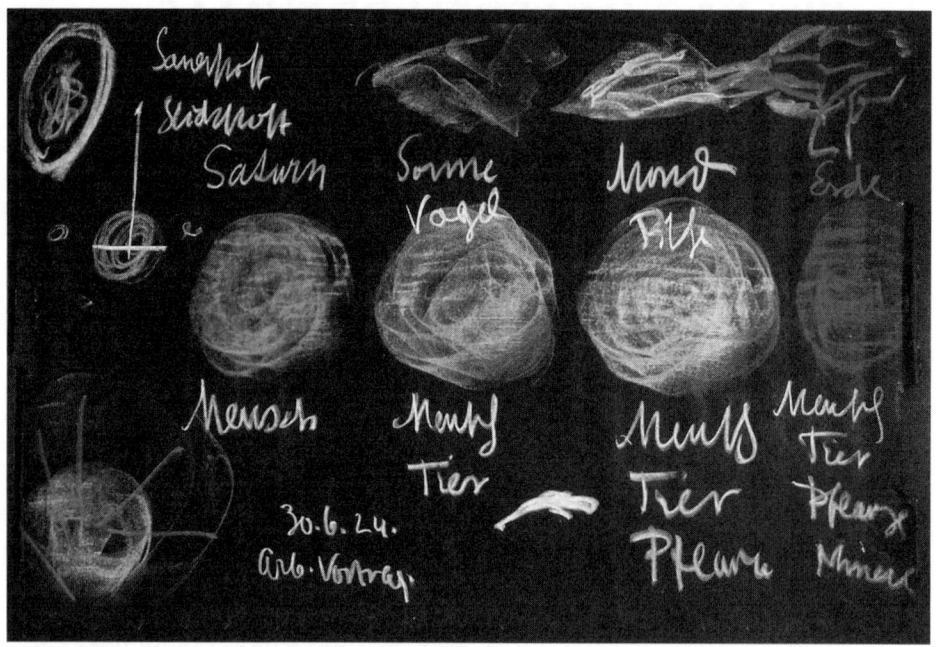

Wandtafelzeichnung Rudolf Steiners vom 30. Juli 1924. Angefertigt im Rahmen einer Vortragsreihe mit dem Titel: ‹Die Schöpfung der Welt und des Menschen. Erdenleben und Sternenwirken.›

kosmos und der Mensch, zunächst bloß als dessen mikrokosmisches Gegenstück, sich entwickeln. (Leibliche Evolution). Zweite Epoche: Im Menschenwesen kommt das Moment der Individualität zur Entwicklung. Sein Charakter als Mikrokosmos tritt in den Hintergrund. Der Mensch bildet in sich eine eigene innere Welt aus, die sich der äußeren Welt entgegenstellt. (Seelische Evolution). Dritte Epoche: Sie bringt die Synthese von Individualität und Universalität. Der Mensch erkennt den universellen Charakter seiner Individualität. Er findet in sich selbst das Universum. (Geistige Evolution.) (...)
In der ersten Epoche werden Welt und Mensch als Makro- und Mikrokosmos von göttlichen Wesen (Vater-Gott) geschaffen. Während der zweiten Epoche bleibt die Welt in ihrer Entwicklung stehen; die Schöpfung geht nur im Menschen weiter: Er wandelt sich zur Individualität. Göttliche Wesenheit (Sohnes-Gott) zieht in ihn ein; er wird dadurch selbst schöpferisch: seine Bildung zur Individualität bewirkt er selbst mit. In der dritten Epoche enthüllt sich ihm die innere Wesenheit seiner Individualität, zu der er jetzt geworden ist, als die Zusammenfassung und damit das Gegenstück der Welt. Er wird dadurch über sich selbst hinaus und wieder zur Welt hin geführt, deren Wesen sich ihm zugleich damit ebenfalls offenbart. In seinem

> *Erkennen wirkt das Schöpfertum, dessen Keim er in der zweiten Epoche in sich aufgenommen hat, jetzt als Blüte und Frucht. Als Kraft der Durchleuchtung, der Durchgeistigung dringt so Göttlichkeit (Geist-Gott) vom Menschen aus in die Welt ein. Die erste und die zweite Epoche gehören heute der Vergangenheit an; die dritte ist Zukunft. Den Übergang zu ihr – und das gibt ihr die Signatur – bildet die Gegenwart.*[2]

Fragt man nach den Quellen, aus denen Steiner sein metaphysisches Wissen schöpft, so wird man neben den zuvor genannten imaginativen, inspirierten und intuitiven Erkenntnismethoden auf einen naturwissenschaftlichen Impuls seiner Forschungen stoßen. Er führt sowohl seine kosmologischen wie auch seine geschichtsteleologischen Betrachtungen auf die Ausweitung eines biologischen Naturgesetzes, des sogenannten ‹biogenetischen Grundgesetzes› des ihm besonders in jungen Jahren eng verbundenen Biologen und Naturforschers Ernst Haeckel zurück.[3] Dem biogenetischen Grundgesetz zufolge ist der Entwicklungs-Lebenslauf eines einzelnen Lebewesens eine kurze, gedrängte Reproduktion der Entwicklung seines Stammes. In seiner Interpretation Haeckels jedoch weit über dessen ursprüngliche Intentionen hinausgehend, wendet Steiner dasselbe nicht nur auf die Entsprechung von Ontogenese und Phylogenese in den Bereichen der Tier- und Pflanzenwelt an, sondern er bezieht es darüber hinaus auf die biologische, seelische und geistige Entwicklung des Menschen. Da diese aber nicht nur auf seine irdische Existenz eingeschränkt wird, sondern der Mensch als Makroanthropos zugleich auch als Ursprung und Träger der gesamten kosmischen Entwicklung angesehen wird, läßt sich das biogenetische Grundgesetz schließlich nicht nur auf seine individuelle und seine gattungsgeschichtliche Entwicklung übertragen, sondern auch auf die gesamte Kosmologie.[4]

Erste Epoche: Die physische Weltentwicklung – Saturn, Sonne, Mond, die Herausbildung der Erde

Beschäftigen wir uns zunächst mit der ersten der genannten Perioden der Weltentwicklung, die, wie gesagt, zur *physischen* Konstitution der Erde und des Menschen führt. Diese Periode, die sich am Maßstab der Embryonalentwicklung des Menschen rekapitulieren läßt und welche die vorirdischen Entwicklungszustände der Menschheit beschreibt, ist selbst wiederum in drei bzw. vier Phasen unterteilt. Die Phasen entsprechen den ersten vier Äonen der kosmischen Entwicklung, die sich, auch das

---
[2] H. E. Lauer, a.a.O. S. 80 ff.
[3] Vgl. Gerhard Wehr: Rudolf Steiner. Leben – Erkenntnis – Kulturimpuls. München 1987, S. 96 ff.
[4] Vgl. Lauer, a.a.O. S. 118–120.

wurde schon erwähnt, in insgesamt sieben Äonen vollendet und beschließt.[5] In den drei ersten großen Entwicklungszyklen der kosmischen Geschichte bilden die geistigen Hierarchien zunehmend komplexer werdende materielle Strukturen heran, die es dem Menschen im vierten Entwicklungszeitraum, dem Zeitalter der Erde, schließlich ermöglichen, in seiner heutigen physischen Gestalt zu erscheinen.

Die Entwicklung der Weltzeitalter vollzieht sich dabei in einem Rhythmus von Werden und Vergehen. Hat ein Äon sein Entwicklungsziel erreicht, das heißt, hat er eine neue, auf dieser Entwicklungsstufe notwendige Anlage des Menschen entwickelt, so zieht sich die Erscheinung – die sinnliche Ausgestaltung des Äons – wieder in ihren Ursprung, die geistige Welt zurück. Dieser Rückzug dient als ‹pralaya›, als ‹kosmischer Schlaf›, aber nicht etwa der Zerstörung des bisher Erreichten, sondern er dient der Regeneration jener bildenden Kräfte, die insgesamt den Schöpfungsauftrag übernehmen. Das physisch einmal Erreichte wird in diesem Schlaf so aufbewahrt und aufbereitet, daß es zu Beginn des folgenden Äons als Ausgangspunkt der Entwicklung zu einer neuerlichen Steigerung und Vervollkommnung des Erreichten führen kann.

Die aufeinanderfolgenden Zyklen reproduzieren sich – dem biogenetischen Grundgesetz folgend – dabei so, daß sich bei der Geburt eines neuen Weltzustandes die gesamte Entwicklung des vorhergehenden in Kürze wiederholt, worauf dann die eigentliche Entwicklung des neuen Äons erfolgen kann. Die späteren Entwicklungsphasen bilden zu ihrem Beginn stets die gesamten vorhergehenden Entwicklungszyklen ab.

Saturn (Feuer)

Der erste Äon, das sogenannte Saturnzeitalter, die entwicklungsgeschichtlich früheste Periode der Weltentwicklung, bezeichnet einen Entwicklungszeitraum, in dem sich ein erster, ‹sinnlich erlebbarer› Weltkörper – der ‹Saturn› – herausbildet. Substantiell besteht dieser Weltkörper aus einem Stoff, den Steiner «Wärme» oder auch «Feuer», das erste der vier klassischen Elemente, nennt:

---

[5] Vgl. dazu auch: Hans Leisegang, ‹Die Gnosis›, Stuttgart 1941, S. 14: «Aus der Philosophie der Stoiker, die selbst wieder auf Heraklit zurückgriffen, stammt die für diese Weltanschauung wesentliche Lehre vom Kosmos als einem großen Organismus, einem lebendigen, aus Körper, Seele und Geist bestehenden Wesen, das wie alles Lebendige eine Geburt und einen Tod hat und im Sterben den Keim zu neuem Leben zurückläßt. Aus einem Urelement, dem Geist-Feuer, dem ‹Samen› des Alls, ist das ganze entstanden und gewachsen, und wenn es den Höhepunkt seiner Entwicklung erreicht hat, wird es verwesen oder ‹verbrennen›, sich in das Urelement auflösen, aus dem eine neue Welt entstehen wird, die denselben Kreis der Entwicklung zu durchlaufen hat, und so fort bis in Ewigkeit. Ein solcher Zyklus von einer Weltgeburt zur andern oder einem Weltbrand zum andern heißt ein Äon; denn, so sagte Aristoteles: ‹Dieses Wort kam als göttliche Kunde zu uns von den Vorfahren; die Grenze nämlich, die die Zeit des Lebens eines jeden Wesens umschließt, die nach dem Naturgesetz nicht überschritten werden darf, wird der Äon eines jeglichen genannt (Arist. de caelo A 9, 279 a 17ff.)»

> *Die Geisteswissenschaft sieht in der Wärme oder in dem Feuer nichts anderes als etwas, was eine noch feinere Substantialität hat als die Luft. Gerade wie Erde oder das Feste sich in das Flüssige verwandelt, so geht das Luftförmige allmählich über für die Geisteswissenschaft in den Feuerzustand, und das Feuer ist ein so feines Element, daß es alle übrigen Elemente durchdringt. Feuer durchdringt die Luft und macht sie warm, ebenso das Wasser, ebenso die Erde.[6]*

Dieses «Urfeuer» ist die erste physische Manifestation eines ansonsten nur seelisch wahrnehmbaren Gehaltes, den Steiner als seelische Wärme bezeichnet und der im weiteren Entwicklungsverlauf als der eigentliche Urstoff einer immer mehr verdichteten Materialität fungiert:

> *Die Wärme oder das Feuer ist dasjenige, wo das Materielle beginnt seelisch zu werden. Wir können daher im wahrsten Sinne des Wortes sprechen von einem äußeren Feuer, das wir gleich den anderen Elementen wahrnehmen, und einem innerlichen, seelischen Feuer in uns. (...) Blicken wir also jetzt in unsere Umwelt, sehen wir uns an die festen Steine, die Ströme von Wasser, welche hinrinnen, sehen wir das, was an Wasser verdunstet, als Nebel emporsteigt, sehen wir die Luft, sehen wir alles Feste, Flüssige, Luftförmige und Feuer: so haben wir im Grunde nichts als Feuer. Alles war einstmals Feuer, alles ist aus dem Feuer geboren (...)[7]*

In diese erste physische Manifestation eines seelischen Zustands bildet sich urbildhaft das Bild der zukünftigen Physis des Menschen hinein,[8] das sich in realer Gestalt am Ende der ersten weltgeschichtlichen Entwicklungsperiode, dem Zeitalter Erde, physisch verkörpern wird.

Sonne (Luft)

Im zweiten Äon, dem Sonnenzeitalter des Kosmos, entsteht durch Verdichtung der Saturnwärme ein weiterer Baustein der Materie, in der esoterischen Tradition auch ganz allgemein ‹das Element der Luft› genannt. Folgt man Steiners Ausführungen, so hat man sich diese Luft als eine gasförmige Substanz vorzustellen, die durch eine weitere Stufe der Verdichtung der ursprünglichen Seelenwärme zustandekommt:

---

[6] Rudolf Steiner: Geistige Hierarchien und ihre Widerspiegelung in der physischen Welt. Dornach 1991, 7. Aufl. (GA Bd 110), S. 32.
[7] Ebd.
[8] «Im Umkreis des Saturn, der Region des sogenannten Tierkreises, bilden sich die ersten physischen Anlagen des Menschenkörpers heraus. Der in den Weltraum hinausprojizierte Mensch gibt den Namen her für die Bezeichnungen der verschiedenen Regionen des Tierkreises.» Ebd. S. 131.

Die Luft ist nichts anderes als verdichtete Wärme, sie ist entstanden aus der Wärme, indem sie Rauch gebildet hat (...) Daher sieht die Geisteswissenschaft überhaupt in dem, was äußerlich wahrnehmbar ist, etwas, was aus einem Urzustande des Feuers oder der Wärme hervorgegangen ist auf diese Weise, daß es erst Luft oder Rauch oder Gas wurde, indem die Wärme sich zu Gas verdichtete, das Gas zu Flüssigem, das Flüssige zu Festem.[9]

Mit der Entstehung der Luft gliedert sich zugleich auch der Ätherleib in die auf dem Saturn geschaffene Physis des Menschen ein.

Mond (Wasser)

Durch eine weitere Verdichtung der nun schon zwei Elemente umfassenden Substantialität kommt es im dritten Äon, dem Weltzeitalter des Mondes, zu einer Herausbildung des Flüssigen, des ‹Wassers›. Und so, wie sich während der Entwicklung des Saturns urbildhaft die Physis des Menschen herausbildet und sich im Äon der Sonne mit dem Ätherleib verbindet, so gliedert sich nun die astralische Wesenheit als «(...) Träger von Lust und Leid, von Freude und Schmerz, von Trieben, Begierden und Leidenschaften, von alledem, was wir im Grunde genommen schon als Seelisches bezeichnen (...)»[10] in die menschliche Wesenheit ein.[11]

Erde (Erde)

Erst im vierten Äon, dem Äon der Erde schließlich, wird die letzte Stufe der Verstofflichung, die Festigkeit, die Erdhaftigkeit des Stoffes erreicht und das vierte seelische Element, das Ich-Bewußtsein, bildet sich heran.

Neben der fortschreitenden Vervollkommnung des Menschen während des angedeuteten Entwicklungsverlaufs kommt es zugleich zu einer Aussonderung all derjenigen Elemente, die zwar zunächst seiner Entwicklung dienlich sind, sich dann aber für seine Weiterentwicklung als hinderlich erweisen. So entstehen die Naturreiche – Minerale, Flora und Fauna – als ein Teil der Anlagen, die der Mensch ausbilden mußte, um Mensch werden zu können. Da sie sich im weiteren Verlauf seiner Evolution aber als unvollkommene Vorstufen erweisen, bleiben sie als eine Spur seiner Entwicklung und als die Voraussetzung seiner Weiterent-

---

[9] Ebd. S. 32f.
[10] Rudolf Steiner: Metamorphosen des Seelenlebens. Dornach 1983, 3. Aufl. (TB. Nr. 603), S. 12.
[11] «Und einverleibt wurde dem Menschen auf diesem alten Mond (...) der Astralleib, das heißt, das erste Bewußtsein. Und dieser Mensch bestand seinem Körper nach aus der Substanz des Mondenwassers.» ‹Geistige Hierarchien ...›, a.a.O. S. 136.

wicklung hinter ihm zurück. Der Mensch sieht, betrachtet er die Natur, gleichsam in seine eigene Vergangenheit zurück.[12]

Am Anfang des vierten Äons, so schildert Steiner die allmähliche Ausdifferenzierung des Lebens auf der Erde in einem Vortragszyklus aus dem Jahre 1908[13], habe sich nur der Mensch auf der Erde befunden. Als solcher sei er aber noch ganz und gar geistig gewesen und habe sich wie eine feine geistige Hülle über die Erde gelegt. Aus dieser geistigen ‹Muttersubstanz›, die Beuys später die ‹kosmische Placenta› nennen wird[14], habe sich allmählich und stufenweise die Tierwelt herausgebildet bis zuletzt die vollkommenste physische Schöpfung, die Menschengestalt, die Erde habe betreten können:

> *Die niedersten tierischen Wesen haben nicht warten können, haben zu früh verlassen ihre geistige Muttersubstanz und sind daher auf einer früheren Evolutionsstufe stehengeblieben. Und so bedeuten die stufenweise heraufsteigenden niederen Wesen in der Entwickelung stehengebliebene Stufen. Der Mensch hat bis zuletzt gewartet, zuletzt hat er seine geistiggöttliche Muttersubstanz verlassen und ist herabgestiegen als dichte Masse in fleischliche Gestalt (...) Was ist also eine Tiergestalt? Eine Gestalt, die, wenn sie mit dem Geist, aus dem sie hervorgegangen ist, verbunden geblieben wäre, sich bis zur heutigen Menschheit hinaufentwickelt hätte. So aber sind sie stehengeblieben, so haben sie den geistigen Keim verlassen, sie haben sich abgespalten und stehen heute im Niedergang, stellen dar einen Zweig des großen Menschheitsbaumes. Der Mensch hat gleichsam die Tierheit in sich gehabt in allen Zeiten, hat sie aber als Seitenzweige herausgespalten. Alle Tiere in ihren verschiedenen Formen stellen nichts anderes dar als zu früh verdichtete einzelne menschliche Leidenschaften. Was der Mensch heute noch geistig hat in seinem Astralleib, das stellen die Tiergestalten einzeln physisch dar. Er hat das im*

---

[12] «Damit aber der Mensch zunächst ein selbständiges Wesen werden konnte», so faßt Erhard Lauer den gesamten Entwicklungsverlauf in Kürze zusammen, «schufen ihm seine Erzeuger, die Hierarchien, eine Hülle, in welcher er sich ihnen gegenüber unabhängig erleben kann. Die Schöpfung dieser Leibeshülle (...) vollzieht sich in vier Stufen. Denn vier Grade der Verdichtung waren notwendig: Wärme, Luft, Wasser, Erde, um den im Leibe lebenden Menschen ganz unabhängig von der Geistwelt zu machen. (...) Mit jeder Stufe, um die sich der Leib verfestigte, konnte das Menschenwesen ein Stück weiter in ihn einziehen: im Luftzustand mit seiner ätherischen, im Wasserzustand mit seiner astralischen Organisation und mit der Entstehung des Erdzustandes mit seinem innersten Ich-Kern. Damit aber die Leiblichkeit dieser immer höheren Durchdringung mit dem Menschenwesen fähig wurde, mußte auf jeder dieser Stufen ein Teil ihrer Anlagen ausgeschieden werden. Immer wieder blieb ein Teil zurück. So entstanden die drei Naturreiche, gleichsam abgespaltene Stücke von dem Stoffe, aus dem der Mensch gemeißelt wurde. Die Naturreiche aber bilden die Erde.» Lauer, a.a.O. S. 99f.
[13] Rudolf Steiner: Die Apokalypse des Johannes. Ein Zyklus von zwölf Vorträgen mit einem einleitenden öffentlichen Vortrag gehalten in Nürnberg vom 17. bis 30. Juni 1908. Dornach 1990, (TB. Nr. 672).
[14] Vgl. S. 154ff. dieser Arbeit.

Astralleib bewahrt bis zum spätesten Zeitraum im Erdendasein. Daher konnte er am höchsten hinaufschreiten.[15]

Joseph Beuys: «Evolution», 1965.

Und wenig später, auf den Sinn dieser ganzen Entwicklung hinweisend, heißt es, daß diese Absonderung der Tiergestalten für den Menschen notwendig gewesen sei:

Jede Tiergestalt die sich in der verflossenen Zeit vom allgemeinen Strom abgesondert hat, bedeutet, daß der Mensch um ein Stück weitergeschritten ist. Denken Sie sich, daß alle Eigenschaften, die in der Tierheit zerstreut sind, im Menschen waren. Er hat sich davon gereinigt. Dadurch konnte er sich höherentwickeln (...) Dadurch, daß der Mensch diese Tiergestalten als seine älteren Brüder aus seiner Entwickelungsreihe hinausgeworfen hat, ist er zu seiner jetzigen Höhe gekommen (...) Und jede Eigenschaft die der Mensch heute hat, verdankt er dem Umstande, daß er eine bestimmte Tiergestalt herausgesetzt hat. Wer mit dem Blicke des Hellsehers die Tiere ansieht, der weiß genau, was wir dem einzelnen Tier verdanken. Da sehen wir auf die Löwengestalt und sagen uns: Wäre der Löwe nicht, dann hätte der Mensch diese oder jene Eigenschaft nicht, denn dadurch, daß er ihn herausgesetzt hat, hat er sich diese oder jene Eigenschaft angeeignet. – Und so ist es bei allen Gestalten der Tierwelt.[16]

---

[15] ‹Die Apokalypse ...› a.a.O. S. 93f.
[16] Ebd. S. 94f.

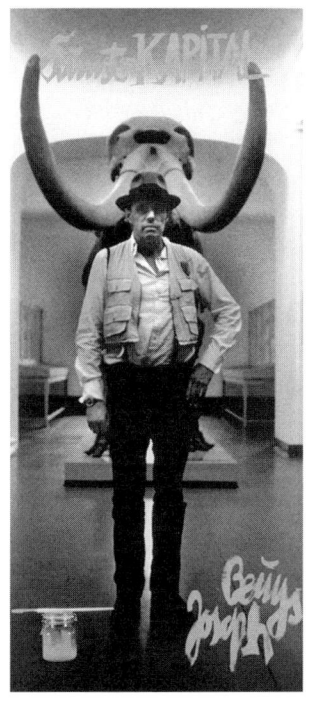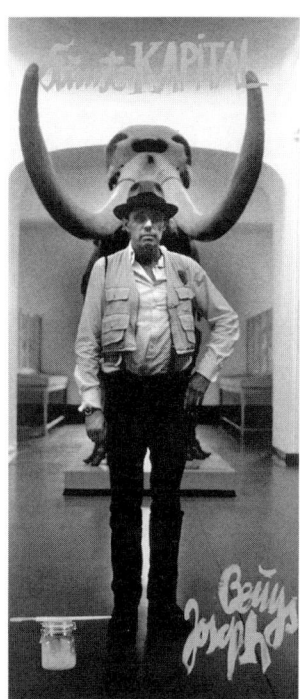

Joseph Beuys: ‹Kunst = KAPITAL›, 1980.

Beuys, der eine ganz ähnliche Vorstellung von der Evolution der Arten entwickelt, weist mehrfach auf die elementare Verwandtschaftsbeziehung hin, in der der Mensch mit den Tieren und – transzendental gesehen – auch mit den Pflanzen und dem Mineralreich steht. So erläutert er beispielsweise eine Kreidezeichnung, die ursprünglich während der Aktion ‹Celtic› angefertigt worden war und die er später mit anderen Tafeln und Gegenständen zu der Rauminstallation ‹Das Kapital Raum› komponierte, mit folgenden Worten:

> *Oben ist einfach noch einmal eine Zeichnung von einem Menschenkopf im Zusammenhang mit einem Tier. Da steht sozusagen das Tier im Menschen drin. Und Tiere spielen ja bei mir eine große Rolle. Sie sind ja für mich deswegen sehr wichtig, weil es ein ganzes Reich für sich ist, das man natürlich gar nicht intim genug betrachtet. Heute kommt es ja immer mehr ins Bewußtsein, daß diese Lebenslinien in der Natur vom Menschen alle zerstört sind, daß die Welt eine höhere Lebensqualität hätte, wenn man die biologischen, also, was man wissenschaftlich die Biotopen nennt, wenn man sie am Leben erhalten ließe. Also die Vergiftung der Natur spielt da eine Rolle, aber auch das Tier als Außenorgan des Menschen, das heißt, das Tier gehört zum Menschen. Es ist die Voraussetzung für*

den Menschen, auch für seine Entwicklung. Also das Tier hat sich geopfert, damit überhaupt ein Mensch zustande kam. Das ist also die große, man könnte sagen – Liebesleistung der Tiere, daß sie vorauslaufen in der Evolution, daß es also Vorversuche sind für das Menschwerden. Das ist eine geistige Interpretation einer darwinistischen Evolutionstheorie. Da treffen sich also sowohl die – sagen wir – materialistische Sicht als auch die spirituelle Sicht, kommen da zu einer Einheit, und es kann daran klarwerden, daß sowohl die materialistische Sicht als auch die spirituelle Sicht – daß jede einseitige Sache abgeht vom Ganzen. Da haben wir wieder das Ganze. Oder die Idee des Ganzen auch als Gesamtkunstwerk.[17]

Verfolgt man Steiners Darstellung der ersten vier großen Entwicklungszyklen so könnte man sie mit den Worten von Beuys als einen ‹plastischen Prozeß› zunehmender materieller Verdichtung und einer sich steigernden seelisch-geistigen Differenzierung ansehen. Dieser Prozeß hat den Zweck, daß mit ihm Bedingungen entstehen, unter denen der Mensch für einen gewissen Zeitraum physische Gestalt annehmen kann. Während dieser Zeit entwickelt er eine immer größere Unabhängigkeit von den Geistern, die ihn schufen, und es wird ihm in den folgenden beiden Phasen seiner Entwicklung möglich, sich auch als seelisches und als geistiges Wesen zu emanzipieren.

Exkurs: Weltentwicklung als zyklischer Prozeß

Um verstehen zu können, was laut Steiner in der nun folgenden zweiten Epoche der weltgeschichtlichen Entwicklung geschieht, muß zunächst vorweggeschickt werden, daß die Anthroposophie das menschliche Leben insgesamt als einen zyklischen Prozeß betrachtet. Elementar besteht dieser Prozeß aus dem täglichen Rhythmus von Wachen und Schlafen und übergeordnet aus den rhythmischen Zyklen von Werden und Vergehen, von Leben und Tod. Dabei ist zu beachten, daß die Tag- und die Nachtseite dieser Zyklen als ein stetiger Wechsel von Entäußerung und Einkehr gedacht wird: von Entäußerung an eine raumzeitliche Sinneswelt und Einkehr in eine überräumliche und überzeitliche geistige Welt. Im elementaren Wechsel von Schlafen und Wachen wird dabei in nuce der übergeordnete Zusammenhang von Leben und Tod offenbar.

Wie der Mensch im Übergehen vom Wachen zum Schlafen sich allmählich ganz in seine Innerlichkeit zurückzieht und hier in einer seelisch-geistigen Welt erwacht, so gleicht sein Leben nach dem Tode den Erleb-

---

[17] Christel Raussmüller-Sauer (Hrsg): Joseph Beuys und das Kapital. Vier Vorträge zum Verständnis von Joseph Beuys und seiner Rauminstallation ‹Das Kapital Raum 1970–77›. Schaffhausen 1988, S. 138f.

nissen, die er während des Schlafes durchlebt. Da er im allgemeinen dieses Schlaferleben nicht bewußt wahrnehmen kann und erst durch die Schulung seiner ‹geistigen Wahrnehmung›[18] diese Fähigkeit erhält, hat er das Gefühl, des Nachts in ein unbedeutendes Nichts, in einen ungeistigen Tod zu versinken, obwohl doch, wie Steiner betont, sich gerade während des Schlafes das transzendentale Wesen des Rhythmus von Tag und Nacht offenbart.[19] Nicht nur werden während des Schlafes die Erlebnisse des Tages in die «geistige Welt» getragen und in das transzendentale Bewußtsein integriert, auch werden während dieser Zeit die inneren Kräfte neu aufgerichtet und mit neuem Leben erfüllt, so daß mit dem Erwachen nicht nur die physische Natur, sondern vor allem auch die sie lenkenden und tragenden spirituellen Kräfte erneut schöpferisch tätig werden können.

Betrachtet man den Lebenslauf eines Individuums, so kann man ihn als einen Prozeß physischer, seelischer und geistiger Vervollkommnung beschreiben. Diese geschieht durch den oben dargestellten beständigen Austausch zwischen der Integration der Erfahrungen der Sinneswelt in die geistige Welt des transzendentalen Ich und der Integration der Impulse der geistigen Welt in das empirische Ich im Wechsel von Tag und Nacht. Wird dieser Rhythmus auf den übergeordneten Zyklus von Leben und Tod übertragen und dabei nicht als ein einmaliges Ereignis, sondern als ein stetiger Prozeß von Geburt, Sterben und Wiedergeburt gedacht, so läßt sich die entwicklungsgeschichtliche Betrachtung des Individuums unschwer auch auf seine evolutionäre Rolle im Zusammenhang mit größeren geistesgeschichtlichen Entwicklungsschüben in Verbindung bringen.[20]

Dem irdischen Leben kommt dann insgesamt die Funktion des Tages zu, während dem Leben nach dem Tod die Nacht entspricht. Und so, wie der Mensch während des Schlafes die geistige Sphäre insgesamt und sein transzendentales Ich im besonderen um die Tageserlebnisse bereichert und wie er andererseits die seelischen und geistigen Kräfte, die er während der Nacht gewinnt, zur Bereicherung seines Lebens in der Sinneswelt nutzt, so vollzieht sich dieser beständige Austauschprozeß auch in der stetigen Folge der Wiedergeburten.

---

[18] Vgl. hierzu die Kapitel Imagination, Inspiration, Intuition.
[19] Rudolf Steiner: Die drei Begegnungen der Menschenseele mit den Wesen des Universums. Vortrag vom 20.2.1917. In: Ders.: Vom Wirken der Engel und anderer hierarchischer Wesenheiten. Ausgewählt und herausgegeben von Wolf-Ulrich Klünker. Stuttgart 1991, S. 59f.
[20] Auch Beuys deutet diesen Zusammenhang in einem Gespräch mit Hans van der Grinten an: «Hinzu kommt der Gedanke, daß man durchaus an Vergangenem selbst als Person beteiligt gewesen sein kann. Die Lehre der Reinkarnation ist ja überzeugt von der nicht nur einmaligen, sondern öfteren Teilnahme des Menschen am geschichtlichen Prozeß. So würde es zum Menschen gehören, daß man Geschichte als Geschehen unter Menschen ohne historischen Abstand sehen kann. Das Ereignis wird unmittelbar auf den Menschen bezogen, den heutigen Menschen. So bekommt man Auskunft über die Natur des Menschen. Das Ich tritt in eine neue Beziehung zum römischen Feldherrn X, zum Bataverfürsten Y, zu den Märschen und Kämpfen.» In: Joseph Beuys: The secret block for a secret person in Ireland. Ausstellungskatalog des Kunstmuseums Basel zur gleichnamigen Ausstellung vom 16. April bis 26. Juni 1977. Basel 1977, S. 4.

Durch das Hindurchgehen durch verschiedene irdische Leben – die Tageszyklen der transzendentalen Existenz – vervollkommnet sich der Mensch in ähnlicher Weise, wie dies in den einzelnen Entwicklungszyklen der Individualgeschichte der Fall ist. Auch hier gilt die Entsprechung von Onto- und Phylogenese. Die seelische und geistige Entwicklung der Menschheit vollzieht sich in den Perioden, in denen auch die Individualentwicklung erfolgt. Der Mensch macht in jedem Erdenleben ganz bestimmte Erfahrungen, die während seines physischen Todes und des jenseitigen Lebens in sein transzendentales Bewußtsein eingegliedert werden und die ihn graduell dazu befähigen, im nächsten Leben einen höheren Grad seelischer und geistiger Reife zu erlangen. Dieser beständige Reifungsprozeß spiegelt sich deshalb auch in der weltgeschichtlichen Entwicklung ganz allgemein wieder. Denn immer neue Erfahrungen und immer neue Formen der Gestaltung bringt das wiedergeborene Individuum in die Entwicklungsgeschichte ein.

Zweite Epoche: Die seelische Weltentwicklung
Vierter Äon: Die Erde

> Leben ist Tod, und Tod
> ist auch ein Leben.
>
> (Friedrich Hölderlin,
> Phaeton Segmente I/II)

Neue, erstmalig menschliche Formen der Gestaltung entwickeln sich nun vor allem in der zweiten und dritten Epoche der weltgeschichtlichen Entwicklung. In ihrer ersten Epoche kam es zunächst zur Vervollkommnung der Physis der Welt und des Menschen. Als Individuum ist dieser aber an ihrem Zustandekommen nicht beteiligt. Die Welt ist das Geschenk Gottes oder der Götter. Erst in dem nun folgenden Entwicklungsabschnitt kommt es zur Entstehung des menschlichen Ich-Bewußtseins und damit zur Voraussetzung für die Ausbildung menschlicher Schöpferkraft, Autonomie und Individualität.

Ihren Ausgang nimmt die zweite Entwicklungsperiode (die wiederum in zwei Phasen gegliedert werden kann: die Zeit bis Christi Tod – die Zeit danach) in einem prähistorischen Zeitalter. Steiner[21] nennt es in Anlehnung an den alttestamentarischen Schöpfungsbericht den «Paradieszustand der Erde» oder, im Anklang an die griechische Mythologie – und hier wahrscheinlich auf Bachofen sich stützend –, die ‹demetrische Kulturstufe der Menschheit›.[22]

---
[21] Die folgende Darstellung stützt sich in erster Linie auf die Rekapitulation der anthroposophischen Entwicklungslehre durch H. E. Lauer (vgl. S. 61).
[22] Lauer, a.a.O. S. 146 ff.

Das Paradies

Im Paradies, so Steiner, lebt der Mensch in Gemeinschaft mit Gott. Er schaut Gott, dessen Geschöpf er ist, und Gott selbst gibt sich in seinen Geschöpfen ein Angesicht. Tag und Nacht, Leben und Tod gehen fließend ineinander über und sind nicht die Grenze und der Abgrund, als die sie dem nachparadiesischen Menschen erscheinen. Innere und äußere Natur werden als Einheit erlebt, das Äußere ist Sinnbild der eigenen Seele. Im Organismus wirken dieselben Kräfte, die den Aufbau und Verfall der natürlichen Welt insgesamt bestimmen. Der paradiesische Mensch erlebt, wie diese Kräfte an seinem Werden und Vergehen arbeiten. Er hat einen direkten Bezug zu seinem Organismus, dessen Leben er rhythmisch, als Verwandtschaft der körperlichen Bewegungsabläufe (der Atmung, des Stoffwechsels, des Blutkreislaufes) mit den großen irdischen und kosmischen Zyklen erfährt.

Da er sich auf diese Weise als lebendige Einheit und vollendeten Ausdruck der Natur empfindet, lebt er wie Pflanze und Tier in vollkommener Übereinstimmung mit ihr:

> *Der Mensch verkehrte, wie der Paradiesbericht erzählt, damals noch mit der Gottheit. Aber das Seelisch-Geistige des Menschen, eben weil es noch im Leibe enthalten war, wirkte seinerseits zugleich noch als leibgestaltende, leiberhaltende Kraft. Der menschliche Leib war dadurch noch ganz lebenerfüllt. Er war selber das Paradies.*[23]

Das physische Leben wird als unmittelbarer Ausdruck des Geistes erlebt. Das Wachstum der Natur ist nicht etwa eine Allegorie des Schöpferischen, sondern «manas» Schöpfergeist, der sich in allen Dingen des Lebens manifestiert.

Der Sündenfall

Der eigentliche Eintritt in die Geschichte, die Zeit der seelischen Evolution, beginnt mit der Trennung aus dieser gott-menschlichen Ureinheit, mit der Vertreibung aus dem Paradies. In Steiners Interpretation fällt zu dieser Zeit das Urerleben der Körper-Seele-Geist-Einheit auseinander und die Natur wird nicht mehr in der vorher gekannten Form erlebt. Von diesem Zeitpunkt an, an dem die Seele nun der Natur als freie, selbstbewußte Seele gegenübersteht, an dem die Ur-Teilung von Subjekt und Objekt vollzogen wird, wird ihr das sie umgebende Leben fremd und zu einer undurchschaubaren, dem eigenen Wesen tendenziell feindlich gegenüberstehenden Macht.

---
[23] Lauer, a.a.O. S. 195.

Der Engel vertreibt Adam und Eva aus dem Paradies. Spätes 11. Jh. Detail vom Bronzeportal von S. Zeno in Verona.

Exemplarisch verdeutlicht Erhard Lauer diesen Vorgang am Beispiel des Mythos vom Raube der Persephone.[24] Demeter, die Göttin der Erde, die sich im irdischen Reichtum und der Fruchtbarkeit der Natur offen-

---
[24] Ebd. S. 145.

bart, gebiert dem Mythos zufolge im «(...) Menscheninnern Persephone, die menschliche Seele als ihre Tochter und lehrt im Verein mit dieser und durch sie den Menschen das verrichten, was damals zur Kulturgeschichte führte.»[25] Persephone, hier als die menschliche Seele interpretiert, besitzt als die Tochter der Demeter selbst etwas von deren naturschöpferischer Kraft, durch die sie in ihren kulturellen Gestaltungen Analoges schaffen kann.

Diese Epoche, in der die Demeter durch den Menschen eine frühe, paradiesische Menschheitskultur begründet, werde, so Lauer weiter, durch ein Geschehen beendet, das der Mythos im Sinnbild des Raubes der Persephone festgehalten hat. Hades, der Gott der Unterwelt – hier Gott der Sinneswelt, der Welt also, in der sich der Tod offenbart –, hat nun das menschliche Bewußtsein derart an sich gebunden, daß es das demetrische Wirken im Stofflichen nicht mehr erkennt und sich auf die Erde verstoßen fühlt. Der Leib wird zum Kerker der Seele, und das irdische Leben wird als Aufenthalt in der Unterwelt erlebt. Leben im eigentlichen Sinne findet jetzt in den geistigen Regionen statt. Sie sind die heimische Lichtwelt. Persephone, die menschliche Seele, muß die eine Hälfte ihres Lebens in der Unterwelt fristen, die andere Hälfte ist sie vom Zwang der stofflichen Bindung befreit.

Diese Entfremdung wird erst dadurch beendet, daß durch eine im engeren Sinne des Wortes erstmalig kulturhistorische Leistung ein religiöser Ritus das Naturerleben wieder in einen direkten Bezug zur göttlichen Sphäre bringt. Dem Mythos zufolge zeugt Zeus mit Persephone ein göttliches Kind: Dionysos. Das menschliche Ich (Zeus) bringt nun durch die Seele (Persephone) den menschlichen Schöpfergeist (Dionysos) hervor. Der Dionysos-Kult wird zum Ausdruck einer ersten, rein menschlichen Kultur.[26] Dionysos feiert Gott in der Natur und hebt damit die alte, im Raub der Persephone symbolisierte Dämonisierung des Naturhaften auf. Zugleich ist seine Religion ein Zeichen dafür, daß erstmalig ein eigenständiges religiöses Erleben von einem gott-menschlichen Kulturheros – wie später Herakles und Orpheus – begründet wird.

Überträgt man diese – zugegeben recht verkürzte – Entwicklung, die hier nur exemplarisch anhand eines Beispiels aus der anthroposophischen Mythenexegese veranschaulicht werden kann, auf die Entwicklungsgeschichte insgesamt – die sich nach Steiner bis heute in fünf Hauptepochen unterteilen läßt[27] – und diese wiederum auf die zuvor erwähnte Entsprechung von Phylo- und Ontogenese, so bedeutet das, daß der Mensch eigentlich erst zur Zeit der Blüte der griechisch-römischen Zivilisation die Erde betritt und nach dem frühen Geburtstrauma der Vertreibung aus dem Paradies sich auf ihr einzurichten beginnt:

---

[25] Ebd.
[26] Ebd. S. 148.
[27] Steiner nennt die ‹altindische›, die ‹urpersische›, die ‹ägyptisch-chaldäische›, die ‹griechisch-römische› und die gegenwärtige Kultur.

> *Mit dem Übergang auf europäischen Boden tritt nun die Menschheitsgeschichte in ihre zweite Epoche ein, die mit dem Lebensabschnitt zwischen Geburt und Tod im einzelnen menschlichen Lebenskreislauf verglichen werden kann. Jetzt hat sich das seelisch-geistige Wesen des Menschen ganz mit dem physisch-leiblichen verbunden. Jetzt entsteht das Ideal der «mens sana in corpore sano». Jetzt fühlt der Mensch sich auf der Erde zu Hause. Jetzt liebt er sie so sehr, daß er auf ihr lieber ein Bettler sein möchte als ein König im Reiche der Schatten.[28]*

Der Prozeß kehrt sich also um: Während in der vorklassischen, archaischen Religion die Physis dämonisiert wurde, wird nunmehr das jenseitige Prinzip schattenhaft, und erfülltes Leben findet im Diesseits statt. Beispielhaft ist die klassische griechische Kultur seit Homer, weil sich hier der Geist in der Anschauung zeigt, im Phänomen das Numinose offenbart. Während beispielsweise die ägyptische oder die indische Kultur das geistige Element transzendieren, sind die Götter der Griechen recht menschlich, die griechische Religion erlebt das Göttliche *in* der Welt.

> *Die griechisch-römische Kultur ist denn auch die erste in der Geschichte, die nicht mehr auf hellseherischem Erleben begründet ist. An dessen Stelle tritt hier das philosophische Denken. Der Grieche hat gerade noch alle Fähigkeiten, die der Mensch überhaupt haben kann, um die physische Welt zu bewältigen. Daher der Glanz des griechischen Lebens. Aber die geistige Welt hat sich für ihn verfinstert. Daher der dunkle Pessimismus auf dem Hintergrund dieses glänzenden Scheins.[29]*

Im weiteren Geschichtsverlauf profanisiert sich das Leben immer mehr. In Rom beispielsweise setzt mit dem Aufstieg zur Weltmacht recht bald ein religiöser Synkretismus ein, Zeichen für den allgemeinen Verfall der religiös-geistigen Kultur. In einem Vortrag aus dem Jahre 1917 spricht Steiner davon, daß die Menschheit in einem gewissen Sinne immer jünger werde.[30] Er meint dies insofern, als das inspirierte Wissen, das der Mensch in frühen Kulturzeitaltern ganz natürlich erworben habe, während des Zivilisationsprozesses immer mehr abnehme und daß, je weiter dieser voranschreite, er immer weniger zu inspiriertem Handeln fähig sei. Zur Zeit der griechisch-römischen Kulturstufe habe er sich so weit von der geistigen Welt emanzipiert, daß nun sein ganzes Denken, Fühlen und Handeln ganz auf das Profane gerichtet sei.

---

[28] Ebd. S. 128.
[29] Lauer, a.a.O. S. 178.
[30] Rudolf Steiner: Das individuelle und das allgemeine Lebensalter der Menschheit. In: Ders.: Themen aus dem Gesamtwerk 4. Ausgewählt und herausgegeben v. Erhard Fucke. Stuttgart 1991 (4. Aufl.), S. 80–93.

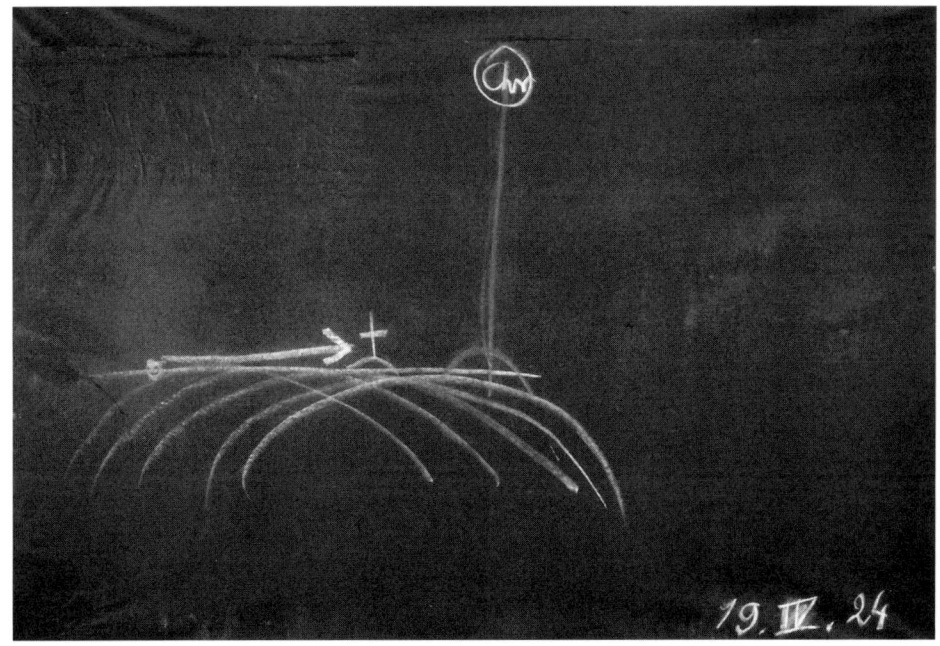

Wandtafelzeichnung Rudolf Steiners vom 19. April 1924. Angefertigt im Rahmen einer Vortragsreihe mit dem Titel: «Mysterienstätten des Mittelalters. Rosenkreuzertum und modernes Einweihungsprinzip».

Christus

Der unaufhaltsame ‹Abstieg der Seele in die Leibeswelt›[31] setzt sich aber nur so lange fort, bis ihr durch das ‹christliche Mysterium› der Wiederaufstieg möglich wird.

Christus macht durch sein Leben, seinen Tod und seine Auferstehung das alte inspirierte Wissen auf einer neuen Stufe offenbar. In zahlreichen Schriften weist Steiner darauf hin, daß der Myste der vorchristlichen Mysterien vor seiner Einweihung den Tod zu durchleben hatte. Leben im eigentlichen, durch das Geistprinzip bestimmten Sinne, findet erst nach einer Todeserfahrung statt. Nach der Initiation hat sich das Leben vergeistigt und wird nun nach neuen, geistbestimmten Prinzipien geführt. Exemplarisch für diesen Vorgang und gleichsam höchste Verwirklichung des Geistprinzips im Leben ist Christus. Er führt ein Leben in spiritueller Reinheit, wie es nur einem Gott möglich ist. Er bringt das inspirierte Wissen als Wissen vom Leben im Tode.

Christus hat für die irdische Existenz eine kosmische Bedeutung. Sein Wirken hört nicht – wie das Leben des Buddha – mit der Vergeistigung und Verklärung auf, sondern nach der Verklärung beginnt der eigentliche Leidensweg und damit die bedeutsamste christliche Tat. Ein Gott

---

[31] Vgl.: Plotin, Enneade IV, 8.

bringt sich selbst zum Opfer, um das Stoffliche, die Erde selbst zu vergeistigen. Durch diese Liebestat wird es der Erde möglich, geistig aufzuerstehen.

In einer neuen, nun nicht mehr auf die griechische Kultur beschränkten Form, kehrt hier das Motiv der Geburt des Dionysos aus dem Schoße der Persephone wieder. Wie Dionysos bringt Christus als Religionsstifter der menschlichen Seele den Geist, der bei jenem zur Versöhnung der Seele mit der Erde, bei diesem zur Möglichkeit ihrer völligen Vergeistigung führt. Hatte Dionysos sie mit der Erde versöhnt, so wird sie nun durch Christus zu einem neuen Leben nach dem Tod, zu einem Leben im Geiste der Auferstehung geführt. Dadurch aber leitet Christus die Zeitenwende, die dritte Periode der irdischen Entwicklung, das geistige Zeitalter ein.

Dritte Epoche: Die geistige Weltentwicklung – Spätzeit der Erde, Jupiter, Venus, Vulkan

Materialismus

Die vorerst letzte Phase der Erdentwicklung[32], die die weitere kosmische Entwicklung einleitet, führt den Menschen zunächst in das Zeitalter des Materialismus. Dieser aber, so Steiner, sei durchaus im Christentum angelegt. Christus habe die Auferstehung nicht transzendiert, sondern sie in Wort und Tat auf das Diesseits bezogen. Nur im Diesseits sei die Seele mit dem Tod konfrontiert und daher könne sie ihn auch nur hier überwinden.

Im Zeitalter des Materialismus, das heißt in der historischen Epoche, in der die Erkenntniskräfte am radikalsten von ihren übersinnlichen Fähigkeiten abgeschnitten sind, ist das Todesprinzip absolut. Der Mensch schreitet, so Steiners Formulierung, zu Beginn der Neuzeit durch eine Todespforte hindurch. Dort, wo die materialistische Kultur sich ausbreite, sei sie von Todesphänomenen umgeben. «Jeder von uns», so noch einmal Erhard Lauer, «kennt den Tod aus eigener Erfahrung: innerlich erlebt er ihn in seinem Denken, äußerlich in der Gestaltung der ihn umgebenden Zivilisation.»[33]

Beuys, das sei in diesem Zusammenhang schon einmal vorweggenommen, wird mit Nachdruck auf die Dialektik dieser Entwicklung hinweisen. Das Sterben sei gleichsam ein notwendiger Schritt, um zur Individuation und zur Entwicklung des Freiheitsbegriffes zu kommen:

---

[32] Steiner bezeichnet sie auch als die fünfte nachatlantische Kulturperiode.
[33] A.a.O. S. 134.

(...) der Sinn der gesamten Philosophieentwicklung des Abendlandes ist kein anderer als: Wie kann der Mensch den Materialismus erreichen? Wie können Menschen an den Punkt herangeführt werden, wo sie knallhart sozusagen die Erde berühren, die Materie berühren? Das ist ein Inkarnationsprozeß. Der Materialismus ist – so gesehen – eine christliche Methode. Ohne Christus kein Materialismus. Aber da darf man nicht stehenbleiben. Das ist nur ein emanzipatorischer Prozeß, um zur Individuation zu kommen und nicht in den alten Kollektiven hängenzubleiben. So war es eben vor Plato und Sokrates. Man ließ sich von einem Hohenpriester, von einer Autorität führen. Der Materialismus ist eine Technik, um sich davon zu befreien. Aber dann erwacht der Mensch, dann steht der Mensch darin als Individuum und als Egoist, der zunächst nur an sich denkt. Jetzt kommt es darauf an, wie er wieder aus dieser Isolation herauskommt, die ihm mit der Materialismusentwicklung im Abendland systematisch beigebracht wurde. Wie kommt er aus dieser Isolation wieder heraus? Das ist die nächste Frage. Und die ist nicht unlösbar. Die liegt an sich auch schon im Wesen des Materialismus darin, für den, der den Materialismus versteht. Man kann nicht den Materialismus verurteilen. Zuerst muß man mal sehen, daß der Materialismus eine Glanzleistung ist in der Menschheitsentwicklung. Dann muß man feststellen, daß er eine Einseitigkeit ist, dann muß man die Einseitigkeit charakterisieren als die wichtigste Einseitigkeit in der Geschichtsentwicklung. Es ist nämlich diejenige, die den Menschen zunächst zu einem Einzelnen gemacht hat. Sie hat das ganze Kollektive auseinandergespalten und dann steht nun jeder Einzelne da mit seiner Interessengruppe oder als Einzelner, aber immerhin als freies Individuum. Der Materialismus hat zum Begriff ‹Freiheit› sehr viel beigetragen, das muß man auch wissen. Ohne Materialismus ist keine Freiheit möglich.[34]

---

[34] «Harlan, Rappmann, Schata», a.a.O. S.16–17. Der ganze Zusammenhang wird in dem folgenden Kapitel «Evolution» genauer expliziert.

Matthias Grünewald, Die Auferstehung Christi. Rechter Flügel der zweiten Schauseite des Isenheimer Altars. Entstanden 1512–1517.

Auferstehung

Die geistige Aufgabe der vorangegangenen Kulturepoche – so wieder Lauers Darstellung der anthroposophischen Entwicklungstheorie –, die mit der Geburt Christi eingeleitet und mit dem Ende des Mittelalters abgeschlossen war, hat darin bestanden, den Menschen auf innige Weise seelisch mit Christus zu verbinden. Das ist nach Ablauf dieser Epoche geschehen. Und genau so, wie auf das öffentliche Wirken von Christus seine Verurteilung, seine Kreuzigung und seine Wiederauferstehung erfolgten, so nachvollzieht in der folgenden Kulturperiode der Mensch insgesamt die christliche Passion. Im Materialismus hat er sich gleichsam selbst ans Kreuz geschlagen. Was bleibt ist seine geistige Auferstehung in Freiheit. Sie führt ihn zu einer neuen und ungeahnten schöpferischen Evolution:

> *Im ersten großen Abschnitt der nachchristlichen Zeit verbindet sich der Mensch seelisch mit Christus. Dadurch kann er in einer nächsten Verkörperung, die einem kommenden Zeitalter – der Epoche des Geistes – angehört, zur Entwicklung des Geistes und einer geistigen Erkenntnis aufsteigen.*[35]

Seine Aufgabe wird darin bestehen, das Bewußtsein der Verantwortung des Menschen für die Welt, die ja zunächst nur transzendental seine Schöpfung war und die sie nun auch real immer mehr werden soll, zu entwickeln. Dieses Bewußtsein wird zu einer schöpferischen Evolution führen, durch die in zukünftigen Generationen die Weiterentwicklung der Welt, ihre ‹Erlösung› im menschlichen Geist und in der menschlichen Seele vonstatten gehen kann:

> *Von jetzt an werden die übersinnlichen Kräfte so gelenkt und geleitet von der übersinnlichen Welt aus, daß möglichst viele Intuitionen und Inspirationen hineinfließen können in die Menschenseele, so daß ein Wissen von Imagination, Inspiration, Intuition die Menschenseele wird ergreifen können. So bar allen inspirierten Wesens, aller Erkenntnisse des Geistigen das abgelaufene Zeitalter war, so erfüllt von inspiriertem, von intuitivem Wesen werden die wirklich lebendigen Kulturimpulse in der folgenden Zeit sein.*[36]

Durch immer höher sich entwickelnde geistige Fähigkeiten wird der Mensch schließlich das physische Leben den ‹Todeskräften entreißen› und zu einem Leben im Geiste emporheben können, das dem christlichen Gedanken der Auferstehung des Leibes entspricht:

---

[35] Lauer, a.a.O. S. 98.
[36] Rudolf Steiner: Der Michael-Impuls und das Mysterium von Golgatha. In: «Vom Wirken der Engel», a.a.O. S. 147.

Von der leiblichen Welt verlangt er nicht mehr, daß sie ihm als solche das Gotteserlebnis schenke, sondern er vernimmt aus ihr das Verlangen an ihn, daß er ihr die Erlösung, die Auferstehung bringe. Sein Seelenleben weiß er sich geschenkt, nicht damit er sich in Einsamkeit in sich verschließe, sondern um in ihm die Vereinigung mit dem Christus finden zu können. Von der geistigen Welt erhofft er nicht, daß sie ihm den Genuß der ewigen Seeligkeit verschaffe, sondern helfe, sein eigenes geistiges, d.h. weltschaffendes, weltverantwortendes Wesen zu erbilden.[37]

Mehr und mehr wird der Tod auf diesem Weg seinen Stachel verlieren, denn man wird lernen, ihn als die ‹Methodologie der Schöpfung› zu verstehen. Er wird nicht mehr die «(...) schroffe Grenze sein, die zwei gänzlich verschiedene Daseinsweisen voneinander trennt, sondern nur mehr ein Übergang, durch den, was schon vorher in einer bestimmten Gestalt da war, nun nur einen höheren Grad von Wirklichkeit bekommt.»[38] In drei folgenden Äonen – Jupiter, Venus, Vulkan[39] – kehrt der Geist, am Ende der Entwicklung angekommen, wieder in seine immaterielle, göttlich-geistige Substanz zurück.

---

[37] Lauer, a.a.O. S. 208.
[38] Ebd. S. 139.
[39] Vgl. Rudolf Steiner, Die Geheimwissenschaft im Umriß, a.a.O. S. 397–417.

5. SCHLUSSBETRACHTUNG

Am Ende des ersten Teils dieser Untersuchung sei noch eine kurze Anmerkung über Steiners Erkenntnismethodik erlaubt. Nur zum Teil sind die Ergebnisse seiner Forschung intersubjektiv erfahrbar. Zu einem großen Teil schließen sie Intersubjektivität aus. Das macht eine eindeutige Stellungnahme zu ihnen äußerst schwierig. Ich will kurz umreissen, welche Schwierigkeiten sich ergeben, wenn man zu einer philosophischen Bewertung seiner Aussagen kommen will.

Hinter Steiners Weltanschauung steht die metaphysische Annahme des Primats des Geistes. Die sinnliche Sphäre, der ‹mundus sensibilis›, wird als Werkzeug einer höheren geistigen Welt gesehen. Der Mensch ist das Urbild der transzendentalen und der phänomenalen Welterscheinungen. Seine Physis dient – so wie die Physis der Welt insgesamt – einem ideellen Zweck. Der geistige Mensch schuf sie, weil er nur unter den Bedingungen der Verkörperung sich zu einer höheren Stufe des geistigen Seins entwickeln kann.

Steiner gliedert die Welterscheinungen in sinnliche und geistige Bereiche, wobei er den Dualismus von Geist und Materie indirekt dadurch wieder aufhebt, daß er in der Sinnlichkeit die geronnene Form eines geistigen und seelischen Ausdrucks sieht. Die Welterscheinungen gleichen einer Schrift, in der sich ihr intelligibles Wesen offenbart.

Steiners Anspruch ist nun, über diese ganz allgemeine Beschreibung des Verhältnisses von Geist und Stoff hinauszugehen. Um auch die seelischen und geistigen Daseinssphären – die autonom gedacht werden – erforschen und ausdifferenzieren zu können, greift er auf alte meditative Techniken zurück. Diese schließen, das wird von ihm immer wieder betont, jede Form der sinnlichen Affektion aus. Die noetische Schau müsse ‹rein› sein und dürfe nicht – wie dies teilweise im Traum geschehe – durch Körperfunktionen hervorgerufen werden.[1] Steiner behauptet, man könne sich durch Meditation und Konzentration in einen Zustand versetzen, in dem das Leben vor der Geburt beziehungsweise nach dem Tod erfahren und erlebt, ‹erschaut› werden könne. Durch diese Erfahrung werde die Superiorität des Geistigen als Tatsache erkannt und die intelligible Natur des Seins werde evident. Objektivierbar, dies gesteht Steiner zu, seien die Ergebnisse seiner Schau jedoch nur, wenn man ihm auf seinem Weg in die Innerlichkeit folgen kann. Ansonsten bleiben sie unüberprüfbar.

---

[1] Die Schilderung einer solchen leibfreien Wahrnehmung gibt Steiner in der ‹Zweiten Meditation› des Bandes ‹Ein Weg zur Selbsterkenntnis des Menschen›. Vgl.: Rudolf Steiner, ‹Ein Weg zur Selbsterkenntnis des Menschen› – in acht Meditationen. Zweite Meditation: ‹Der Meditierende versucht eine wahre Vorstellung von dem elementarischen oder ätherischen Leibe zu gewinnen.› Dornach 1987, 4. Aufl. (TB Nr. 602), S. 20–28.

Neben diesem ganz offensichtlichen erkenntnistheoretischen Problem, das sich unmittelbar aus seiner Methode ergibt, existiert noch ein zweites Problem, das weniger die Methode als den ontologischen Stellenwert des von Steiner entdeckten Materials betrifft. Er selbst wertet es, im Einklang mit der esoterischen Tradition, als die Schau einer realen, unabhängig von der Physis existierenden, noetischen Welt[2]. Sein wichtigstes Argument hierfür ist wieder die Evidenz:

> *(...) wie kann man wissen, daß man es dann, wenn man glaubt, geistige Wahrnehmungen zu haben, mit Wirklichkeiten und nicht mit bloßen Einbildungen (Visionen, Halluzinationen usw.) zu tun habe? –*
> *Die Sache ist eben so, daß derjenige, welcher in regelrechter Schulung die charakterisierte Stufe erreicht hat, seine eigene Vorstellung von einer geistigen Wirklichkeit ebenso unterscheiden kann wie ein Mensch mit gesundem Verstande unterscheiden kann die Vorstellung eines heißen Eisenstückes von dem wirklichen Vorhandensein eines solchen, das er mit der Hand berührt. Den Unterschied gibt eben das gesunde Erleben und nichts anderes.*[3]

Dagegen ist eingewendet worden, daß allein die Evidenz kein Kriterium für die Richtigkeit einer Behauptung sein könne. Das Evidenzgefühl, so bemerkt der Philosoph und Psychologe Max Dessoir, einer der frühen Steiner-Kritiker, sei keine wissenschaftliche Sicherung gegen die nächstliegende Erklärung, daß jene Bilder psychologisch als Leistungen der Phantasie zu werten seien:

> *Sie gehören zum Vorgang der Einfühlung oder der belebenden Apperzeption und zeigen denn auch sowohl in der Schilderung der alten Mystiker (z.B. der Viktoriner) wie in der anthroposophischen Einkleidung die in der Psychologie bekannten Merkmale. Was vorgeht, ist tatsächlich folgendes: das eigene Selbst des Meditierenden wird so in ein Ding verlegt, daß er sich mit diesem eins fühlt; dadurch wird aber nicht bloß der Gegenstand belebt und verändert, sondern auch das Subjekt wird sich selbst zum Objekt. Grob gesagt: es entsteht hinter der gewohnten Welt eine neue Welt und neben dem gewohnten Ich ein neues Ich. Solche Schöpfungen der Seele dürfen nicht den gleichen Wirklichkeitsrang wie Welt und Ich beanspruchen, und die aus ihnen abgeleiteten Sätze sind ersichtlich nicht in Tatsachen begründet.*[4]

---

[2] Vgl. S. 67 ff. dieser Untersuchung.
[3] Rudolf Steiner, ‹Die Geheimwissenschaft im Umriß›, a.a.O. S. 326
[4] Max Dessoir: Vom Jenseits der Seele. Die Geheimwissenschaften in kritischer Betrachtung. Stuttgart 1931, 6. neu bearbeitete Auflage, S. 441 f.

Steiner, der zu dieser Darstellung in dem Band ‹Von Seelenrätseln› ausführlich Stellung bezog und versuchte, die Argumentation Dessoirs erkenntnistheoretisch zu entkräften, bestritt entschieden den Vorwurf, daß es sich bei seiner Schau um psychische Projektionen handle. Seiner Argumentation kann hier im einzelnen nicht nachgegangen werden, daher sei dem interessierten Leser die Lektüre des oben genannten Bandes[5] nahegelegt.

Nachvollziehbar und bedenkenswert ist die Anmerkung Dessoirs, daß wohl nur Steiner selbst im Vollbesitz der von ihm postulierten Fähigkeiten gewesen zu sein scheint und daß sich bei seinen Anhängern allenfalls schwache Ansätze einer geistigen Erkenntnis im oben genannten Sinne vorgefunden haben.[6] Steiner selbst muß diese Einschätzung geteilt haben. Zumindest äußert er sich seit Anfang der zwanziger Jahre zunehmend verärgert über die Mitgliedschaft der Anthroposophischen Gesellschaft und wirft ihr in einem Gespräch mit dem niederländischen Arzt Willem Zeylmanns ‹nebulosen Mystizismus› und ‹weltfremde Sektiererei› vor.[7] Scheinbar hat man Steiner nicht auf dem von ihm beschrittenen Weg folgen wollen oder können, so daß er – wie Gerhard Wehr berichtet – in seinen letzten beiden Lebensjahren ernsthaft erwog, ‹die einst hergestellte Kontinuität mit älteren esoterischen Traditionen fortzusetzen›.[8] Er plante eine ‹Hochschule für Geisteswissenschaft›, in der die Bildung von drei Klassen vorgesehen war, die analog zu den drei Graden etwa in freimaurerischen oder Mysterien-Zusammenhängen organisiert werden sollten.[9] Hier sollte eine genügend große Zahl fähiger Mitarbeiter geschult werden, die in der Lage sein würde, die anthroposophische Idee in einer adäquaten Form nach Innen und Außen zu vertreten. Daß es nur zur Einrichtung der ersten dieser Klassen kam, ist, so Gerhard Wehr, auf Steiners frühen Tod zurückzuführen. Doch sei er gewillt gewesen, die Mysterienströmung von John Yarker, das heißt der Hochgradlogen des östlichen Templerordens, fortzuführen. Dies gehe aus mancherlei Hinweisen hervor, die gesprächsweise überliefert seien.[10]

Steiner scheint mit der Rezeption seiner Ideen also äußerst unzufrieden gewesen zu sein. Widerstände und Gegnerschaft, so Wehr, habe es nicht nur von außen gegeben, sondern auch aus den Reihen der Mitgliedschaft, ‹bis hin zu den mit Aktivitäten und Leitungsfunktionen betrauten Mitarbeitern›.[11] Immer wieder habe sich Steiner der ‹pseudo-

---

[5] Rudolf Steiner: Von Seelenrätseln. Dornach 1976, 4. Aufl., S. 11–77.
[6] A.a.O. S. 435.
[7] Gerhard Wehr: Rudolf Steiner – Leben, Erkenntnis, Kulturimpuls. München 1987, S. 348.
[8] Ebd. S. 351.
[9] Ebd S. 352.
[10] Ebd.
[11] Ebd. S. 321.

mystischen Verschrobenheiten›[12] zahlreicher Anhänger erwehren müssen.[13]

Wie dem auch sei, festzuhalten bleibt, daß sich gerade bei der Rezeption von Steiners Ideen unübersehbare Schwierigkeiten ergeben, denen nicht nur seine Kritiker, sondern auch viele seiner Anhänger nicht gewachsen waren und vielleicht auch heute nicht gewachsen sind. Ob dies nun im Wesen der Sache begründet ist oder ob es auf die fehlende Klarheit und Disziplin der Rezipienten zurückzuführen ist, soll hier nicht entschieden werden. Beuys jedenfalls hielt sich, bei aller Zustimmung zu Steiner, in diesem Punkte auffällig zurück.

---

[12] Ebd. S. 322
[13] So habe er einer ‹ebenso stolzen wie fürsorglichen Mutter zweier Söhne›, die sich nach dem früheren Erdenleben der beiden erkundigte, ‹mit der größten Selbstverständlichkeit› geantwortet: «Schiller und Goethe.» Ebd. S. 322.

TEIL II

«DER TOD HÄLT MICH WACH»

Einführung

Beuys charakterisierte die Gegenwart immer wieder als eine ‹Todessituation›. So kommentiert er beispielsweise die Zusammenfassung verschiedener Arbeiten zu einem Werkkomplex mit dem Titel ‹Auschwitz› mit folgenden Worten: «Nach meinem Verständnis sind diese Arbeiten nicht entstanden, um die Katastrophe darzustellen, obwohl die Erfahrung der Katastrophe sicherlich zu meiner bewußten Haltung beigetragen hat. Aber ich wollte sie nicht illustrieren, noch nicht einmal, als ich den Werktitel ‹Konzentrationslager Essen› wählte. Der Titel sollte nicht die Ereignisse des Lagers darstellen, sondern das Wesen und die Bedeutung der Katastrophe (...) Die Lage, in der sich die Menschheit befindet ist Auschwitz, und das Prinzip Auschwitz wird in unserem Verständnis von Wissenschaft und politischen Systemen, in der Delegation von Verantwortung an Spezialisten und im Schweigen der Intellektuellen und Künstler fortgeführt. Ich mußte mich ständig mit dieser Situation und ihren historischen Wurzeln auseinandersetzen. Ich meine zum Beispiel, daß wir heute Auschwitz in seiner zeitgenössischen Ausprägung erleben. Dieses Mal werden Körper von außen konserviert (kosmetische Mumifizierung), nicht vernichtet, dafür wird anderes ausgemerzt. Talent und Kreativität werden ausgebrannt: eine Art Hinrichtung im geistigen Bereich, eine Atmosphäre der Furcht wird geschaffen, die durch ihre Subtilität eher noch gefährlicher ist.»[1]

Die Erde, so Beuys, sei die ‹Bodenstation› des Menschen, und er läßt eine schwere Eisenskulptur mit dem Titel ‹Doppelfonds› gießen, zu der er anläßlich der Retrospektive seiner Arbeiten im Solomon R. Guggenheim Museum in New York sagt, die Eisenklötze seien deshalb so schwer, damit er sich nicht leichtfertig aus dieser Hölle entferne.[2] Das Aushalten des Unerträglichen, der klare und illusionslose Blick auf den Tod ermöglicht den Blick auf das Leben. Der Mensch muß lernen, mit wachem Verstand auch die dunkelsten und gewalttätigsten Aspekte des Lebens zu sehen und, wie Paul Celan einmal sagte, ‹mit der Kunst in seine allereigenste Enge gehen›.[3] Setzt er sich diesem Potential des Leidens und der Zerstörung bewußt aus, so erwachen die Kräfte, die das Leid besiegen, die Kräfte, die ihn vom Tod befreien.

---

[1] ‹Beuys vor Beuys›, a.a.O. S. 233 f.
[2] Vgl.: Joseph Beuys: Transit. Bd. 1 (Plastische Arbeiten und Zeichnungen) des Ausstellungskataloges der gleichnamigen Ausstellung im Kaiser-Wilhelm-Museum, Krefeld, vom 17.11.1991–16.2.1992. Kleve 1991, S. 157.
[3] Paul Celan: Der Meridian. Rede anläßlich der Verleihung des Georg-Büchner-Preises. In: Paul Celan. Ausgewählte Gedichte, Frankfurt/M. 1968, S. 146.

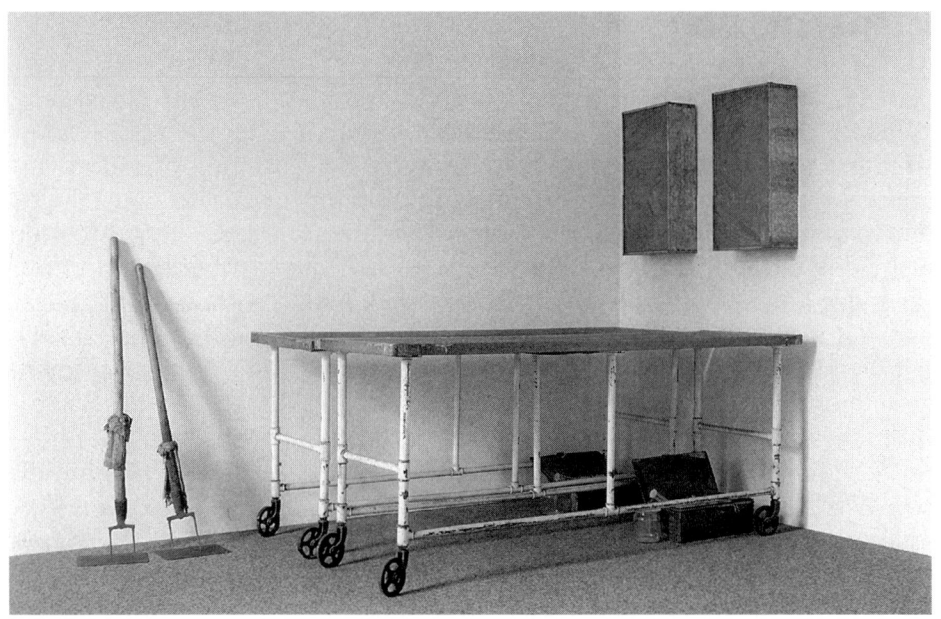

Joseph Beuys: ‹Zeige deine Wunde›, 1974/75 (Ausschnitt).

Beuys sieht im Tod nicht nur die Gefährdung, sondern er ist auch eine Hilfe, ein Ausblick für ihn. Eines seiner Interviews trägt nicht ohne Grund den bezeichnenden Titel: «Der Tod hält mich wach»[4]. Der Tod ist nicht nur eine Endform, ein Endprodukt, an dem die lebenschaffenden Kräfte sich verbrauchten. Beuys akzeptiert den Tod, wünscht ihn sogar und hält ihn für die ‹Methodologie der Schöpfung›, ohne die ein Erwachen aus einem traumhaften Welterleben gar nicht möglich wäre. Der Tod schafft, so paradox das klingen mag, erst die wahrhafte Verbindung mit dem Leben, denn durch ihn wird sich der Mensch seiner selbst bewußt. In dem oben erwähnten Interview mit Achile Bonito Oliva hat Beuys seine Vorstellung von der inneren Verschränkung von Tod und Leben am eindrucksvollsten dargestellt. Auf die Frage Olivas, warum der Mensch, wenn er ein Gott sei, vor dem Problem des Todes stehe, antwortet er: «Weil er den Tod einfach als Methodologie der Schöpfung akzeptiert. Weil er ihn für sich wünscht. Weil er im Grunde einsieht, daß er ohne dieses Element des Todes nicht imstande wäre, bewußt zu leben. Wenn er sich nur für das Leben interessierte, könnte er genauso gut ein Stück Seetang sein (...) Mit anderen Worten, der Tod hält mich wach.» «Dem Tod zu trotzen», so daraufhin Oliva, «heißt also, daß man ihm ins Auge schaut, ihn ins Bewußtsein rückt?» «Da ist ein innerer Widerspruch», so

---

[4] ‹Der Tod hält mich wach›. Joseph Beuys im Gespräch mit Achile Bonito Oliva (1973). In: ‹Beuys zu Ehren›. Ausstellungskatalog zur gleichnamigen Beuys-Ausstellung in der Städtischen Galerie im Lehnbachhaus, München vom 16.6 –2.11.1986. München 1986, S. 72–84.

wieder Beuys, «aber es ist sehr mysteriös. Ich sage, daß ich aufwache, indem ich mit dem Tod ringe, doch beinhaltet der Begriff des Aufwachens etwas Lebendiges. Der Tod ist ein Mittel, um das Bewußtsein zu entwickeln, um zu einem höheren Leben vorzudringen: einem höheren Leben, das ist wichtig.»[5]

---

[5] Ebd. S. 81.

1. JOSEPH BEUYS – EVOLUTION

Beuys hat die zentralen Voraussetzungen seines Denkens in einen geschichtsphilosophischen Zusammenhang gebracht und ihn mehrfach in Form eines Tafeldiagramms dargestellt. Dieses Diagramm, das inzwischen mehrfach reproduziert und veröffentlicht wurde, trägt den bezeichnenden Titel ‹Evolution›.[1] Beuys stellt anhand einer stark schematisierten Zeichnung seine Vorstellung von der Evolution und der Metamorphose des menschlichen Geistes dar.[2] Der Anfang dieser Entwicklung ist im Diagramm durch die linke Tafelseite gekennzeichnet und durch den Begriff «Mythos» charakterisiert. Beuys kennzeichnet das mythologische Denken graphisch dadurch, daß er eine Placenta über den Erdkreis zeichnet. Die Erde ist umgeben von einem Pneuma, dem «Mutterkuchen» der geistigen Welt. Durch eine imaginäre Nabelschnur wird das Denken mit Imaginationen und Inspirationen, mit den Bildern des Mythos oder den Weissagungen des Orakels, versorgt. Die frühen Kulturen der Menschheit sind Inspirationskulturen.

Inspirationskulturen

In einem Gespräch mit Willi Bongard veranschaulicht Beuys dies am Beispiel des kollektivistischen Formenkanons in der Kunst:

> *Das individuelle Kunstprodukt tritt ja eigentlich erst wieder nach dem Barock auf. Was ist denn daraus eigentlich zu entnehmen? Muß man nicht daraus entnehmen, daß irgendeine Inspirationsquelle sozusagen in der alten Kunst vorhanden gewesen sein muß, die diese Übereinkunft schafft? Diese Inspirationsquelle läßt sich ja zum Beispiel feststellen bei dem Diktat für den Kanon der ägyptischen Kunst durch die Priesterherrschaft. Die Priesterherrschaft als Mediator, als Mediatoren zu ihren Gottheiten geben ja vor, daß sie diese Information aus der übersinnlichen Welt sozusagen transportieren und an die Künstler als Diktat geben. Das heißt, so, wie die übersinnlichen Autoritäten sagen, soll es auf der Welt vollzogen*

---

[1] Der Titel des Diagramms geht, Volker Harlan zufolge, nicht auf Beuys selbst zurück, sondern auf Hartwig Wilken. Beuys hatte Harlan die vorliegende Zeichnung im Anschluß an einen Vortrag in der Hibernia-Schule in Wanne Eickel am 1.7.1974 überreicht.
Sie wurde dann zum ersten Mal in der Zeitschrift ‹Beiträge zur Dreigliederung», von Hartwig Wilken veröffentlicht und mit dem Titel ‹Evolution› versehen. Beuys, so Harlan, habe sich damit einverstanden erklärt. Größere Publizität erreichte die Zeichnung später durch den Abdruck in dem Band ‹Soziale Plastik› von Harlan, Rappmann, Schata im Jahre 1976.
[2] Eine gute, knappe Interpretation des Schemas von Volker Harlan befindet sich im Katalog der Aachener Ausstellung Kreuz + Zeichen des Aachener Suermondt-Ludwig-Museums aus dem Jahre 1985. (Kreuz + Zeichen. Religiöse Grundlagen im Werk von Joseph Beuys. Suermondt-Ludwig-Museum und Museumsverein Aachen 11.8–29.9.1985, Aachen 1985, S. 63/64.

werden. Aus diesem Grunde gab es ja einen sehr strengen Kanon, der durch die hohe Priesterschaft transportiert wurde und an die Künstler als Diktat für den Kanon galt. Das heißt, diese Kunst des alten Ägyptens ist ja weitgehend noch gar keine Kunst des Menschen, sondern sie hat ihre Quellen im übersinnlichen Bereich.[3]

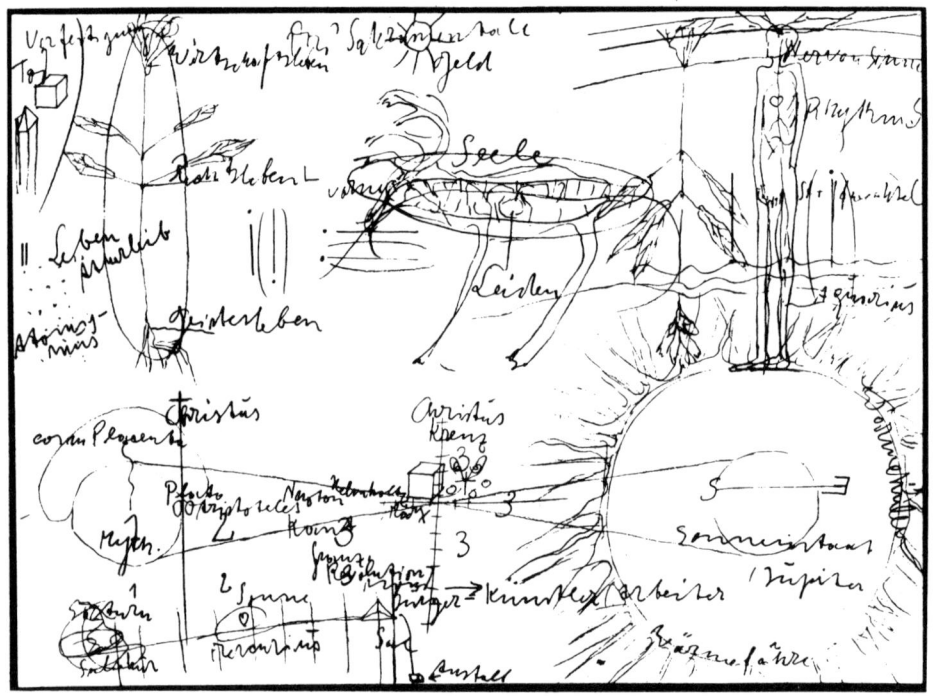

Joseph Beuys: ‹Evolution› 1974.

Im übersinnlichen Bereich liegen aber nicht nur die Quellen der ägyptische Kultur, sondern der frühen Kulturen insgesamt. Die Zauberer und Schamanen der archaischen Welt und die Priester der aus ihren animistischen Religionen herauswachsenden Hochkulturen waren durch die Welt des Geistes inspiriert. Noch bei Platon klingt etwas von dem Bewußtsein der Abhängigkeit des Menschen von den Einflüssen der Götter an, wenn Sokrates beispielsweise im ‹Symposion› gesteht, daß ihm die tiefsten Erkenntnisse über das Wesen des Eros nicht durch eigenes Nachdenken, sondern aus dem Munde der Weissagerin eines Apollon-Heiligtums geoffenbart worden sei. Inspirierte Geister wie jene Diotima von Mantineia erleben das Wirken geistiger Wesenskräfte ganz unmittel-

---

[3] Joseph Beuys. Multiplizierte Kunst 1965–1980. Kunstmuseum Düsseldorf 10.8.–14.9.1980. Darin: Joseph Beuys im Gespräch mit Willi Bongard, 1977.

Joseph Beuys: ‹Sibylla – Pythonissa›, 1954.

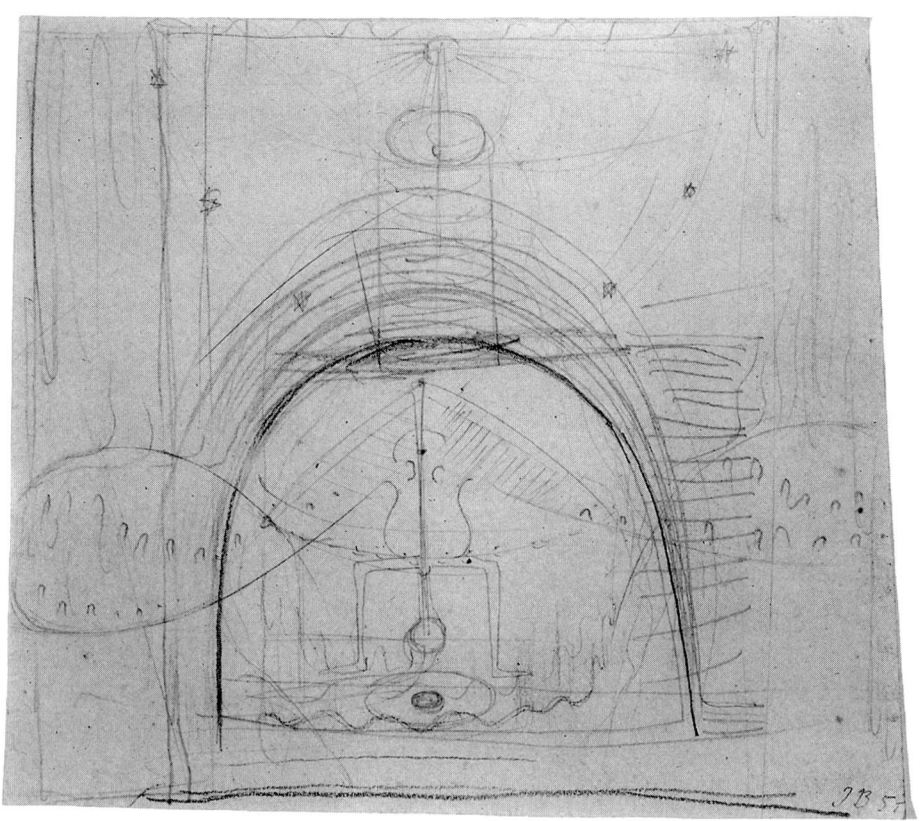

Joseph Beuys: ‹Die Geheimnisse›, 1950.

bar und verstehen durch ihre besondere spirituelle Begabung, die Sprache des Geistes zu deuten.[4]

Für den Uneingeweihten ist die geistige Welt, die das menschliche Handeln bestimmt, undurchschaubar mit einer Vielzahl göttlicher, aber auch dämonischer Kräfte durchwoben. Da er ohne geistige Führung der Dämonie verfallen würde, bedarf er der Fürsorge inspirierter Geister, denn nur diese stehen mit der göttlichen Sphäre in Verbindung. Sie, die Empfänger inspirierten Wissens, besitzen eine mercuriale Funktion: Wie Hermes übernehmen sie die Aufgabe des Boten und Mittlers zwischen der göttlichen und der irdischen Welt. Sie sind, wie Nietzsche sagt, das ‹Mundstück›[5] der Götter. Wie im Traum erschienen die Bilder des Mythos einst den Stiftern mythologischer Religionen und wie im Traum erscheinen der hellsichtigen Phytia die Visionen ihres Gottes Apoll.

Legt man den Andeutungen, bei denen es Beuys bezüglich dieser Zusammenhänge meist beläßt, die Ausführungen Steiners zugrunde, die er in dem Band ‹Das Christentum als mystische Tatsache› über den Ursprung und das Wesen des Mythos macht, so findet man unschwer in der Begeisterung jener Inspirierten den begeisternden Genius wieder, von dem in dem Kapitel über die Inspiration gesagt wurde, daß er als geniales Überbewußtsein in den schöpferischen Gedanken des inspirierten Künstlers lebt. Dem Inspirierten früher Kulturen offenbart der Genius die Wesenskräfte der menschlichen Seele im Bilde himmlischer Götter und irdischer Dämonen, dem inspirierten Künstler offenbart er sie im genialen künstlerischen Bild.

‹Uneingeweihten› erscheinen die Gestalten des Mythos, die ursprünglich aus einem visionär-inspirierten Bilderbewußtsein stammen, als personale Wesen, da man ihre Existenz nicht als Wirken allgemeiner Seelenkräfte begreift. Nur Eingeweihte lernten Steiner zufolge die mythologi-

---

[4] In frühen Zeichnungen von Beuys tauchen immer wieder die Namen von Priesterinnen auf. So etwa der der ‹Sibylla› oder der ‹Pythia›. Unter dem Stichwort ‹Python› liest man im Lexikon der griechischen und römischen Mythologie: «Sprößling der Gaia. Python ist ein Drache, der das Orakel seiner Mutter in Delphi bewacht. Apollon tötet ihn; die Pythia in Delphi hat von ihm ihren Namen. Der Kampf Apollons mit Python und die Überwindung des Drachens deutet auf die Ablösung des alten Traumorakels der Gaia durch die Pythia, die Priesterin des neuen Gottes.» Pythia, eine Orakelpriesterin im Tempel des Apoll zu Delphi, löst ein älteres Traum- oder Mondorakel zugunsten eines neuen Sonnenorakels ab. In Steiners Lesart: alte, uroborische Kräfte werden durch eine neue geistige Inspirationskultur ersetzt. Nicht umsonst ist Apollon auch der Gott, dessen Inspirationen zur Verwandlung und zur Vergeistigung des Lebens führen. Orpheus erhält seine Leier, deren Klänge das irdische Leben aus den Fesseln des Todes befreien, aus den Händen Apolls.
Die Sibylle, so heißt es dort unter nämlichem Stichwort, sei eine Frau, die, von einem Gott begeistert, in der Extase die Zukunft kündet. Die Sibylle, eine römische Seherin und Prophetin, ist ebenso wie die Pythia die Verkünderin eines göttlichen Orakels. «Während die Orakelpriester auf Anfragen ihre Sprüche erteilen, prophezeien die Sibyllen, wie die orientalischen Propheten, aus innerem Antrieb bevorstehendes Unheil.» Und einige Zeilen weiter: «Im Mutterlande Hellas traten die Sibyllen verhältnismäßig spät auf; ihre Heimat war Kleinasien. Dort blühte die Inspirationsmantik und dort gab es entsprechende Orakelstätten, die in vorgriechische Zeit zurückreichten. Apollons Orakel in Delphi ist von dieser Inspirationsmantik der Sibyllen nicht zu trennen. Auch mythische Seherinnen, wie Kassandra, gehören in diesen Kreis.» H. Hunger: Lexikon der griechischen und römischen Mythologie. Wien, 1988 (8. erw. Aufl.), S. 459–475.
[5] Ecce Homo, a.a.O. S. 1131.

Hermes, ‹der ältere›, mit Flügelhut und Bart. Hermes besteigt den von Eros und Psyche gezogenen Wagen. Griechisches Tonrelief aus Lokris. 5. Jh. v.Chr.

schen Bilder und die mantischen Orakel als Widerspiegelungen seelischer Erlebnisse zu deuten und nur ihnen habe sich in den Mysterienstätten des Altertums die tiefere psychologische Bedeutung des Mythos erschlossen.

> *Wenn man den Wahrheitsgehalt eines Mythos als Myste suchte, so war man sich bewußt, daß man etwas hinzufügte zu dem, was im Volksbewußtsein vorhanden war. Man war sich klar, daß man sich über dieses Volksbewußtsein stellte, wie sich der Botaniker über die wachsende Pflanze stellt. Man sagte etwas ganz anderes, als im mythischen Bewußtsein vorhanden war; aber man sah das, was man sagte als eine tiefere*

> *Wahrheit an, die sich symbolisch im Mythos zum Ausdruck brachte. Der Mensch steht der Sinnlichkeit als einem feindlichen Ungeheuer gegenüber. Er opfert ihr die Früchte seiner Persönlichkeit. Sie verschlingt sie. Sie tut es so lange, bis im Menschen der Überwinder (Theseus) erwacht. Seine Erkenntnis spinnt ihm den Faden, durch den er sich wieder zurechtfindet, wenn er sich in den Irrgarten der Sinnlichkeit begibt, um seinen Feind zu töten. Das Mysterium der menschlichen Erkenntnis selbst ist in dieser Überwindung der Sinnlichkeit ausgesprochen. Der Myste kennt dieses Mysterium. Es ist durch dasselbe auf eine Kraft in der menschlichen Persönlichkeit gedeutet. Das gewöhliche Bewußtsein ist sich dieser Kraft nicht bewußt. Aber sie wirkt doch in ihm. Sie erzeugt den Mythos. – Was liegt also in den Mythen? Es liegt in ihnen eine Schöpfung des Geistes, der unbewußt schaffenden Seele. Die Seele hat eine ganz bestimmte Gesetzmäßigkeit. Sie muß in einer bestimmten Richtung wirken, um über sich hinaus zu schaffen. Auf der mythologischen Stufe tut sie dies in Bildern; aber diese Bilder sind nach Maßgabe der Seelengesetzmäßigkeit gebaut.*[6]

Dem Eingeweihten ist bewußt, daß jeder Verstoß gegen die göttliche Ordnung auch ein Verstoß gegen die göttliche Harmonie der Seele ist und durch ihr immanentes Gesetz mit einem oft – wie im Falle der Atriden – generationenwährenden Fluch geahndet werden wird. Denn mit dem Verstoß gegen göttliches Gesetz verstößt der Mensch in einem tieferen Sinn gegen seine ureigene Ordnung, und Verirrung ist die notwendige Folge des Frevels, den er begeht. Die geistige Placenta, so könnte man die Graphik daher weiter interpretieren, war nicht nur Nährmutter, sondern sie war auch die schützende Hülle, die den Menschen umgab, um ihn auf diese Weise vor sich selbst zu schützen. Nicht umsonst wurden die Geheimnisse der Eingeweihten so sorgsam geschützt. «Kein größeres Verbrechen», so noch einmal Steiner, «gab es als den ‹Verrat› der Geheimnisse an Uneingeweihte. Mit dem Tode und der Güterkonfiskation wurde der ‹Verräter› gestraft. Man weiß, daß der Dichter Aischylos angeklagt war, einiges von den Mysterien auf die Bühne gebracht zu haben. Er konnte dem Tode nur entgehen durch die Flucht zu dem Altar des Dionysos und durch den gerichtlichen Nachweis, daß er gar kein Eingeweihter war.»[7] «Man könnte die ganze Welt einen Mythos nennen», schreibt der griechische Neuplatoniker Sallustius im 4. Jahrhundert nach Christus, «der die Körper und Dinge sichtbarlich, die Seelen und Geister verborgener Weise in sich schließt. Würde allen die Wahrheit über die Götter gelehrt, so würden sie die Unverständigen, weil sie sie nicht

---

[6] Rudolf Steiner: Das Christentum als mystische Tatsache und die Mysterien des Altertums. Frankfurt 1985, S. 76.
[7] Ebd. S. 19.

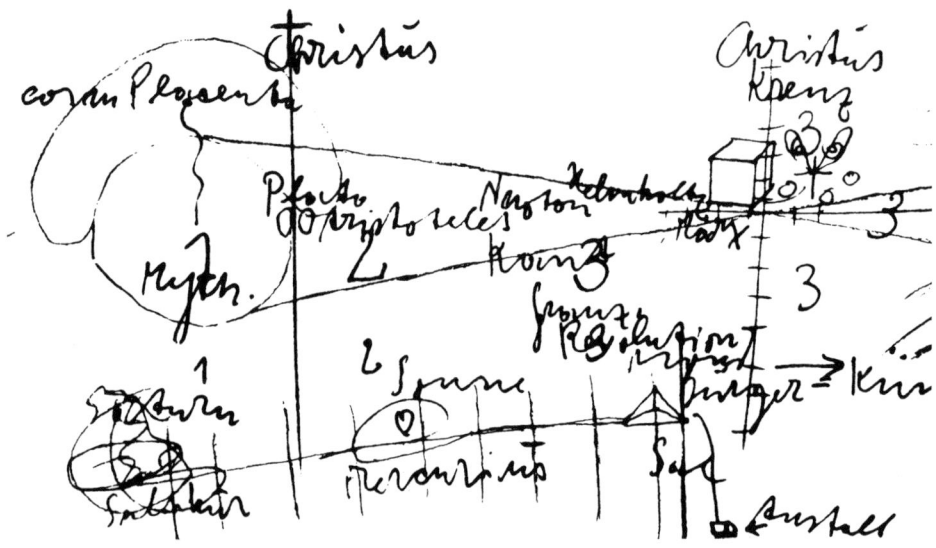

begreifen, gering schätzen, die Tüchtigeren aber leicht nehmen; wird aber die Wahrheit in mythischer Umhüllung gegeben, so ist sie vor Geringschätzung gesichert und gewährt den Antrieb zum Philosophieren.»[8]

Säkularisation

Auf dem Zeitstrahl des Diagramms tritt aber dennoch, vielleicht gerade wegen der Hermetik, mit der das alte esoterische Wissen sich gibt, ein Umbruch ein. Je weiter sich die Geschichte der ‹Zeitenwende› nähert, desto mehr geht der Einfluß des inspirierten Wissens zurück, und ein allmählicher Prozeß der Säkularisierung beginnt.

So geben schon die sokratischen Dialoge Auskunft darüber, wie weit sich das Denken bereits vom mythischen Weltverständnis entfernt hat. Sie sind ein Indiz für ein neues, weltzugewandtes Selbstverständnis, das seine geistigen Bezüge nicht mehr aus dem Glauben, sondern aus dem Wissen abzuleiten beginnt. Der Einfluß spiritueller Autoritäten ist im Schwinden begriffen und, wie Beuys sagt, ‹ein Befreiungsprozeß von spirituellen Führern› beginnt. «Hier wird gesagt», so erläutert er in dem schon zitierten Gespräch mit Bongard, «daß durch die Entwicklung, durch den neuen Einschlag in der Kulturentwicklung die Nabelschnur durchschnitten wird – bei Plato war es so – und das ist zu gleicher Zeit verbindlich für diese ganze Strecke westlicher Gedankenentwicklung, daß da ein emanzipatorischer Prozeß, ein Befreiungsprozeß von spiritu-

---

[8] Ebd. S. 75.

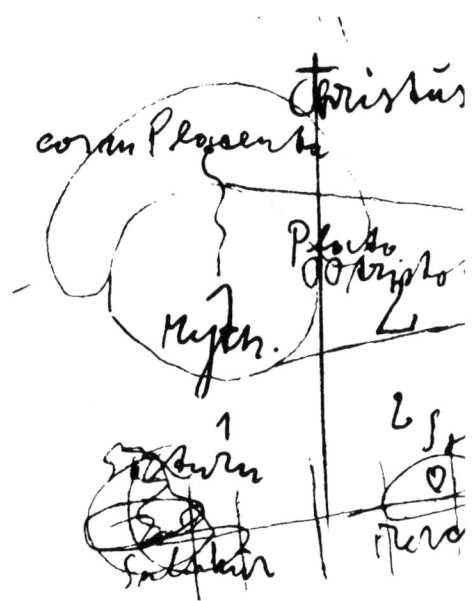

ellen Führern beginnt, daß der Mensch sich anschickt, die Dinge aus eigener, persönlich-individueller Kreativität hinzustellen und daß man damit erst überhaupt, nachdem dieser Punkt sich so stark verengt hat, von Freiheit sprechen kann, während es zuvor in diesem Sinne keine individuelle Freiheit gibt (...)»⁹

Die Philosophie als begriffliches Denken tritt die Nachfolge des bildhaften, mythologischen Denkens an. Das Verständnis für den Mythos schwindet in dem Maße, in dem der Begriff in den Dienst des Weltverstehens tritt. Das unmittelbar bildhaft-schauende, das noch traumhaft-visionäre mythische Denken wird durch das begrifflich-diskursive Denken ersetzt. Kurz: Der Mythos wird zum Logos.

Die Namen ‹Plato› und ‹Aristoteles› stehen hier gleichsam als Chiffren, für einen grundlegenden Wandel im menschlichen Denken. Das platonische Denken kennzeichnet Beuys graphisch dadurch, daß er Platons Namen noch dem Kreis des Ursprungs, dem Symbol der Einheit und Ganzheit zuordnet. Aristoteles hingegen erscheint schon an der Außenlinie des Kreises, ein Indiz dafür, daß in seinem Denken endgültig der Bruch mit der mythologischen Tradition vollzogen ist.

Genauer expliziert Beuys sein Verständnis der aristotelischen und der platonischen Philosophie jedoch nicht. Es gibt nur wenige verstreute Bemerkungen, nach denen sich etwa das folgende Bild rekonstruieren läßt: Die Philosophien Platons und Aristoteles' stehen paradigmatisch für den Übergang vom mythischen Bilderleben zum begrifflichen Denken. Was sie unterscheide, sei daß Platon noch weitgehend in ganzheitli-

---

⁹ Interview mit Bongard a.a.O. (o. Pag.).

chen, mythologischen Bildern denke, während Aristoteles der erste Vertreter des neuzeitlichen Wissenschaftsprinzips sei. Platons Denken lebe in der christlichen Tradition des Abendlandes fort, das aristotelische Denken habe sich in der abendländischen Wissenschaftsentwicklung objektiviert.

Platon

An Platons Philosophie wird Beuys besonders interessiert haben, daß hier noch beide Elemente, Bild und Begriff, Mythos und Logos erscheinen und wechselseitig aufeinander bezogen sind. Sie eignet sich daher in besonderem Maße zur Charakterisierung der Nahtstelle, an der sich das Denken von seiner Bildlichkeit emanzipiert. Beuys, der wie Steiner Geistesgeschichte als einen morphologischen Prozeß betrachtet, ist an den metamorphotischen Prozessen der Geistesgeschichte interessiert, hier an einem Geschehen, wo sich aus dem alten, mythologisch-bildhaften Denken allmählich die klare Begriffstruktur der attischen Philosophie herauskristallisiert.

Wolfgang Schadewaldt hat in seinen Tübinger Vorlesungen über ‹Die Anfänge der Philosophie bei den Griechen›[10] darauf hingewiesen, daß der Ursprung dieser Emanzipation des Begriffes vom mythologischen Denken schon bei Homer und Hesiod einsetzt und sich schon im Homerischen Epos der Logos, das klare, begrifflich genau unterscheidende Denken regt. Der Übergang vom Mythos zum Logos ist kein urplötzliches, unbegreifliches Geschehen, kein ‹deus ex machina›, der plötzlich in Erscheinung tritt, sondern vollzieht sich organisch in dem Sinn, daß das Begriffliche sich zunächst gestalthaft, bei Homer im poetischen Bild, objektiviert.[11]

Der Begriff ist demnach schon im Mythos *gestalthaft* präsent und die Geschichte des Denkens so verstanden ein kontinuierlicher Prozeß der Abschmelzung des Gestalthaften vom Begriff. Ganz in diesem Sinne begreift Beuys den Übergang vom mythischen zum philosophischen Denken als einen evolutionären Prozeß, in dem sich der Gehalt des Mythos in eine begriffliche Form transformiert, und es wird sich zeigen, daß für ihn mit dem hier angedeuteten Grad der Entbildichung zugleich

---

[10] Wolfgang Schadewaldt: Die Anfänge der Philosophie bei den Griechen. Die Vorsokratiker und ihre Voraussetzungen. Tübinger Vorlesungen Band 1. Frankfurt/M. 1978.

[11] «(Bei Homer) sind wir in einem Bereich, in dem das Wort noch nicht vornehmlich den Charakter des Begriffs hat, (...) sondern wo das Wort noch als Bild sich verwirklicht. Nicht im Sinne des Malerischen, wie man im achtzehnten Jahrhundert von Homer als dem Maler-Dichter gesprochen hat, sondern es geht um die Weise, wie bei ihm in eigentümlicher Weise gestalthaft da ist, was wir später als Begriff kennen. Zwischen Gestalt und Begriff besteht in der alten griechischen Welt eine wunderbare Beziehung. Zunächst erscheint das später Begriffliche in Form von Gestalten, und lange nachdem das Denken herausgetreten ist aus dieser dichterischen Form, hat es immer noch die Kraft, auch wieder gestalthaft zu werden. (...) So meine ich mit Bild nicht das, was phantastisch oder subjektiv-emotionell auf uns eindringt, sondern etwas, in dem sich das Wesen abzeichnet». Ebd. S. 47 f.

auch ein Wesenszug der weiteren abendländischen Geistesentwicklung in Erscheinung tritt.

Auch Steiner hatte in dem Band ‹Die Rätsel der Philosophie› – den Beuys sehr gut kannte[12] – die Entwicklung des griechischen Denkens als einen evolutionären Prozeß in eben diesem Sinne beschrieben und die Philosophieentwicklung seit Pherekydes von Syros und Thales von Milet als einen kontinuierlichen Prozeß der Emanzipation des Denkens vom Bild charakterisiert:

> *Die erste Epoche der Entwickelung philosophischer Ansichten beginnt im griechischen Altertum. Sie läßt sich deutlich geschichtlich zurückverfolgen bis zu Pherekydes von Syros und Thales von Milet. Sie endet mit den Zeiten, in welche die Begründung des Christentums fällt. Das geistige Streben der Menschheit zeigt in dieser Epoche einen wesentlich anderen Charakter als in früheren Zeiten. Es ist die Epoche des erwachenden Gedankenlebens. Vorher lebt die Menschenseele in bildlichen (sinnbildlichen) Vorstellungen über die Welt und das Dasein (...) Solange die Menschenseele durch das Bild die Welterscheinungen vorstellt, fühlt sie sich mit diesen noch innig verbunden. Sie empfindet sich als ein Glied des Weltorganismus; sie denkt sich nicht als selbständige Wesenheit von diesem Organismus getrennt. Da der Gedanke in seiner Bildlosigkeit in ihr erwacht, fühlt sie die Trennung von Welt und Seele. Der Gedanke wird ihr Erzieher zur Selbständigkeit.[13]*

Bei Platon treten noch einmal beide Elemente, Mythos und Logos, Bild und Begriff, in eine systematische Verbindung. Das begriffliche Denken weiß noch um die ursprüngliche, philosophische Substanz des Mythos, greift aber zum Begriff, da dieser als rationaler Kern des Mythos seine Gehalte in einer zeitgemäßen Form transportiert.

In dem Band ‹Das Christentum als mystische Tatsache und die Mysterien des Altertums› hatte Steiner das diskursive Element in Platons Philosophie wie folgt charakterisiert:

> *Es sollen diese Gespräche eben nichts anderes sein als die literarische Form für die Vorgänge in den Mysterienstätten (...) Als philosophischer Lehrer hat Plato sein wollen, was der Einweihende in den Mysterien war; so gut man das mit der philosophischen Art der Mitteilung sein kann.[14]*

---

[12] Der Blick auf seine ‹anthroposophische Bibliothek› zeigt, daß er im Besitz zweier Originalexemplare von Steiners zweibändigem Werk war. Beide sind, wie Volker Harlan berichtet, mit Anstreichungen oder Randzeichnungen versehen. Beuys hat sich also intensiv mit ihnen befaßt. – Volker Harlan: Verzeichnis der anthroposophischen Bibliothek von Joseph Beuys. In: Harlan, Koepplin, Velhagen (Hrsg.): Joseph Beuys-Tagung Basel, 1.–4. Mai 1991, Basel 1991, S. 292 ff.
[13] In: Die Rätsel der Philosophie, Dornach 1985 (2. Aufl.), S. 26–27.
[14] Ebd. S. 63–64.

Platon wird hier also explizit für die esoterische Tradition in Anspruch genommen. Er habe als Eingeweihter den Ursprung des Mythos gekannt. Das Wissen um seine Entstehung sei das Geheimnis der Mysterien gewesen.[15] Er habe seine Schüler durch seine Methode an dieses Wissen heranführen wollen, ohne dabei das Mysterium preisgeben zu müssen.[16]

Mit dieser Interpretation stellt Steiner eine direkte Verbindung zwischen den religiös-mystischen Traditionen Griechenlands und der Philosophie her. Er läßt das philosophische Denken aus dem Mythos respektive dem ‹Geheimwissen› um seine Natur und Herkunft hervorgehen.[17] Platonische Philosophie wird zur Darstellung des Mythos mit den Mitteln des Begriffs. Sie wird zum Erbe des Mythos, weil sie dieselben spirituellen Gehalte in einer neuen, den geistigen Bedürfnissen der Zeit angemessenen Form zu Darstellung bringt.

Alles weist darauf hin, daß sich Beuys dieser Deutung anschloß. Darauf weist nicht nur die geschichtsphilosophische Anlage des Schemas und sein spiritualistisches Weltbild hin, sondern auch die Tatsache, daß er noch Aristoteles ausdrücklich als Schüler der Mysterien bezeichnet.[18] Zudem wird er – wie Steiner – den tieferen Grund für das Fortwirken des

---

[15] «Platonische Weisheit und griechischer Mythos schließen sich zusammen; ebenso Mysterienweisheit und Mythos. Die erzeugten Götter waren Gegenstand der Volksreligion; die Geschichte ihrer Entstehung war das Geheimnis der Mysterien.» Ebd. S. 73.

[16] Mit dieser esoterischen Plato-Deutung steht Steiner ganz offensichtlich in der Tradition der neuplatonischen Plato-Rezeption. Auch diese begriff «(...) das Erkennen wirklich als eine plötzliche und überwältigende Schau und das Erkannt-haben als den Umgang mit der Gottheit und die Aufnahme in die Welt der Gottheit». Hirschberger, a.a.O. S. 210.

[17] Hier sei nur ein Beispiel aus dem umfangreichen Kapitel ‹Plato als Mystiker› zitiert: «Der ‹Timaios› ist es besonders, der uns den Mysteriencharakter der platonischen Weltanschauung enthüllt. Gleich im Anfange dieses Gespräches ist von einer ‹Einweihung› die Rede. Solon wird von einem ägyptischen Priester in das Werden der Welten ‹eingeweiht› und in der Art, wie in überlieferten Mythen bildlich ewige Wahrheiten ausgesprochen werden (...) Das Drama des Weltwerdens wird im Timaios vorgeführt. Wer den Spuren nachgehen will, die zu diesem Weltwerden führen, der kommt zu der Ahnung der Urkraft, aus der alles geworden ist. ‹Den Schöpfer und Vater dieses Alls nun ist es schwierig zu finden; und wenn man ihn gefunden hat, unmöglich, sich für alle verständlich über ihn auszusprechen.› Der Myste wußte, was mit dieser ‹Unmöglichkeit› gemeint ist. Sie deutet auf das Drama des Gottes. Dieser ist ja für ihn nicht im Sinnlich-Verständigen vorhanden. Da ist er nur als Natur vorhanden. Er ist in der Natur verzaubert. Nur der kann sich ihm, nach der alten Mysten-Meinung, nähern, der das Göttliche in sich selbst erweckt. Also kann er nicht ohne weiteres für alle verständlich gemacht werden. Aber selbst für den, der sich ihm nähert, erscheint er nicht selbst. Das besagt der Timaios. Aus Weltleib und Weltseele hat der Vater die Welt gemacht. Harmonisch, in vollkommenen Proportionen hat er die Elemente gemischt, die entstanden, als er, sich selbst vergiessend, ein eigenes besonderes Sein hingab. Dadurch wurde der Weltleib. Und gespannt auf diesen Weltleib ist in Kreuzesform die Weltseele. Sie ist das Göttliche in der Welt. Sie hat den Kreuzestod gefunden, auf daß die Welt sein könne. Das Grab des Göttlichen also darf Plato die Natur nennen. Doch nicht ein Grab, in dem ein Totes liegt, sondern ein Ewiges, für das der Tod nur die Gelegenheit gibt, die Allmacht des Lebens zum Ausdruck zu bringen. Und derjenige Mensch erblickt diese Natur in dem rechten Lichte, der vor sie hintritt, die gekreuzigte Weltseele zu erlösen. Auferstehen soll sie von ihrem Tode, aus ihrer Verzauberung. Wo kann sie wieder aufleben? Allein in der Seele des eingeweihten Menschen. Die Weisheit findet ihr rechtes Verhältnis damit zum Kosmos. Die Auferstehung, die Erlösung Gottes: das ist die Erkenntnis.» Ebd. S. 64–66.

[18] Vgl.: Clara Bodenmann-Ritter (Hg.): Joseph Beuys. Jeder Mensch ein Künstler. Gespräche auf der documenta 5/1972. Frankfurt/M. Berlin 1992 (4. Aufl.), S. 78.

Platonismus in der Patristik, in der ungebrochenen esoterischen Tradition gesehen haben, die zwischen Platons Idealismus und der jungen Philosophie der Kirchenväter bestand. In Christus, so Steiners Deutung der christlichen Eschatologie, hatte sich Gott der Erde zum Opfer gebracht und sie so existenziell mit dem göttlichen Logos verbunden, dem Platon sich nur gedanklich zu nähern verstand. Da Platon diesen Logos aber in philosophischer Form beschrieben hatte, lag in seiner Ideenlehre das begriffliche Werkzeug zur philosophischen Darstellung des christlichen Weltbildes bereit.[19]

Wenn Beuys davon spricht, daß das Platonische Denken im Christentum fortgewirkt habe,[20] so darf man hierbei also nicht nur an die traditionellen geistesgeschichtlichen Verbindungslinien denken, die von Platon über Philon von Alexandrien und den Neuplatonismus direkt zur Patristik führen,[21] sondern muß auch die Verbindung im Blick behalten, die Steiner zwischen den vorchristlichen Mysterien, der Platonischen Philosophie und dem Christentum herstellt.

Aristoteles

Gegenüber der Wirkung Platons und der neuplatonischen Platon-Interpretation bleibt der aristotelische Einfluß auf die christliche Religion und ‹Philosophie› anfänglich äußerst gering und beginnt im Prinzip erst mit der scholastischen Aristoteles-Rezeption bei Anselm von Canterbury und Thomas von Aquin.

Der Aristotelismus, so stellt Beuys die Entwicklungslinie dar, nehme eine andere Wendung als die Philosophie Platos und wirke im Prinzip erst seit der Scholastik im abendländischen Wissenschaftsbegriff fort.[22] Diese Interpretation liegt nahe, denn Aristoteles war die erste abendländische Persönlichkeit, die auf dem Boden Athens eine wissenschaftliche Forschungsgemeinschaft gründete. Die Grundlagen dieser Wissenschaftlichkeit sieht Beuys in der spirituellen Grundhaltung Aristoteles' begründet. Er bezeichnet ihn, wie gesagt, als ‹Schuler der Myste-

---

[19] Vgl.: ‹Das Christentum ...›, a.a.O. S. 158–173.
[20] Vgl. Gespräch mit Oliva, a.a.O. S. 79–80.
[21] «Niemand ist uns so nahe gekommen wie diese», sagt Augustinus bezüglich der Platoniker, und Thomas von Aquin wiederum sagt von ihm: «Augustinus ist voll von Platonischen Lehren; was er findet, übernimmt er, wenn er sieht, daß es mit dem Glauben zusammenstimmt; stimmt es nicht dazu, dann verbessert er es.» (S. d. Th., I. 84,5). Über die geistige Verwandtschaft von Neuplatonismus und Christentum schreibt Hirschberger (Geschichte der Philosophie, Bd 1, S. 332): «Wenn man die Enneaden Plotins liest, ist man erstaunt über den Gleichklang der Terminologie und der ganzen Denkhaltung, besonders aber über die Verwandtschaft der ethischen, religiösen und mystischen Lebensstimmung und inneren Bewegtheit mit dem Geiste des Christentums. Obwohl dem jungen Christentum gerade aus den Kreisen der Neuplatoniker bitterste Gegner erwuchsen, war der Neuplatonismus dem Christentum und seiner Philosophie doch wahlverwandt.» Hirschberger nennt die reine Ethik der Platoniker, ihre Weltverneinung, ihre Vorliebe für das Übersinnliche, die Ideenwelt und die Metaphysik und Eschatologie der Platoniker, die die Kirchenväter für den Platonismus einnahmen. Ebd. S. 330.
[22] Vgl.: Gespräche auf der documenta 5, a.a.O. S. 76.

rien›, der die ‹alten Mysterienweisheiten› und ‹Offenbarungsweisheiten›[23] gekannt habe. Zugleich aber habe er bewußt einen Bruch mit dieser Offenbarungstradition vollzogen und einen neuen, wissenschaftlichen Standpunkt bezogen:

> *(...) er hat bewußt einen anderen Standpunkt bezogen. Er hat gesagt: das ist passé. Wir müssen das jetzt selber machen. Wir können uns jetzt hier nicht mehr so inspirieren lassen (...) Ich sehe ganz klar seinen Standpunkt, den er bezieht – einen ganz klaren Standpunkt: daß er Schluß macht mit etwas Altem, was schon in Degeneration sich befindet, nicht?*[24]

Aristoteles habe nichts ferner gelegen als irgendein Glaube. Er habe sich einer gedanklichen Sauberkeit und Genauigkeit bedient, die beispielhaft sei.[25] Gleichzeitig aber habe er – im Gegensatz zu Kant – noch einen direkten Zugang zum ‹Schöpfungsprinzip› gehabt. So habe er nicht nur die ‹universalia in re› gekannt, sondern auch «(...) eine universalia (sic!) vor der Sache, ante rem – das heißt: das Schöpfungsprinzip selbst.»[26] Kant habe bereits keinen Zugang mehr zu dieser ‹elementaren Gegebenheit im Geistigen› und daher vermute er die ‹universalia ante, das Ding an sich›[27] hinter den Dingen. Dieser ‹Denkirrtum von Kant› aber habe sein Positives gehabt, denn ohne ihn habe es nicht die Krise des Materialismus geben können, die wichtig für die ‹individuelle Selbstverwirklichung und Emanzipation von Inspirationskultur›[28] sei.

Was hier in wenigen Zeilen zum Ausdruck kommt, umfaßt im Prinzip schon den ganzen logischen Kern der Beuysschen Geschichtsphilosophie. Da die Zusammenhänge aber nur angedeutet werden und Beuys sie meines Wissens auch in anderen Zusammenhängen nicht genauer expliziert, will ich versuchen, den philosophischen Hintergrund dieser Darstellung ein wenig genauer zu beleuchten. Auf die Platonische Philosophie und ihre Interpretation durch Steiner war schon eingegangen worden. Es bleibt darauf hinzuweisen, daß der Philosophie Platons, verkürzt gesagt, ein Hang zur Leibfeindlichkeit anhaftet. Auch wenn Olof Gigon und Laila Zimmermann betonen, daß sich der Platonische Dualis-

---

[23] Ebd. S. 78.
[24] Ebd.
[25] Ebd. S. 77. Die folgenden philosophiegeschichtlichen Bemerkungen von Beuys sind allesamt o.g. Band (S. 74–78) entnommen. Es handelt sich um einen Tonbandmitschnitt, der auf der documenta 5 aufgezeichnet und später niedergeschrieben wurde. Die Aufzeichnung ist zum Teil unvollständig und lückenhaft.
[26] Ebd.
[27] Ebd. S. 74f. Es handelt sich hier offensichtlich um einen Irrtum von Beuys. Kant meinte mit den ‹Dingen an sich› keine Universalien, sondern Einzelgegenstände.
[28] Ebd.

mus aus einem Zweitakt zusammensetzt,[29] ist es der eindeutige Jenseitsbezug, der am Platonismus hervorsticht und der dem frühchristlichen Denken außerordentlich entgegenkam.

Betrachtet man demgegenüber die Aristotelische Philosophie, so ergibt sich ein ganz anderes Bild.[30] Hier sind die Gewichte anders verteilt. Je weiter sich Aristoteles von seinem Lehrer Platon unabhängig macht, um so deutlicher tritt als hervorstechendes Merkmal seiner Philosophie der ‹Realismus› hervor. Man betrachte nur den folgenden Satz aus der Aristotelischen Metaphysik: «Das Werk ist Ziel und Ende; die Wirklichkeit aber ist das Werk[31]» und vergleiche ihn mit der ganz anderen Stellung der Realität bei Platon. Dort steht die Idee im Vordergrund, hier objektiviert sie sich erst im Werk und nur im Werk. Für jenen ist die Erscheinung nichts als ein Abglanz des idealen Seins, und so heißt es, der Philosoph müsse den Sinnen sterben, sonst werde er die Wahrheit nicht schauen (Phaidon), für diesen verwirklicht sich in der Physis die Idee. Die Natur Gottes, die Aristoteles als ‹reine Form›[32] begreift, offenbart sich erst in Verbindung mit dem Stoff, der hyle. Aber während Gott als ‹unbewegter Beweger› reines Denken seiner selbst, reines Innesein, ewiges, seeliges Leben ist[33], ist die Seele nichts ohne den Stoff, auf den sie wirken kann, oder, wie es auch heißt, ‹der Leib ist um der Seele willen da.›[34] Der Entelechiebegriff[35] des Aristoteles ist ganz auf die Erscheinungswelt konzen-

---

[29] «Im allbekannten Höhlengleichnis stehen zwei Momente gleichgewichtig nebeneinander: der Aufstieg des zur Philosophie Begabten und Entschlossenen aus der Tiefe der Höhle bis hinauf an ihren äußersten Rand und zum Anblick der Idee des Guten und die Rückkehr dessen, der die Idee gesehen hat, hinab in die Höhle, um dort den andern Menschen gegenüber, die die Idee nicht gesehen haben und nie sehen werden, seine Pflicht zu erfüllen. Es gibt recht verstanden bei Plato nichts Erstaunlicheres als eben diesen Zweitakt. Denn die Idee des Guten zu erblicken ist das Höchste, was der Mensch erreichen kann. Dies und nichts anderes ist seine endgültige Bestimmung; dennoch darf er nicht dort verweilen, wo seine Bestimmung ist, sondern muß umkehren. Solange der Mensch in die Geschichtlichkeit gebunden bleibt, darf er zwar zuweilen aus der geschichtlichen Welt hinaustreten, in die Konfrontation mit dem ungeschichtlich Ewigen, in die Theoria. Er muß jedoch immer wieder in die geschichtliche Welt zurückkehren und dort in der politischen Praxis das Seinige leisten; erst wenn er im Tode die Geschichtlichkeit ganz hinter sich gelassen hat, darf er erwarten, endgültig im Anblick der Idee des Guten verweilen zu können. So polemisiert Platon denn auch gegen diejenigen, die das Leben in der Theoria schon jetzt ganz vorwegnehmen wollen und so tun, als ob sie jetzt schon ‹auf den Inseln der Seligen› leben dürften; dies ist nicht verstattet, sondern erst, wenn sie ihre Aufgabe in der Geschichtlichkeit erfüllt haben, mögen sie hoffen, zu den ‹Inseln der Seeligen gelangen zu können. So ist auch der Philosoph eingespannt zwischen dem denkenden Suchen nach der Idee und dem Handeln in der alltäglichen Wirklichkeit».
Olof Gigon, Laila Zimmermann: Platon, Begriffslexikon zur achtbändigen Artemis-Jubiläumsausgabe. Zurich und München 1974, S. 29–30.
[30] Schon der erste Satz der Aristotelischen ‹Metaphysik› macht dies auf Anhieb deutlich: «Alle Menschen streben von Natur (physei) nach Wissen (eidénai); dies beweist die Freude an den Sinneswahrnehmungen (aísthéseis), denn diese erfreuen an sich, auch abgesehen von dem Nutzen, und vor allen andern die Wahrnehmungen mittels der Augen.»
[31] Aristoteles, Metaphysik. Übersetzt v. Hermann Bonitz. Leck 1966, S. 206 (1076 a, 24).
[32] Ebd. S. 282 (1074 a, 35).
[33] Ebd. S. 278 (1072 b, 24–30).
[34] Aristoteles, de partibus animalium, 645 b, 14 ff.
[35] «Entelechie heißt bei Aristoteles soviel wie vollendet sein, das Ziel, den Zweck erreicht haben. Und das ist dann der Fall, wenn die Wirklichkeit so geworden ist, wie es der Idee, durch die der Zweck gesetzt ist, entspricht.» Hirschberger, a.a.O. S. 210.

triert. Alles Beseelte strebt zur Selbstvollendung in der Erscheinung. Die Welt ist ein beseelter Kosmos und jedes Einzelwesen erfährt seine Vollendung in der Verwirklichung einer ansonsten im Verborgenen bleibenden Potenz. Nur im Werk realisiert sich die Möglichkeit, und ohne die Verbindung mit dem Stoff bliebe die reine Form letztlich impotent.

Der seelische Stufenbau, durch den Aristoteles das irdische Leben kennzeichnet, erinnert in vielem an die Steinersche Unterscheidung von Ätherleib, Astralleib und Ich, und es ist zu vermuten, daß er sie – vielleicht über gnostische Traditionen vermittelt –[36], von Aristoteles übernahm:

> *Analog der platonischen Lehre von den drei Seelenteilen unterteilt Aristoteles eine vegetative Seele, die jene Wirklichkeit meint, die mit dem Wachstum, der Nahrungsaufnahme und der Fortpflanzung gegeben ist und sich rein und vollständig schon in der Pflanzenwelt findet; eine Sinnenseele, die die Fähigkeiten der Pflanzenseele einschließt, aber außerdem noch jene Wirklichkeit darstellt, in der es Sinnesempfindungen, niederes Strebevermögen und Ortsbewegung gibt und die erstmals im Tierreich auftritt. Diese niedere Seele des Wachstums und der Sinnlichkeit ist es, worin Aristoteles, ähnlich wie Platon, (...) die Entelechie des Lebewesens als solchem erblickt, auch beim Menschen (...) Nur besitzt der Mensch außerdem noch die Geistseele. Und sie erst macht ihn zum Menschen, zum animal rationale. Wenn Aristoteles von der Seele des Menschen spricht, unterscheidet er oft nicht weiter und kann beides meinen, die niedere Seele als Lebensprinzip oder die höhere Geistseele. Im allgemeinen ist für ihn Seele des Menschen etwas, was beide Schichten umfaßt, wobei das Geistige durchschlägt und den Ton angibt.*[37]

Das Ziel des Organismus, vom niedersten zum höchsten, besteht nach Aristoteles darin, sich so zu verwirklichen, wie es seinen Möglichkeiten entspricht. Die ganze Natur ist bestrebt, sich in der Fülle ihrer Möglichkeiten zu offenbaren. Sie ist umgeben von einem Hauch des Numinosen, der in ihrer Schönheit, Lebendigkeit und Vielfalt zum Ausdruck kommt. Im Menschen kommt dieses Streben nach Vollendung zur Blüte, wenn er das, was ihn von der Natur unterscheidet, zur Entfaltung bringt: Er ist das Lebewesen, das Logos hat. Er ist im Besitz der Vernunft und hält damit den Schlüssel zur Erkenntnis der mannigfaltigen Welterscheinungen in der Hand. Sein Ziel besteht, vereinfacht gesagt, darin, die Welt zu erkennen, und damit den Logos zum Bewußtsein seiner selbst zu führen. Daher ist es nur konsequent, daß sich Aristoteles unablässig darum bemüht, diesen Logos zu erforschen. Es führt ein direkter Weg von sei-

---

[36] Vgl.: Hans Leisegang: Die Gnosis, Leipzig (2. Aufl. o. J.), S. 203, 220 f.
[37] Ebd. S. 211 f.

ner Metaphysik zu seinem Wissenschaftsbegriff. Die Welt ist mit einer Aura göttlicher Vollkommenheit umgeben, und als Erforscher dieser Wirklichkeit ist der Forscher der vollendete Repräsentant des göttlichen nous.

Kant

Wenn Beuys nun behauptet, daß Aristoteles noch die ‹universalia ante rem› gekannt habe, Kant aber keinen Zugang mehr zu dieser ‹elementaren Begebenheit im Geistigen› gehabt habe, so bezieht er sich natürlich auf das im Prinzip ungebrochene ‹holistische› Seinsverständnis des Aristoteles und den Abgrund, der bei Kant zwischen Welt und Welterkenntnis klafft. Ich will dies am Beispiel der ‹transzendentalen Deduktion der reinen Verstandesbegriffe› aus Kants ‹Kritik der reinen Vernunft› erläutern.

Kant bezeichnet das Descartessche ‹cogito›, das ‹ich denke› als die oberste synthetische Kraft, die jede individuelle Vorstellung begleiten können muß. Die Analyse des menschlichen Verstandes müsse von dieser obersten Einheit unseres Erkenntnisvermögens ausgehen, denn ohne sie finde keine bewußte Erkenntnis statt.[38] Es sei ‹das transzendentale Prinzip der Einzheit alles Mannigfaltigen›,[39] unter das alles Begreifen subsumiert sei.[40] Nun gilt es nach Kant aber zu unterscheiden: Was ist subjektiv, also was entspringt dem menschlichen Denkvermögen, und was ist objektiv, das heißt, was gibt dem Denken von außen sein Material.

Wenn das Subjekt sich selbst betrachtet, betrachtet es seine eigene innere Erkenntnistätigkeit. Über sie kann es keinen Zweifel geben. Betrachtet es jedoch das Material der Erkenntnis, so muß es sich eingestehen, daß es dies nur im Rahmen seiner Verstandestätigkeit erkennen kann. Über das Denken hinaus kann das Subjekt das Objekt nicht begreifen, das heißt, es kategorisiert das zu Begreifende immer nur im Rahmen

---

[38] «Alle Anschauungen sind für uns nichts und gehen uns nicht im mindesten etwas an, wenn sie nicht ins Bewußtsein aufgenommen werden können, sie mögen nun direkt oder indirekt darauf einfließen, und nur durch dieses allein ist Erkenntnis möglich. Wir sind uns a priori der durchgängigen Identität unserer selbst in Ansehung aller Vorstellungen, die zu unserem Erkenntnis jemals gehören können, bewußt, als einer notwendigen Bedingung der Möglichkeit aller Vorstellungen, (weil diese in mir doch nur dadurch etwas vorstellen, daß sie mit allem andern zu einem Bewußtsein gehören, mithin darin wenigstens müssen verknüpft werden können).» Das Zitat ist der ersten Originalausgabe der Kritik der reinen Vernunft von 1781 entnommen (Hier zitiert nach dem Neudruck der ehemaligen Kehrbachschen Ausgabe, Leipzig 1979, S. 202). Die folgenden Kant-Zitate werden nach der zweiten Auflage von 1787 nach der Akademie-Ausgabe zitiert.
[39] Ebd.
[40] «Der oberste Grundsatz der Möglichkeit aller Anschauung in Beziehung auf die Sinnlichkeit war laut der transzendentalen Ästhetik: daß alles Mannigfaltige derselben unter den formalen Bedingungen des Raums und der Zeit stehe. Der oberste Grundsatz eben derselben *in Beziehung auf den Verstand* ist: daß alles Mannigfaltige der Anschauung unter Bedingungen der ursprünglich synthetischen Einheit der Apperzeption stehe.» I. Kant, Kritik der reinen Vernunft. Akademie Textausgabe, Bd. III, Berlin 1968, S. 111 (Hervorhebung durch den Autor).

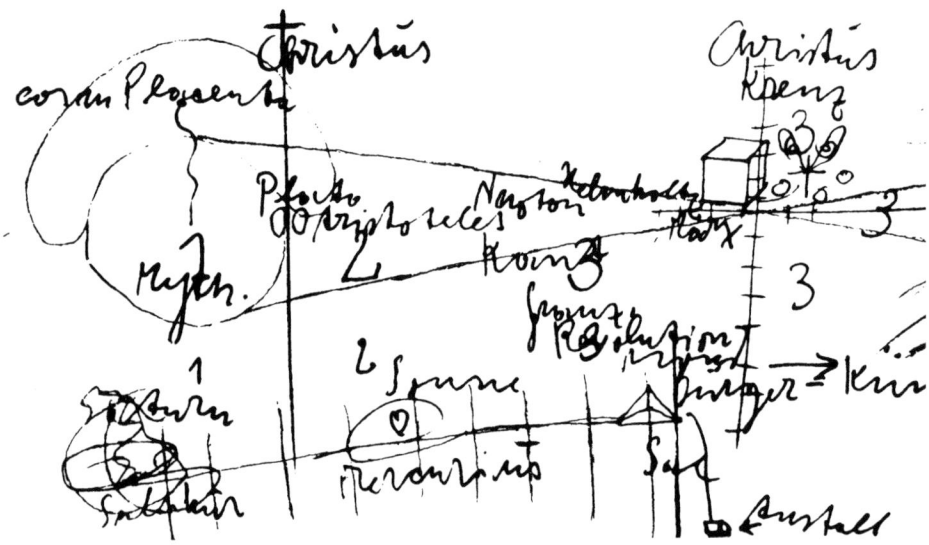

der apriorischen Struktur seines Verstandes. Anders gesagt, das Subjekt hat keine andere Möglichkeit, Aussagen über die Welt der Erscheinungen zu machen, als daß es sie im Rahmen der theoretischen Vernunft normiert. In welcher Gestalt sie, unabhängig von diesem Verstand, ‹an sich› existieren, darüber kann es keine objektiv gültigen Aussagen geben. So entsteht ein unüberwindbarer Dualismus zwischen Subjekt und Objekt, zwischen der Welt, wie das Subjekt sie denken muß, und der letztlich unerkennbaren ‹Welt an sich›.

Die Kritik an Kant hat sich schon frühzeitig auf die rationalistische Reduktion seiner Philosophie bezogen. Kant schränkt die Möglichkeiten, sich der Erscheinung zu nähern, im Prinzip auf die zwölf Verstandesfunktionen seiner Kategorientafel[41] ein. Sein theoretischer Erkenntnisbegriff orientiert sich am Ideal der Newtonschen Physik. Gerade hiergegen aber wurden schon von Zeitgenossen Einwände erhoben:

> *Obwohl sich Kant geschmeichelt hatte, mit seinen Kategorien ‹die Funktionen des Verstandes völlig erschöpft und sein Vermögen dadurch gänzlich ausgemessen zu haben›, wurde die metaphysische Dedukion der Kategorien schon früh, bereits zu seinen eigenen Zeiten, besonders aber seit Bolzano und Schopenhauer, angefochten. Die Kategoriensysteme Fichtes, Schellings und Hegels wichen erheblich von dem Kants ab.*

---

[41] Ebd. S. 93. Kant schreibt dazu: «Dieses ist nun die Verzeichnung aller ursprünglich reinen Begriffe der Synthesis, die der Verstand a priori in sich enthält, und um deren willen er auch nur ein reiner Verstand ist; indem er durch sie allein etwas bei dem Mannigfaltigen der Anschauung verstehen, d.i. ein Objekt derselben denken kann. Diese Einteilung ist systematisch aus einem gemeinschaftlichen Prinzip, nämlich dem Vermögen zu urteilen, (welches ebensoviel ist, als das Vermögen zu denken) erzeugt (...)»

> *Nicht einmal in den neukantianischen Systemen treten die zwölf Kategorien mehr unverändert auf. Besonders ist die heutige Ontologie weit darüber hinausgewachsen, so vor allem, wenn sie sich auch um Kategorien des Lebendigen bemüht, die bei Kant gänzlich fehlen.*[42]

Die erkenntnistheoretische Differenz, die durch die Kantische Philosophie zwischen Erkennen und Sein aufgerissen wurde, hat die gesamte nachkantische Philosophie- und Wissenschaftstradition nachhaltig bestimmt. Der eher wissenschaftstheoretisch-pragmatisch ausgerichtete Zweig konnte in seiner Philosophie eine Rechtfertigung für ein streng wissenschaftliches Vorgehen finden. Die idealistische und romantische Kant-Kritik hingegen versuchte ihn durch die verschiedenen identitätsphilosophischen Ansätze von Fichte, Hegel und Schelling zu überwinden.

Auch Steiner, dies wurde im ersten Teil der Untersuchung deutlich, entwickelt seine theoretische und praktische Philosophie in Auseinandersetzung mit Kant.[43] Er glaubt den Kantischen Dualismus durch eine spiritualistische Entgrenzung des Erkenntnisbegriffes überwinden zu können. Neben Steiner wird sich Beuys der romantischen Tradition der Kant-Kritiker zugehörig fühlen, denen es ebenso um eine Erweiterung und Spiritualisierung[44] des Verstehens geht.[45]

Hier liegt besonders der Vergleich mit Schellings Kunstphilosophie und seiner Philosophie des Absoluten nahe, denn auch Schelling war der Meinung, in der künstlerischen Anschauung ein Mittel gefunden zu haben, mit dem der Kantische Dualismus zu überwinden sei.

Bei Kant jedoch wird der Erkenntnisbegriff am Ideal naturwissenschaftlicher Erkenntnis gefaßt und das heißt, der Verstand gibt dem Objekt, auf das er sich bezieht, seine Regeln vor. Erkenntnis im Kantischen Sinne wird spontan gedacht, das heißt, der Verstand präjudiziert die Regeln für das Erkennen und damit auch die Gestalt des Erkannten. Die aufnehmende, empfangende, rezeptive Seite des Verstehensprozesses findet demgegenüber wenig Gehör. Auch der Gedanke, der in der Romantik eingehend erörtert wird, daß nämlich die künstlerische Gestal-

---

[42] Hirschberger Bd 2, a.a.O. S. 288.
[43] Steiners nimmt Elemente des subjektiven Idealismus (Fichtes Ich-Philosophie), der Hegelschen Geschichtsphilosophie (des absoluten Idealismus) und der Schellingschen Philosophie der Offenbarung (des objektiven Idealismus) in sein Denken auf.
[44] Interessant in diesem Zusammenhang ist besonders die folgende Gesprächssequenz aus dem Interview mit Oliva:
Beuys: (...) Novalis wurde zu früh geboren. Er mußte vor einem positivistischen Wissenschaftsbegriff zurückweichen. Heute aber ist dies sehr aktuell. Heute können wir verstehen, wieso Novalis zu früh geboren wurde. Wir wissen, warum Novalis zurückgedrängt wurde: weil die Todeslinie noch nicht erreicht war. Die Todeslinie mußte sich noch bis zum äußersten entfalten.» A.a.O. S. 81–82.
[45] Exemplarisch könnte hier das Fragment 6 der Vermischten Bemerkungen von Friedrich von Hardenberg stehen: «Ganz begreifen, werden wir uns nie, aber wir werden und können uns weit mehr als begreifen.» In: Novalis, Fragmente und Studien. Herausgegeben von Carl Paschek. Stuttgart 1984, S. 5.

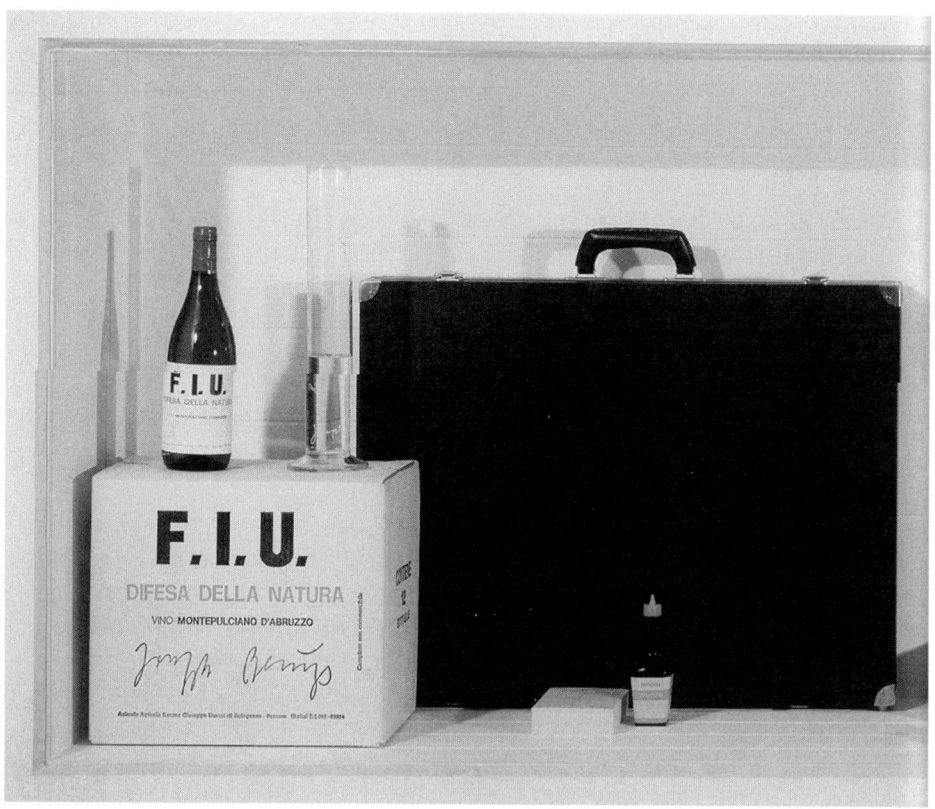

Joseph Beuys: ‹Ohne Titel›, 1962/1983. Ausstellungsvitrine (Ausschnitt).

tung eine Analogie zum Schöpfungswerk Gottes ist, klingt allenfalls in der ‹Kritik der Urtheilskraft› an,[46] bleibt aber für den theoretischen Erkenntnisbegriff sekundär. Daher wird sich die Beuyssche Einschätzung der Kantischen Philosophie – was die geschichtliche Wirkung betrifft – auf Kants Verstandeskritik beziehen. Denn in der praktischen Philosophie ergeben sich – von dem dogmatischen Pflichtbegriff Kants einmal abgesehen – erstaunliche Parallelen zu dessen Freiheitsbegriff. Auf das Evolutionsschema bezogen, steht der Name Kant wohl eher für den Wissen-

---

[46] Dazu schreibt Friedrich Kaulbach (Immanuel Kant, Berlin, New York 1982, 2. Aufl. S. 275): «(...) die künstlerisch produzierende Kraft verfährt nicht am Leitfaden vorgestellter Regeln, sondern erweist sich als Wirklichkeit, die von sich aus frei der Gesetzmäßigkeit der Natur genügt. Dabei tritt das ‹Genie› auf den Plan, welches die Rolle der freien Natur selbst vertritt. Es ist ein angeborenes produktives Vermögen des Künstlers, welches ‹selbst zur Natur gehört›. Daher ist es die ‹angeborne Gemüthsanlage (ingenium), durch welche die Natur der Kunst die Regel gibt› (...) Das Genie enthält Einbildungskraft und Verstand, aber beides zu einer produktiven Wirklichkeit vereinigt: Es erweist sich als ‹Geist›, nicht nur als theoretische Vernunft. Geist wird hier als eine Art freier Naturwirklichkeit verstanden, welche über die Kraft des Ausdrucks in Sprache, Mimik, Bild, Musik usf. verfügt. Von hier aus ergibt sich bei Kant der Ansatz der späteren romantischen Rede vom ‹Geist in der Natur›.»

schaftskritiker, der versucht, das Denken von den Schlacken der abendländischen Metaphysik zu befreien. Er steht hier für den Naturwissenschaftler, der, von René Descartes einmal abgesehen, als erster unter Ausschluß theologischer Gesichtspunkte eine wissenschaftliche – Beuys würde sagen «materialistische» – Theogonie und Kosmologie vertritt[47]:

> *Für Kant war die ganze Naturbetrachtung orientiert am mathematisch-physikalischen Denken, wie Newton es entwickelt hatte. Dieses Denken analysiert überall letzte, immer gleichbleibende Faktoren heraus und schematisiert damit die Natur wie das ganze Sein überhaupt. Für das Lebendige besaß Kant keine Kategorien. Er hatte zwar gesehen, daß man angesichts des Organischen die Natur auch unter die Idee der Zweckmäßigkeit stellen müsse, aber das bedeutete nur ein Anschauen als ob, kein konstitutives Seinsgesetz. Er war damit, wie alles rein begrifflich verallgegemeinernde Denken, auch blind für alles Lebendige und Einmalige, für Faktoren also, die gerade für das Reich des Lebendigen charakteristisch sind. Kant brachte zwar die Naturwissenschaft auf allgemeine Gesetzlichkeiten, verarmte aber auch, ähnlich wie Sokrates schon, unser Anschauen und verkürzte so die Wirklichkeit und ihre ewig variable Fülle, die trotz aller Gesetzlichkeit auch da ist und gewürdigt werden will.*[48]

Die ursprüngliche Intention Kants, der mit seiner Kritik des Verstandesvermögens einer neuen Metaphysik und einer praktischen Freiheitsphilosophie den Boden bereiten will,[49] verschwindet hinter der Rezeption und dem Fortwirken seiner ‹Kritik der reinen Vernunft›.

Christentum

Beuys beschreibt den langsamen Prozeß des Absterbens der Inspirationskultur aber nicht nur am Beispiel der Philosophieentwicklung von Plato bis Kant, sondern sieht einen realen Bezug innerhalb der Entwick-

---

[47] Vgl.: Gereon Wolters: Kant. Teil 1 (theoretische Philosophie) des Kant-Artikels in der Enzyklopädie Philosophie und Wissenschaftstheorie. In: J. Mittelstraß (Hg.): Enzyklopädie Philosophie und Wissenschaftstheorie Bd. 2. Mannheim, Wien, Zürich 1984; S. 344.
[48] Hirschberger, a.a.O. S. 381.
[49] In der Vorrede zur zweiten Auflage der ‹Kritik der reinen Vernunft› heißt es diesbezüglich: «Ich kann also Gott, Freiheit, Unsterblichkeit zum Behuf des notwendigen praktischen Gebrauchs meiner Vernunft nicht einmal annehmen, wenn ich nicht der spekulativen Vernunft zugleich ihre Anmaßung überschwenglicher Einsichten benehme, weil sie sich, um zu diesen zu gelangen, solcher Grundsätze bedienen muß, die, indem sie in der Tat bloß auf Gegenstände möglicher Erfahrung reichen, wenn sie gleichwohl auf das angewandt werden, was nicht ein Gegenstand der Erfahrung sein kann, wirklich dieses jederzeit in Erscheinung verwandeln und so alle praktische Erweiterung der reinen Vernunft für unmöglich erklären. *Ich mußte also das Wissen aufheben, um zum Glauben Platz zu bekommen,* und der Dogmatism der Metaphysik, d.i. das Vorurteil, in ihr ohne Kritik der reinen Vernunft fortzukommen, ist die wahre Quelle alles der Moralität widerstreitenden Unglaubens, der jederzeit gar sehr dogmatisch ist. – » (Hervorhebung durch den Autor), a.a.O. S. 18 f.

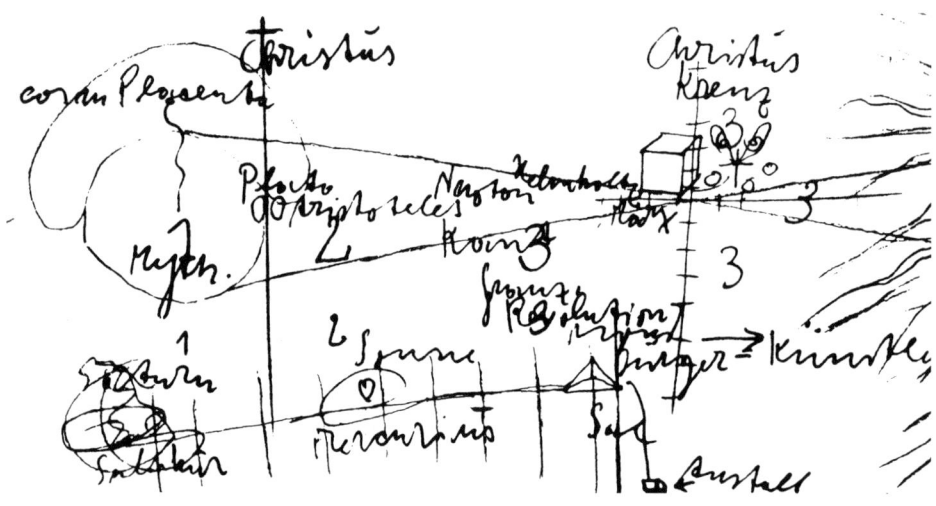

lung des Christentums. Graphisch legt er dessen Geschichte durch die beiden Grenzmarken des Kreuzes fest.

Innerhalb dieser Grenzen vollzieht sich noch einmal eine Blüte der alten, kollektivistischen Inspirationskultur, die etwa um die Zeit des Hochmittelalters ihren Höhepunkt erreicht, um dann allmählich in dem Maße an Einfluß zu verlieren, in dem das neue, wissenschaftliche Denken an Einfluß gewinnt. Das Kreuz erscheint hier nicht nur als Symbol des Todes und der Auferstehung, sondern auch als Symbol des Übergangs vom mythischen zum wissenschaftlichen Weltverständnis. Das erste nachchristliche Jahrtausend ist noch weitgehend durch den Geist der christlich-platonischen Interpretation des mythischen Weltbildes bestimmt. Das organisierte Christentum nimmt mit der Herausbildung des liturgischen Formenkanons weitgehend die alte, mythologische Bildersprache auf und bleibt als Institution innerhalb des Rahmens, auf den hier der Name Plato verweist.

Gleichzeitig steht das Kreuz aber auch schon für eine Entwicklung, die sich zunehmend in der zweiten Hälfte der nachchristlichen Geschichte durchsetzt, und die nun nicht mehr an Plato, sondern an Aristoteles anschließt. Sie verwirklicht sich vorwiegend außerhalb der Kirche und nicht selten in Opposition zu ihr. Das wissenschaftliche Weltbild entsteht bereits in bewußter Opposition zum spiritualistischen Weltbild des Mittelalters. Für Beuys wird es dadurch zum Ausdruck eines neuen Selbstbehauptungswillens und einer Neubestimmung menschlicher Individualität. Nicht mehr der Kollektivgedanke, der die Kunst am Ende des Mittelalters noch einmal zu der unvergleichlichen Höhe des gotischen Gesamtkunstwerkes führt, besticht. Es ist eine Paarung von analytisch-aristotelischem Forschergeist und einer weltzugewandten Ethik und Ästhetik, durch die die Renaissance als die an die Antike anschließende, erste große Individualitätskultur ihre Anziehungskraft gewinnt.⁵⁰

Die Autorität der Kirche erscheint dem neu erwachenden Selbstbewußtsein als geistiger Zwang, und ihre Dogmen können nicht mehr den gesteigerten rationalistischen Ansprüchen des neuen, analytischen Denkens genügen. Man begreift zunehmend das kirchliche Dogma als einen Eingriff in die Autonomie des Verstandes, und je weniger die offizielle Lehre der Kirche dem immer selbstverständlicher werdenden Anspruch des ‹sapere aude›⁵¹ entspricht, desto mehr wird auch mit ihrer starren Haltung das alte, mythologische Weltbild kompromittiert.⁵²

Das Zentrum der christlichen Lehre – der freie, selbstbestimmte Mensch – drängt nun auch mit Macht in das Zentrum des weltlichen Geschehens (Galilei). In den meisten Fällen ohne es zu wollen, wird durch den aufkeimenden Zweifel am hermetischen Weltbild des Mittelalters – der ja nicht nur in der allmählichen Genese des naturwissenschaftlichen Weltbildes zum Ausdruck kommt, sondern sich auch in den vielen Reformations- und Erneuerungsbestrebungen zeigt – der Keim zur Zerstörung der alten religiösen Weltsicht gelegt. Dieser Zweifel, der im Grunde genommen gar kein Zweifel an der Vollkommenheit der christlichen Idee gewesen ist, sondern sich viel eher als Negationskraft gegen ihre Nichteinlösung stellt, führt paradoxerweise den Niedergang des Christentums herbei: Weil das Christentum die christliche Idee nicht verwirklicht, entsteht in scheinbarer Opposition, aber tatsächlich in tiefer innerer Verbundenheit zu ihr, der allmähliche Prozeß der Profanisierung der Welt. Daher sagt Beuys, die unerfüllte Sehnsucht nach der Einlösung der christlichen Idee bringe den Materialismus hervor. Sie sei die im Untergrund wirkende Schubkraft, die die geistige Entwicklung der abendländischen Zivilisation auch nach dem Verfall der geistlichen Kultur des Mittelalters bestimmt. «Ich habe praktisch gesagt», so Beuys noch einmal in dem zuletzt zitierten Gespräch, «Christus ist der Beförderer neuerer menschicher Qualitäten im Denken, also Christus ist auch der

---

[50] Beuys führt mit Vorliebe Leonardo da Vinci an, in dessen Person sich in einzigartiger Weise die alte christlich-platonische Spiritualität mit dem analytischen Wissenschaftsgeist des Aristotelismus vereinigt habe. In einem Ausstellungskatalog des Kunstmuseums Luzern heißt es: «In der abendländischen Entwicklung tritt Leonardo ja auf als Vertreter der analytischen Methodik (…) aber er ist andererseits noch ganz und gar platonisch. Wenn man diese beiden Sachen als Urbilder für das Denken über die Welt sieht, einenteils noch in mythologischen Zusammenhängen, anderenteils auf dem Wege, das System zu spalten, also in analytische Zusammenhänge zu bringen, wodurch Technologie, Naturwissenschaft, Materialismus, aber auch die menschliche Bewußtseinsbildung und die Abkoppelung von alten Nabelschnüren, an mythologische, an geistige Abhängigkeiten ermöglicht wird, dann ist Leonardo eine Figur dafür, die beide Prinzipien in sich vereinigt (…)» Joseph Beuys: Spuren in Italien. Ausstellungskatalog des Kunstmuseums Luzern zur gleichnamigen Ausstellung vom 22.4.–17.6.1979, S. 20.
[51] Horaz, Episteln I, 2, 40, wird von Kant in dem berühmten Aufsatz der ‹Berlinischen Monatsschrift› mit ‹Habe Mut, dich deines eigenen Verstandes zu bedienen!› übersetzt. (I. Kant: Beantwortung der Frage: Was ist Aufklärung? Zuerst veröffentlicht in der Berlinischen Monatsschrift vom Dezember 1784, S. 481–494. In: Erhard Bahr (Hg.): Was ist Aufklärung? Thesen und Definitionen. Stuttgart 1984, S. 9.)
[52] Vgl. ebd. S. 16 f.

Joseph Beuys: ‹Der Erfinder der Dampfmaschine›, 1971.

Erfinder des Materialismus, also der Bewußtseinsspaltung. Man könnte noch viel sagen: Christus ist der Erfinder der Schizophrenie, der Erfinder der Dampfmaschine, der analytischen Methode, des Materialismus, des Marxismus, Kantianismus, das müßte man alles sagen. Also alles, was sich in der abendländischen Philosophieentwicklung getan hat an Zerreißproben bis hin zur technologischen Anwendung solcher analytischer Begriffe, ist zurückzuführen auf die Wirksamkeit des Christentums als einem emanzipatorischen Prinzip, als einem Befreiungsprinzip, denn dieses Befreiungsprinzip findet nicht in den Kirchen statt.»[53]

Das uneingelöste christliche Versprechen[54] hat den Materialismus hervorgebracht. ‹Eloi, Eloi, lama sabachtani›, sagt Christus, so das Markusevangelium,[55] kurz bevor er stirbt. Für Beuys hat er in diesem Wort die Geschichte vorweggenommen, die dem Christentum insgesamt und durch dieses der gesamten Menschheit bevorsteht. Sie folgt der christlichen Passion. In der größten Gottverlassenheit und Gottesferne, in dem

---
[53] Ebd. S. 16.
[54] ‹Ich versuche Dich freizumachen (lassen)› beispielsweise der Titel einer Beuys-Aktion in Berlin im Jahre 1969.
[55] Vgl. Markus 15, 34.

Moment, in dem ein abendländischer Denker es ausspricht: Gott ist tot! – hat sich in einem geistigen Sinne der christliche Leidensweg bereits wiederholt.

Graphisch begrenzen daher zwei Kreuze die Strecke, durch die Beuys die geistige Entwicklung des Christentums kennzeichnet. Wie ein Menetekel begleitet das Kreuz den Gang der abendländischen Geschichte. Symbolisch verkörpert es den Gedanken des Todes und der Auferstehung. Die Vision des Todes hat sich nach einer zweitausendjährigen Geschichte am Ende der abendländischen Philosophie- und Wissenschaftsentwicklung in der Gestalt des Materialismus erfüllt. Aber aus diesem Tod, so Beuys, müsse es eine Auferstehung geben:

> *Wenn man das wie ein Mysterium anschaut, dann ist das nichts anderes als die Wiederholung des Mysteriums von Golgatha. Hier, an diesem Punkt ist der Mensch überhaupt erst inkarniert. Da landet er erst auf der Erde mit seinen Füßen, da steht er ganz hart auf der Erde. Also kann man sagen: Im Materialismus ist der Mensch erst Erdenmensch geworden. Vorher schwebt er noch so ein bißchen drüber. Er kommt langsam runter, und dann steht er knallhart in der Materie drin, und dann muß er aus dieser Materiegesetzmäßigkeit heraus. Aber es wird ihm nicht mehr geholfen wie früher von spirituellen Mächten oder von Hohepriestern oder von Eingeweihten oder von Druiden, sondern er muß das selbst machen. Jetzt schreitet der Mensch selbst, und alles, was in der Zukunft gemacht wird und dann auch im Sinne der Erweiterung gemacht wird über einen solchen Wissenschaftsbegriff hinaus, muß aus der eigenen Tüchtigkeit stammen.*[56]

---
[56] Harlan, Rappmann, Schata, a.a.O. S. 17.

Sonnenstaat

> «Ja wir leben in einer Todeszone und in dieser Todeszone wird überhaupt erst bewußt, wie Leben aussieht.» Joseph Beuys

Beuys hat sich – gegen das unausgesprochene intellektuelle und künstlerische Diktum der Bildlosigkeit – nicht gescheut, diese Perspektive zu benennen und hat sie hier im Diagramm durch das Stichwort «Sonnenstaat» charakterisiert.

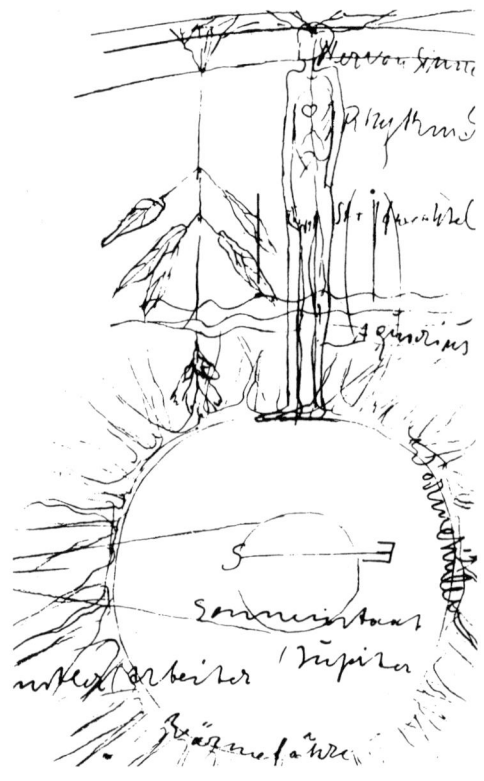

Die rechte Seite des Diagramms, die ‹Zukunftsseite›, ist in gewisser Weise ein getreues Spiegelbild der linken. In der Mitte befindet sich der Punkt, der zuvor durch den Beriff ‹Materialismus› gekennzeichnet worden war. Betrachtet man beide Seiten als eine einheitliche geometrische Figur, so fällt auf, daß sie die Form der liegenden Acht, der Lemniskate, besitzt. Diese Assoziation entsteht nicht zufällig. Die Lemniskate ist das mathematische Zeichen für Unendlichkeit und ein indirekter Hinweis darauf, daß unabhängig von der Geschichte – in ihr als Idee aber sich offenbarend – ein Ewigkeitswert als das treibende Motiv der geschichtlichen Entwicklung existiert. Endlich ist die Folge der geschichtlichen Ereignisse, unendlich aber die sich in der Geschichte offenbarende Wesenheit der Idee.
Die Zukunft des Menschen, dies ist unschwer dem Diagramm zu entnehmen, wird ein Spiegelbild seiner Vergangenheit sein. Dies jedoch nur,

Joseph Beuys: ‹Kreuzigung›, 1962/63.

Joseph Beuys: ‹Kreuz mit Sonne›, 1947/48.

wenn der Mensch seine Fähigkeiten tatsächlich in freier Selbstbestimmung ergreift. Darauf hat Beuys immer wieder hingewiesen. So in einem Gespräch mit Kounellis, Kiefer und Cucchi, wo es heißt, daß die Zeit des Planeten Erde limitiert sei. «(...) Eines Tages», so Beuys, «ist auch er tot, weil er ein Organismus ist. Wir sind nicht in irgendeiner Zeitperiode, sondern genau in der Mitte. Die Zeit, die jetzt noch zur Verfügung steht, muß eine Zeit sein, die von Menschen gemacht wird. (...) Wir sind nicht mehr abhängig; wir sind frei. Aber wir sind natürlich immer abhängig, wenn wir nichts tun, d.h. obwohl wir dann immer noch im privilegierten Sinne frei sind, sind wir unfrei in Bezug auf die Menschengemeinschaft. Es hilft uns jetzt kein Gott mehr; wir müssen selber Götter werden.»[57]

Auf der linken Diagrammseite erscheint das Schöpfungsprinzip als ‹Inspirationskultur›. Hier wird die kulturelle Welt unmittelbar durch die geistigen Schöpferkräfte inspiriert. Auf der rechten, der Zukunftsseite, evoziert der Mensch diese Kräfte selbst. Er bewirkt aus eigenem Antrieb, was ihm einstmals als Geschenk der Götter gegeben worden war. Er begründet eine neue Inspirationskultur.

Die beiden Geraden, die als Zeitstrahlen die Entwicklung des Geistes andeuten, bilden, da sie sich in einem Mittelpunkt schneiden, nicht nur eine Lemniskate, sondern auch eine doppelte Trichterform. Stellt man das Diagramm auf der einen oder anderen Seite auf den Kopf, so ergibt sich, mit einer Sanduhr vergleichbar, ein Trichter, durch den der geistige Gehalt der einen Seite sich in das Gefäß der anderen ergießen kann. Der Inhalt des Gefäßes, das den Namen Mythos trägt, ergießt sich in das Gefäß mit dem Namen Sonnenstaat und dieses wiederum ergießt den schöpferischen Reichtum seiner Inspirationen in den Bereich, der den Namen Mythos trägt. Die linke, die vergangene Inspirationskultur wird durch eine Nabelschnur mit Botschaften aus der geistigen Welt versorgt, die auch den Inspirationen der rechten Seite des Diagramms entspringen könnten. Hier schließt sich der Kreis, und ein neuer Anfang beginnt. Der Kreis auf der Rechten ist nicht mehr von einer schützenden Hülle umgeben, sondern erzeugt aus eigener Kraft einen Energie- und Strahlenkranz. Die Erde ist zur Sonne geworden.

> *Wärme und Kälte spielen ja in meinem plastischen Begriff eine sehr große Rolle. Damit wird jeder Mensch fähig, an einer lebendigen Substanz zu formen, also wirklich etwas Lebendiges zu schaffen. Das geht bis in die Konsequenz, daß er sich seinen ganzen Planeten, den er für die zukünftige Entwicklung braucht, selbst schafft. Das wäre der Jupiteraspekt. Wenn man die evolutionäre Entwicklung der planetarischen Zustände in Betracht zieht, ist es selbstverständlich, daß der Mensch nicht ewig auf der Erde lebt. Aber nach der Epoche des Materialismus wird der Mensch allmählich fähig, weil er*

---
[57] Joseph Beuys, Jannis Kounellis, Anselm Kiefer, Enzo Cucchi: Ein Gespräch – Una Discussione. Zürich 1988 (2. Aufl.), S. 157.

Joseph Beuys: ‹Palazzo Regale› (Detail), 1985.

> *die individuellen Möglichkeiten ja jetzt hat, aus eigenen Kräften heraus – und er muß es sogar – sich seinen zukünftigen Planeten zu schaffen.*[58]

Der Mensch ist nun nicht mehr auf die geistige Nahrungszufuhr von außen angewiesen. Er ernährt sich nun nicht nur selbst, er selbst kann nähren, kann selbst inspirieren. Er ist vom abhängigen Embryo zum unabhängigen Ernährer geworden:

> *Da, wo gegenwärtig die Entfremdung zwischen den Menschen sitzt – man könnte fast sagen als eine Kälteplastik –, da muß eben die Wärmeplastik hinein. Die zwischenmenschliche Wärme muß da erzeugt werden. Das ist die Liebe. Das ist das, was in diesem geheimnisvollen Christusbegriff steckt.*[59]

Betrachtet man das Diagramm in diesem Sinne, so fällt auf, daß die Gegenwart nicht nur in einem formalen Sinn den Mittelpunkt der Weltentwicklung bildet. Keiner der beiden Kreise, weder der vergangene noch der kommende, ist graphischer Mittelpunkt. Dieser ist aus den Umkreisen heraus in die Mitte des gesamten Schemas verschoben. Dort

---

[58] Harlan, Rappmann, Schata, a.a.O. S. 20.
[59] Ebd. S. 21.

konzentriert sich daher – auch graphisch – das Weltgeschehen. In diesem Punkt haben sich das vergangene und das zukünftige Leben wie in einem Keim konzentriert. Und so, wie der Keim in gewissem Sinne sowohl den Tod als auch die Geburt der Pflanze darstellt, so verkörpert dieser Mittelpunkt als Kern der Geschichte den Tod und die Geburt. Er ist der Samen, der aus der abgestorbenen Pflanze der Vergangenheit in den Schoß einer zukünftigen Erde fällt.

2. «HIERMIT TRETE ICH AUS DER KUNST AUS»
Joseph Beuys und die Erweiterung des Kunstbegriffs

Die Klage der Kunst und der Künstler über die Entfremdung, die sich seit der Romantik leitmotivisch durch die Kunst- und Literaturgeschichte zieht, und die, vielfach variiert, auch immer wieder als Klage über den Verlust einer vitalen, durch das Wissen von Natur und Seele getragenen Kultur erscheint,[1] ist Ausdruck der Trauer über den Verlust einer Kultur, die noch in einem unmittelbaren Verwandtschaftsverhältnis zur Welt lebte. Das sieht auch Beuys. So heißt es beispielsweise in einem Gespräch mit Dieter Koepplin vom 1. Dezember 1976[2] bezüglich des Rückgriffs der klassischen Moderne und ihrer Vorläufer auf ältere, noch in angestammten Traditionen lebenden Kulturen: «Ja, doch. Ich kann es verstehen, diesen Ausbruch aus dem ganzen kulturellen Zusammenhang, den z. B. Gauguin vielleicht für eine Bedrückung gehalten hat, nicht mehr für tauglich zu etwas, was in die Zukunft noch Aussagen machen kann über elementare menschliche Gestaltungsvorgänge. Und das hat ihn dahin gebracht, daß er ausgebrochen ist in eine ältere Kultur, von der er meinte, daß darin noch ursprüngliche Kräfte enthalten seien.» Aber er fügt einschränkend hinzu: «Es ist die Frage, inwieweit er das in ein Begriffssystem hineinbringen konnte, oder ob das nun wirklich eine tatsächlich ‹sentimentale›, nur instinktmäßig bestimmte Aktion war, ohne daß eine Theorie des gesamten kulturellen Lebens oder ganz allgemein der Gestaltungsmöglichkeiten der Menschen damit verbunden gewesen wäre.»[3] Schon Gauguin und van Gogh hätten zu etwas Elementarem zurückkehren wollen, denn die eigene Kultur habe ihr Bedürfnis nach Ausdruck nicht erfüllt.[4]

Auch Picasso und die Fauvisten hätten mit ihrer Entdeckung der ‹art nègre› diese ursprüngliche Geistigkeit früher Kulturen erkannt und sich in bewußten Gegensatz zu dem konventionellen Kulturverständnis gesetzt. Picasso, wie vielen Vertretern revolutionärer Kunstrichtungen zu Anfang dieses Jahrhunderts, ging es vor allem um die Reaktivierung vitaler geistiger Qualitäten und einer neuen Landnahme durch die Kunst. Er beabsichtigte eine Vitalisierung des Ausdrucks, die sich natürlich auch provokativ gegen das traditionelle, überfeinerte Kunst- und Kulturverständnis und gegen die Akademisierung der Kunst und der Künste stellte. Koepplin weist darauf hin, daß sich Gauguin und Picasso mit

---
[1] Einem Grundgefühl im übrigen, das auch heute bei der Wut und Empörung über die Zerstörung der Lebensräume der letzten Urvölker mitschwingt.
[2] Veröffentlicht im Ausstellungskatalog der Ausstellung: Joseph Beuys – The secret block for a secret person in Ireland. Kunstmuseum Basel, 16. April–26. Juni 1977. Basel 1977.
[3] Ebd. S. 19.
[4] Ebd.

ihrem Rückgriff nicht zuletzt auch gegen den im 19. Jahrhundert ‹nackt hervortretenden Naturalismus› gewandt hätten. Dieser, so wiederum Beuys, sei eine typische Erscheinung des 19. Jahrhunderts, gleichsam eine Parallelerscheinung zum materialistischen Wissenschaftsbegriff. Der Geist in den Stoffen werde nicht mehr wahrgenommen, daher sei die Suche nach dem vitalen Ausdruck nur zu verständlich. «Natürlich hat derjenige», so beschreibt Beuys die Gegensätzlichkeit zwischen archaischer Kunst und dem Akademismus des 19. Jahrhunderts, «der diese Skulpturen gemacht hat, kein Naturstudium betrieben. Sogar der griechische Plastiker hat kein eigentliches Naturstudium gemacht. Das Naturstudium ist etwas ganz Neues. Es ist so ähnlich, als wenn ein Arzt im Labor eine Leiche seziert. Das muß man als dasselbe Symptom nehmen. Alles wird aufgebaut aus der Beobachtung dessen, was materiell da ist; während die älteren Kulturen etwas wahrgenommen haben, was nicht physisch, sondern übersinnlich da ist: Götter werden dargestellt, Geister. Die treibenden Kräfte für diese älteren Kulturen kommen aus dem Innern. Diese Fähigkeit, aus den innern Kräften heraus etwas hinzustellen, ist mit dem Naturstudium fortschreitend verlorengegangen. – Ich gehe jetzt mit der Axt dran. Natürlich hat man auch in älteren Kulturen gesehen, daß ein Tier einen Kopf hat. Die Griechen haben ja sehr weitgehend die Natur auch abgebildet. Aber sie haben kein eigentliches Naturstudium gemacht (...) Die haben in der Natur gelebt. Für sie war die Natur praktisch die ganze Erfüllung von Geist (...)»[5]

Picasso habe das gewußt und – wie Koepplin daraufhin erläutert – es sei ein wegweisendes Erlebnis für ihn gewesen, daß die hier entdeckte Kunst wesentlich eine Form der Magie sei. Er habe der Kunst die magische Kraft und Intensität zurückgeben wollen, die sie in ihrer ursprünglichen totemistischen Funktion einmal besaß. Picasso sei es darum gegangen, die lebendige Imaginationskraft, die man in der ‹art nègre› habe finden können, umzusetzen in einen neuen künstlerischen Impuls. Damit habe er zur Veränderung eingeschliffener Wahrnehmungsformen beitragen wollen, seien sie physischer oder geistiger Art. Er habe der Kunst eine neue Macht geben wollen und im Angesicht der Verwüstungen von Guernica eine Kunst gefordert, die ‹Kriege verhindern kann›. «Ja», so wieder Beuys, «das war sicher ein Bedürfnis Picassos. Er hat von der Kunst wohl prinzipiell etwas Richtiges gefordert. Und er hat eine großartige Leistung als Maler vollbracht. Aber er hat einfach keinen Kunstbegriff geschaffen und auch nicht konsequent angestrebt, gemäß welchem die Kunst wirklich ein scharfes Messer ist, womit man Kriege verhindern kann. Was er gefordert hat von der Kunst, das hat er nicht an der Kunst entwickelt.»[6]

Er selbst habe sich hingegen die Aufgabe gestellt, einen Kunstbegriff zu entwickeln, der Picassos Forderung tatsächlich erfüllen könne. Eine Kunst, die sich nicht auf die traditionellen Kunstdisziplinen beschränken

---

[5] Ebd. S. 24.
[6] Ebd. S. 25.

lasse, die das Ganze denke und auf alle Felder des gesellschaftlichen Lebens transformierend wirken könne. «Es handelt sich einfach um dieses für viele Leute immer noch schwer zu verstehende Prinzip», so Beuys am 28.1.1985 in der Düsseldorfer Kunstakademie, «daß Kunst heute nicht mehr Kunst sein kann, wenn sie nicht in das Herz unserer vorgegebenen Kultur hineinreicht und dort transformierend wirkt (...) d. h. eine Kunst, die nicht die Gesellschaft gestalten kann und dadurch natürlich auch in die Herzfragen unserer Gesellschaft, letztendlich in die Kapitalfrage hineinwirken kann, ist keine Kunst. Das ist die Formel.» Und er fügt, wie Johannes Stüttgen sagt, durch den dieses Zitat überliefert ist, ‹pointierend› hinzu: «Es sieht so aus, als wäre natürlich dieses sehr prosaisch. Komischerweise, für die meisten wirkt das nicht wie Kunst, sondern sie sagen: Der macht Politik! Aber nachweisbar ist, daß das gar nicht Politik ist, sondern *Gestaltungsprinzip* (...)»[7]

Beuys prägt, um diesen Gedanken einer ganz bewußten künstlerischen Umgestaltung des sozialen Lebens bildlich erfahrbar zu machen, den Begriff ‹Soziale Skulptur› und bezeichnet sie als eine Skulptur, an der jeder Mensch als individueller Gestalter des sozialen Ganzen beteiligt sei. Es sei notwendig, den Gedanken einer gemeinsamen künstlerischen Gestaltung des Gesellschaftskörpers in die Diskussion zu bringen, da die überkommenen Gesellschaftsformen, wie er in einem Gespräch mit Knut Fischer und Walter Smerling betont, ‹für alle sichtbarlich in den Abgrund führten›.[8]

Je weiter er sich mit seinen künstlerischen Aktionen vom traditionellen Kunstbetrieb abwandte und je mehr er sie auf die Bereiche der Poltik, der Wirtschaft und des Sozialen bezog, um so deutlicher wurde auch seine Kritik am Kunstmarkt und an der Verantwortungslosigkeit der Künstler, die, wie er einmal in einem Gespräch mit Jannis Kounellis, Enzo Cucchi und Anselm Kiefer sagte, in dieser Brühe geradezu phantastisch lebten.[9] Eine Kritik, die ihn im November 1981 anläßlich der Planung des

---

[7] Zitiert in: Johannes Stüttgen: Das Kraftfeld des ‹Erweiterten Kunstbegriffs› von Joseph Beuys. In: Museumsverein Mönchengladbach (Hrsg.): 7 Vorträge zu Joseph Beuys 1986. Mönchengladbach 1986, S. 117.

[8] Joseph Beuys in einem Gespräch mit Knut Fischer und Walter Smerling, das der WDR (3. Fernsehprogramm) am 5.9.1988 unter dem Titel: ‹Beuys über Beuys: Für was?› übertrug.

[9] Beuys (zu Kiefer): «Du kannst doch nicht die Leute kritisieren, wenn sie Dein Werk nicht rezipieren. Und wenn sie es nicht rezipieren können, liegt das unter Umständen gar nicht an ihnen; es kann auch an Dir liegen, wenn Du ein schlechtes Bild gemalt hast. Aber wenn Du ein gutes Werk gemacht hast, dann darf es Dich doch nicht mehr scheren, wie die Leute das rezipieren. Denn wenn sie es nicht rezipieren können, liegt es nicht an Dir, sondern am System, das die Menschen so heruntergewirtschaftet hat, an der allgemeinen Niveausenkung. Und die wirkt mit der Zeit als wirkliche Not und führt zur Katastrophe. Allerdings am wenigsten für den Autor, denn der hat sich immer aus dieser ganzen Sache rausgehalten. Die Menschen haben ganz andere, wirkliche Sorgen. Der Künstler hat sich von den Sorgen befreit. Und wenn wir jetzt sagen, das treffe für die sogenannten Bildhauer, Maler usw. zu, dann müssen wir einen Anfang machen und uns die Hände reichen, wie das praktisch in solch einem Gespräch stattfindet, und wir müssen uns fragen, ob wir selbst ein Gewissen haben, gegenüber der Gesamtsituation. Denn im allgemeinen haben die Künstler am allerwenigsten ein Gewissen. Die meisten Künstler wären sehr erschreckt, wenn sich die Verhältnisse der Gesellschaft ändern würden. Denn sie leben in dieser Brühe geradezu phantastisch.»

Joseph Beuys, Jannis Kounellis, Anselm Kiefer, Enzo Cucchi: Ein Gespräch / Una Discussione. Zürich 1988 (2. Aufl.), S. 151–152.

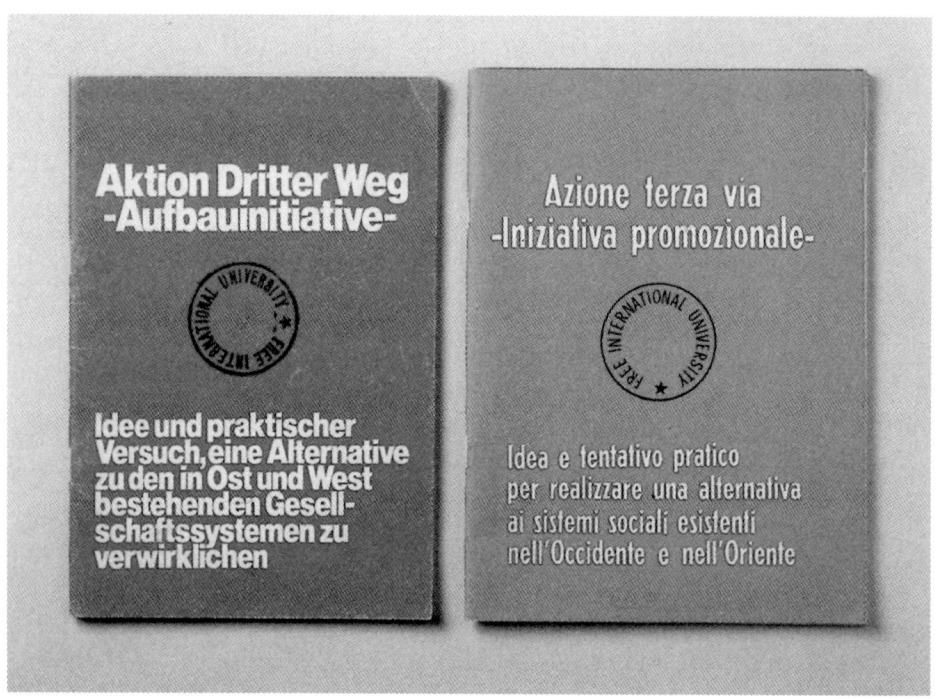

Broschüre der ‹Aktion Dritter Weg›, Grundsatzprogramm und Statuten, Achberg, 1977.

Projekts ‹7000 Eichen› zu dem Schritt veranlaßte, der diesem Kapitel den Titel gab: ‹Hiermit trete ich aus der Kunst aus›.[10]

«Sie kommen immer wieder auf diesen Scheiß-Künstler zurück», so Beuys in einem anderen Künstlergespräch mit Michael Ende, «diesen Verbrecher, dieses Arschloch, diesen impotenten Hund, der doch alles verhindert, der die Umwelt verschmutzt! – natürlich nicht, weil er Klavier spielt, sondern weil er es versäumt, auch noch darüber nachzudenken, was an der Schwelle passiert mit seiner Kunst; daß er eben noch sehr viel mehr leisten muß als – sagen wir mal – Virtuose auf dem Klavier zu sein. Jenseits der Schwelle wird vom Menschen mehr gefordert. Da wird gefordert, daß zu dem, was erworben ist in der Geschichte an Begrifflichkeit für die Kunst, noch eine weitere Disziplin hinzukommt, die alles andere umfaßt, die quasi der Lebensbereich und die Plazenta dieses Lebewesens, des sozialen Organismus ist.» Das Schönste vom Schönen müsse erst noch erreicht werden: «(...)der soziale Organismus als Lebewesen in seiner Freiheitsgestalt und als große Errungenschaft einer Kultur jenseits der Moderne und jenseits der Tradition.»[11]

‹Der soziale Organismus in seiner Freiheitsgestalt.› Beuys fragt nach den Quellen, die einer freien Entwicklung des Sozialen Organismus ent-

---

[10] Vgl. Johannes Stüttgen: Die Skulptur ‹7000 Eichen› von Joseph Beuys, a.a.O. S. 31 f.
[11] Joseph Beuys / Michael Ende: Kunst und Politik. Ein Gespräch. Wangen 1989, S. 52.

gegenstehen. Wie muß ein solcher Organismus organisiert sein, so daß er sich – das heißt, die in ihm lebenden Einzelnen – frei entfalten kann. Beuys stößt darauf, daß insbesondere drei Faktoren der Entwicklung dieses Organismus zu einer ‹Sozialen Skulptur› entgegenstehen. Zunächst ein verkürzter Demokratiebegriff, der keine echte Mitbestimmung des Volkes in entscheidenden politischen Fragen erlaubt. Die repräsentative Demokratie macht tendenziell politisch teilnahmslos, die Willensbildung geht nicht direkt vom Volke, sondern von deren gewählten Repräsentanten aus. Um dem Prinzip der direkten Demokratie größere Aufmerksamkeit in der Öffentlichkeit zu verschaffen, gründet Beuys in zeitlicher Abfolge mehrere Organisationen – die ‹Deutsche Studentenpartei›, die ‹Organisation der Nichtwähler, Freie Volksabstimmung›, die ‹Organisation für direkte Demokratie durch Volksabstimmung (freie Volksinitiative e. V.)›, später wird er zu einem der Gründungsmitglieder der Grünen Partei – die dem Prinzip der direkten Demokratie auf legislativer Ebene zum Durchbruch verhelfen sollen.

Die Entwicklung der künstlerischen Freiheit wird aber nicht nur von diesem Element sozialer Freiheit und Mitbestimmung abhängig gemacht, sondern muß mit der Möglichkeit einer freien Entfaltung der Persönlichkeit einhergehen. Die Ursache für die Unfreiheit in diesem Bereich hat für Beuys zwei Faktoren: zum einen ein verstaatlichtes Schul- und Hochschulsystem – mit dem er als Lehrer an der Düsseldorfer Kunstakademie ganz besondere Erfahrungen sammeln konnte – und zweitens ein Wirtschaftssystem, das Arbeit tendenziell als Zwang begreift und in dem kreative, nichtentfremdete Arbeit die Ausnahme ist.

Das Bildungssystem ist insofern eminent wichtig, als hier die Grundlagen der seelischen und geistigen Entwicklung eines Menschen gelegt werden. Durch Normierung und Standardisierung der Lehrpläne und Eingriffe des Staates in die Bildungsautonomie, kann es nach Beuys nicht zu einer freien Entwicklung kommen. Daher fordert er als erste Maßnahme im Bildungsbereich ein freies Schul- und Hochschulwesen, das sich an künstlerischen Maßstäben orientiert:

> *Die isolierte Kunsterziehung muß abgeschafft werden. Das künstlerische Element ist generell in alle Fächer hineinzutragen, in die Muttersprache, Geographie, Mathematik, Turnen. Ich plädiere für ein Bewußtsein, daß es nach und nach keine andere Möglichkeit gibt, als daß die Menschen künstlerisch erzogen werden.*[12]

Als weitere Maßnahme auf dem ‹Weg zur Freiheitsgestalt des Sozialen Organismus› fordert Beuys die Transformation des ökonomischen Systems. Das Kapital einer Gesellschaft sei weder die umlaufende Geld-

---

[12] Vgl. Adriani, Konnertz, Thomas a.a.O. S. 308.

menge, noch manifestiere es sich in einer so abstrakten Größe wie dem Bruttosozialprodukt. Das eigentliche Kapital einer Gesellschaft sei die menschliche Kreativität.

Wie aber ist es möglich, zu einem neuen, wesensgemäßen Wirtschaftsbegriff zu kommen, der diesem Kapitalbegriff Rechnung trägt? Beuys findet ihn in der Wirtschaftstheorie Wilhelm Schmundts. Schmundts Ansatz will ermöglichen, daß das Geld in einer Form neutralisiert wird, daß es zum einen nicht mehr zu der beschriebenen Machtanhäufung der Kapitaleigner und damit zu einem undemokratischen Wirtschaften kommen kann, und die zum anderen dem Grundrecht des Menschen auf freie Entfaltung seiner Persönlichkeit im Arbeitsprozeß Rechnung trägt.

Alle drei beschriebenen Bereiche – direkte Demokratie, Liberalisierung des Schul- und Hochschulwesen, Transformation des Geldbegriffs – bedürften einer eigenen, eingehenden Untersuchung. Beuys Ansätze in diesem Bereich werden oft genug unterdrückt oder schlicht nicht wahrgenommen, dabei läßt man aber außer acht, daß sie die Rede vom ‹Sozialen Organismus› von der ‹Sozialen Skulptur›, aber auch vom «Jupiter» oder «Sonnenstaat» überhaupt erst plausibel machen. Beuys war klar, daß nur unter der Bedingung einer einschneidenden Veränderung in den beschriebenen Bereichen sich wahre Freiheit als Voraussetzung einer neuen Kultur des Lebens entwickeln kann.

Es ist hier nicht möglich, auf die vielen theoretischen und praktischen Maßnahmen einzugehen, die Beuys auf dem von ihm so genannten ‹Felde der sozialen Kunst› ergriff. Es sei nur noch einmal darauf verwiesen, daß er sich theoretisch auf Steiners Idee der ‹Dreigliederung des Sozialen Organismus› stützt.[13] Wirtschafts-, Rechts- und Geistesleben seien drei autonome, voneinander unabhängige Sphären und es dürfe zu keiner Vermischung dieser Bereiche kommen, so wie dies heute allenthalben in der Verfilzung von Politik, Wirtschaft und Recht geschehe.

Beuys betont, wie wichtig es sei, eine imaginative Vorstellung von den Funktionsabläufen des Sozialen zu bekommen. Es geht ihm darum, auch diejenigen Bereiche als lebendige Systeme, eben als ‹Lebewesen› erfahrbar zu machen, die in der Sprache der zeitgenössischen Soziologie nicht imaginativ, sondern nur in höchster Abstraktion wahrgenommen werden können. In dem bereits zitierten Gespräch mit Frans Haks weist er darauf hin, wie schnell sich eine intellektualisierte Sprache ablebe und wie wichtig es sei, daß die Begriffe von lebendigen Imaginationen erfüllt würden.[14] So sind schon die Begriffe ‹Sozialer Organismus› und ‹Soziale Skulptur› als eine Art ‹Vehikel› zu betrachten, die die Imagination zu einer künstlerischen Betrachtungsweise des sozialen Lebens führen soll.

---

[13] Die beste und komprimierteste Darstellung des gesamten Vorstellungskomplexes findet man in dem Text ‹Aufruf zur Alternative› (veröffentlicht u.a. in: Harlan, Rappmann, Schata, a.a.O. S. 129ff.), auf den auch der folgende kurze Abriß rekuriert.
[14] A.a.O. S. 31.

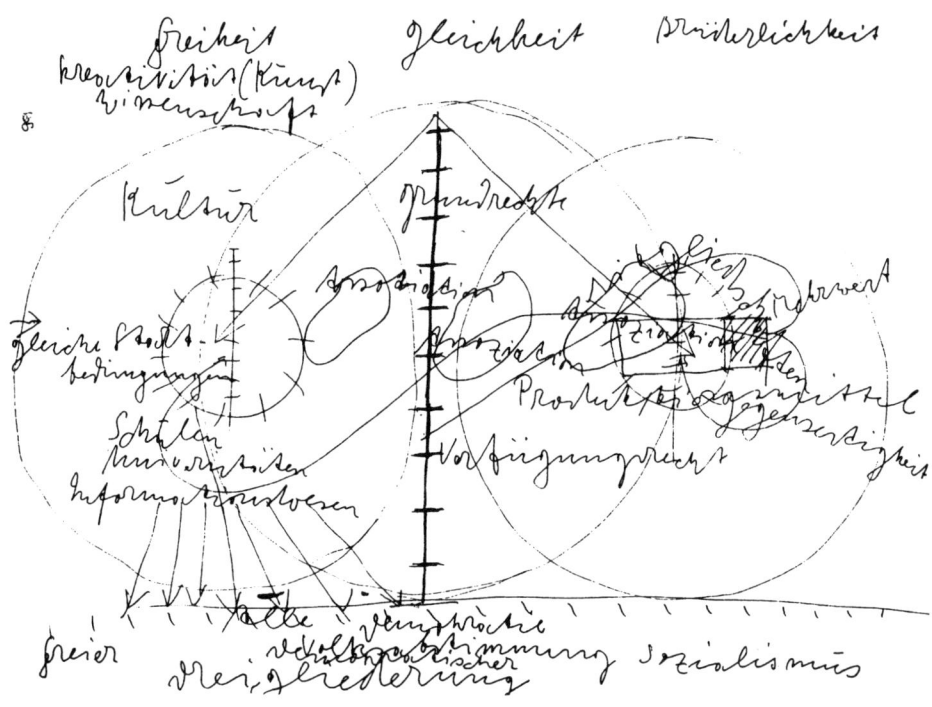

Diagrammzeichnung von Joseph Beuys.

«Erst wenn wir die Grundzusammenhänge des sozialen Organismus neu überdenkend die ‹Revolution der Begriffe› geleistet haben», so Beuys in Anlehnung an Wilhelm Schmundt, «wird damit der Weg frei für eine Evolution ohne Zwang und Willkür.»[15]

Wenn man sich ein Bild davon machen könne, wie ein gesunder sozialer Organismus funktionieren müsse, werde man erst gewahr, wie gefährdet das gesamte kulturelle und geistige Leben heute sei. Es könne nicht mehr nur darum gehen, ein schönes Kunstwerk zu machen, sondern man müsse lernen, den Blick auf das soziale Ganze zu lenken, erst dann werde es auch wieder möglich sein, ein gutes Kunstwerk zu machen.[16] «Ich behaupte», so heißt es in einem Text, den Beuys für sei-

---

[15] Die Wirtschaftstheorie Wilhelm Schmundts war für Beuys von überragender Bedeutung. Ähnlich wichtig vielleicht wie die Soziallehre Steiners, auf der sie aufbaut. Einen sehr guten Überblick über die geistige Verwandtschaft mit Schmundt bietet der Band ‹Die Kunst Des Sozialen Bauens›, der auch dieses Beuys-Zitat entnommen ist (Rainer Rappmann Hrsg.): Die Kunst Des Sozialen Bauens – Beiträge zu Wilhelm Schmundt. Wangen 1993, S. 37).

[16] Vgl. Interview mit Frans Haks, S. 29f.: «Ein Mensch, der wirklich die individuellen Fähigkeiten hat, mit Imaginationen zu arbeiten, wie das ja an und für sich der Maler, der Bildhauer, der Komponist, der Dichter – alle anderen – der Schriftsteller haben (...) wenn (d)er heute seine Malerei und seine Skulptur eigentlich richtig entwickeln und mit einer neuen Basis versehen will, muß er auf einem anderen Gleise rund um das ganze Problem herumfahren und alle anderen Fragen des Gesellschaftskörpers vor Augen haben. Erst dann hat er eigentlich ein Recht und einen wirklichen Grund und hat eine Kraft, überhaupt «was zu machen. Sonst ist alles, was er macht, pseudohaft, reduziert».

nen Beitrag zur Ausstellung ‹Zeitgeist› in Berlin im Jahre 1982 verfaßte, «daß dieser Begriff SOZIALE PLASTIK eine völlig neue Kategorie der Kunst ist. Eine neue Muse tritt den alten Musen *gegenüber auf*! Diese Muse war vorher gar nicht bekannt, und weil sie *nicht bekannt* war, ist es zu den *bekannten* Denkirrtümern gekommen, d. h. jetzt ist die Lage kritisch geworden, daß sich wirklich einige Geister auf den Weg gemacht haben, diese Muse zu entdecken. Sie trägt den zukünftigen Begriff von Plastik, der vor jedem anderen Begriff von Plastik Vorrang hat. Ich schreie sogar: es wird keine brauchbare Plastik mehr hienieden geben, wenn dieser SOZIALE ORGANISMUS ALS LEBEWESEN nicht da ist. Das ist die Idee des Gesamtkunstwerkes in dem JEDER MENSCH EIN KÜNSTLER ist (...)»[17]

---

[17] Stüttgen a.a.O. S. 108.

3. PLASTISCHE THEORIE UND SOZIALE SKULPTUR

Der soziale Gedanke zieht sich vom Beginn seiner künstlerischen Karriere Anfang der sechziger Jahre wie ein roter Faden durch Beuys bildnerisches Werk. Aber schon früher, noch bevor er sich endgültig dazu entschloß Künstler zu werden, muß ihm eine entscheidende künstlerische Intuition zuteil geworden sein, die man als die eigentliche Triebfeder seines künstlerischen Schaffens ansehen kann: die plastische Theorie.

Beuys berichtet davon in seiner letzten öffentlichen Rede, die er zwei Wochen vor seinem Tode, anläßlich der Verleihung des Wilhelm-Lehmbruck-Preises der Stadt Duisburg hielt.[1] Als sehr junger Mann, noch vor dem zweiten Weltkrieg – er war kaum zwanzig Jahre alt –, fand er zufällig ein ‹ziemlich kleines zerrupftes Heftchen› über das bildnerische Werk Wilhelm Lehmbrucks, schlug es auf und sah dort eine Skulptur von ihm. Intuitiv kam ihm die Idee, auf die sich später sein ganzes bildnerisches Werk stützen wird:

> *Skulptur – mit der Skulptur ist etwas zu machen. Alles ist Skulptur – rief mir quasi dieses Bild zu. Und in dem Bild sah ich eine Fackel, sah ich eine Flamme, und ich hörte: ‹Schütze die Flamme›. Dieses Erlebnis, das mich durch den Krieg hindurch begleitet hat, hat nach dem Krieg dazu geführt, daß ich mich mit der Bildhauerei, mit der Plastik auseinandergesetzt habe.*

In den Skulpturen Lehmbrucks habe er später die Bestätigung dafür gefunden, daß Plastik nicht nur eine räumliche Kategorie sei, sondern auch ein überräumliches und überzeitliches Prinzip. Man könne sie eigentlich gar nicht visuell erfassen, sondern müsse sie intuitiv wahrnehmen. Lehmbruck habe etwas zum Ausdruck gebracht, was niemals zuvor in der Skulptur dargestellt worden sei. Und das sei ‹vor allem das Hörende – das Hörende, das Sinnende und das Wollende›.

Später, im Laufe seiner eigenen künstlerischen Beschäftigung mit dem plastischen Prinzip, habe er sich besonders mit dem Denksinn in Lehmbrucks Skulpturen befassen müssen, um zu einer ganz neuen, zukünftigen Theorie des plastischen Gestaltens zu gelangen. Als er an ein plastisches Gestalten gedacht habe, das nicht nur physisches, sondern auch seelisches Material ergreifen könne, sei er zu der Idee der Sozialen Skulptur regelrecht getrieben worden. Denn Wilhelm Lehmbruck habe, noch

---
[1] Joseph Beuys: Dank an Wilhelm Lehmbruck. Öffentliche Rede zur Verleihung des Wilhelm-Lehmbruck-Preises der Stadt Duisburg am 12. Januar 1986. Zuerst veröffentlicht in: ‹Die Tageszeitung› vom 27. Januar 1986. Die folgenden Zitate sind allesamt dieser Erstveröffentlichung entnommen.

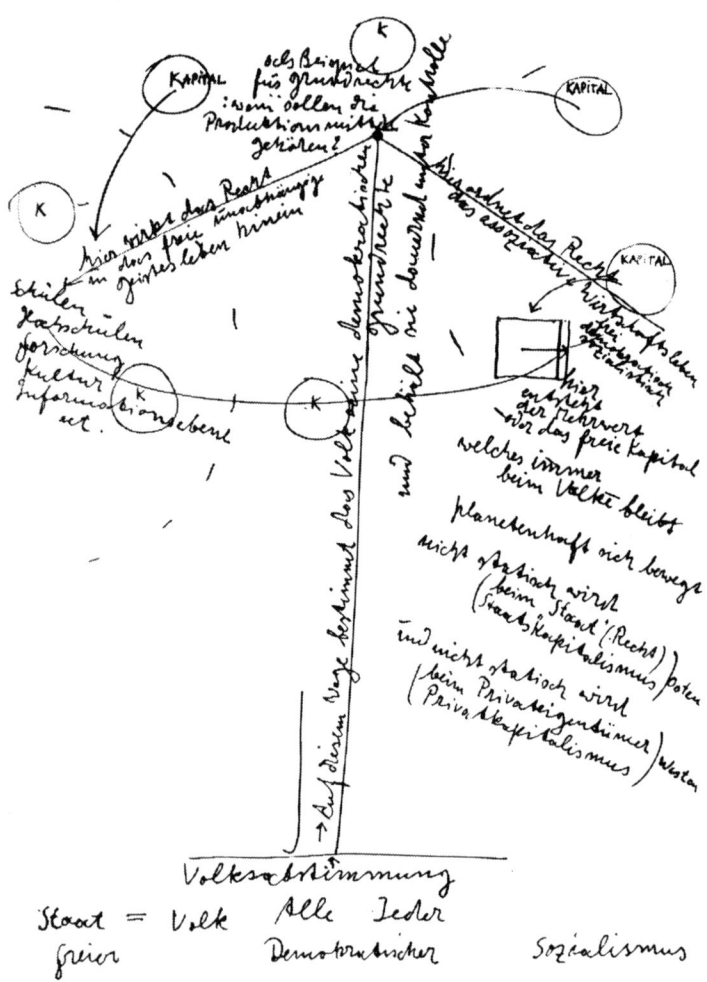

Diagramm einer Tragetasche für eine Strassenaktion auf der Kölner Hohe Strasse, 1971.

kurz vor seinem Freitod im Jahre 1919, seine Unterschrift unter den Aufruf Rudolf Steiners an das deutsche Volk und die Kulturvölker gesetzt, in dem der Versuch gemacht worden sei, den sozialen Organismus auf einem völlig neuen Fundament aufzubauen. Damit aber habe ihm Wilhelm Lehmbruck gleichsam die Flamme weitergereicht «(...) in eine Bewegung hinein, die auch heute noch notwendig ist und die auch heute viele Menschen wahrnehmen sollten als eine Grundidee zur Erneuerung des sozialen Ganzen, die zur Sozialen Skulptur führt». Eine Flamme, die, das ist wohl das Erschütterndste dieser Rede, Beuys selbst zwei Wochen vor seinem Tode sinnbildlich an seine Hörer weitergab.

In dieser letzten Rede über die Skulptur, das plastische Werk Wilhelm Lehmbrucks und die ‹Soziale Skulptur› kommen noch einmal alle Dimensionen zusammen, um die es Beuys geht: Von der elementaren erkenntnistheoretischen Funktion des Denkens als erstem schöpferischen Ausdruck des plastischen Prinzips über die ‹höheren Formen des Denkens› bis hin zu dem Punkt, an dem durch Plastik seelisches Material ergriffen wird und dies das Denken folgerichtig zum lebendigen Bild der Sozialen Skulptur führt.

Als er nach einem geeigneten Stoff suchte, um seine plastische Theorie anschaulich und erlebbar zu machen, kam er auf das Fett. Das Fett besaß zwei Fähigkeiten, die seinen Intentionen entgegenkamen: Einerseits ließ sich an ihm sehr gut das plastische Prinzip veranschaulichen und andererseits würde es, das war ihm schon vor seinen ersten Fettaktionen Anfang der sechziger Jahre klar, genau jene provokative Wirkung haben, um die es ihm ging. Es war also weniger der Stoff selbst, das Fett, das im Vordergrund der Aktionen stand, sondern die Wirkung, die innere Bewegung, die es beim Betrachter auslöste:

> *Auch nach Materialien habe ich gesucht, nach herausfordernden Materialien, also die die Erregungszustände eingeschlafener, kreativer Zentren in dem Rezipienten (...) provozieren (...) Das konnte ich psychologisch abschätzen, indem ich sagte, wenn ich eine Fettecke mache, dann hat das notwendigerweise zur Folge, daß die Menschen sich darüber erregen, das etwas in ihnen zum Kochen kommt.[2]*

Es sei ihm um die Erregung der ‹eingeschlafener kreativer Zentren› gegangen, und stets habe sich an die provokativen Aktionen das Gespräch und die Diskussion über den Erweiterten Kunstbegriff angeschlossen:

> *Ich habe natürlich provozieren wollen, aber nicht in dem Sinne, daß ich sagte, ich muß irgend etwas Unsinniges machen, sondern ich habe gesagt, ich muß provozieren können mit einem Material, das ich nachher belegen kann als eines, das innerhalb dieser Reihe von Sinnzusammenhängen sich auch nachweist als ein sinnvoll eingesetztes Material.[3]*

Das Fett habe sich deshalb angeboten, weil er daran seine Definition von Plastik in einfacher Weise habe veranschaulichen können. Die gängigen Erklärungen, daß die Plastik ein dreidimensional-räumliches Kunstobjekt sei, hätten ihm bei seiner Suche nach einer befriedigenden Begriffsklärung nicht ausgereicht:

---

[2] Joseph Beuys: Spuren in Italien. Kunstmuseum Luzern. Ausstellungskatalog der gleichnamigen Ausstellung des Luzerner Kunstmuseums vom 22.4.–17.6.1979. Darin: Gespräch mit Beuys, Düsseldorf, 10.3.1979 (o. Pag.). Luzern 1979.
[3] Ebd.

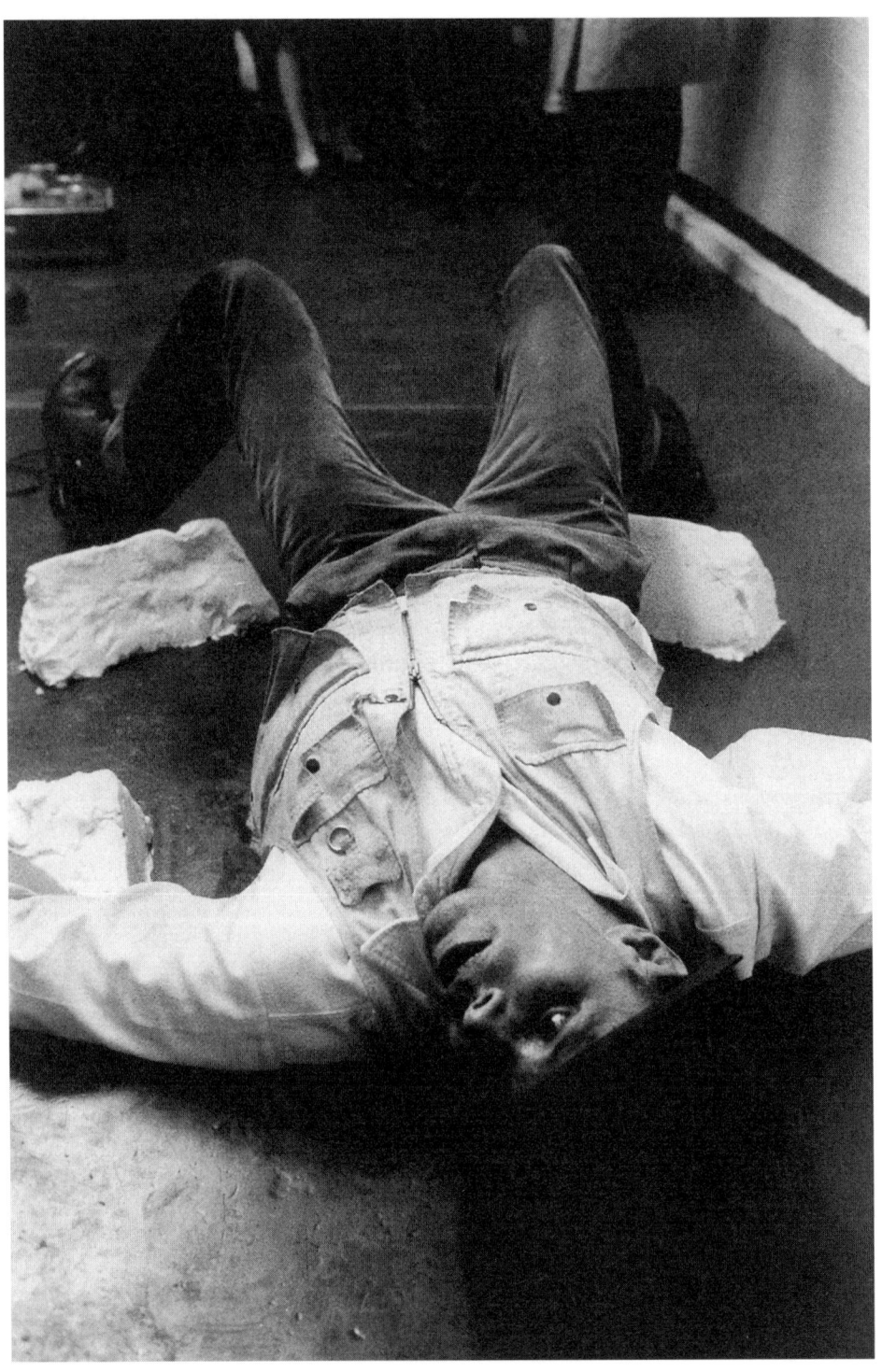
Joseph Beuys: «Fettwall».

> *Wie kommt es, daß eine Plastik einmal so ist und einmal so. Ich habe mich nicht damit zufriedengegeben, Plastik nur zurückzuführen auf eine stilistische Entwicklung, sondern mich hat in der Plastik mehr interessiert, den Menschen selbst wiederzuentdecken, also in der Plastik Kräfte zu finden, die im Menschen selbst liegen.*[4]

An anderem Ort heißt es, man habe nicht gewußt, was Plastik sei. Es habe ihn geärgert, daß man immer einen Begriff verwendet habe, ohne zu wissen, mit was man es zu tun habe. Er habe sich gesagt, der Begriff Plastik sei ohne Grundlagen und man müsse genauer beschreiben, woraus er sich zusammensetze:

> *Und siehe da, ich fand etwas heraus, was ganz simpel ist, aber was auf jeden Fall ganz eindeutig klärt, was eine Skulptur ist, was eine Plastik ist (...) Ob sie mehr beim chaotischen Punkt steht, also da, wo das Fett so wegläuft und keine bestimmte Form hat, sondern eine ungerichtete Energie ist, also chaotische Merkmale aufweist in ihrer ganzen Vitalität (...) und dann gibt es einen weiteren Pol, der ist ganz bestimmt oder sogar überbestimmt. Denn (...) da ist der rechte Winkel, alles ist in Kreuzform, da ist also das kristalline Prinzip (...) Also: Bestimmt-Bewegung-Unbestimmt (...) Stimmt mit dem unterbewußten, chaotischen Willen, solange er nicht vom Formprinzip erfaßt ist (...) überein.*[5]

Auch habe das Fett den Vorteil gehabt, daß sich an der Reaktion der Beteiligten die plastische Theorie selbst veranschaulichen ließ: Die rein instinkthaft-körperlichen Reaktionen des Aktivisten, der einfach zugeschlagen habe, oder die verstandesmäßige Reaktion des Intellektuellen, der versucht habe, die Provokation zu verstehen.

Methodisch stützt sich die plastische Theorie also auf drei Elemente: die Kategorien des Chaos, der Bewegung und der Form. Die Bewegung gehe entweder konstruktiv vom chaotischen, ungeordneten Zustand über ein richtunggebendes Bewegungselement hin zu einer Formgebung oder destruktiv, indem diese Form wieder in ihren ursprünglichen Zustand zurückversetzt werde. Der Transmitter, durch den das jeweils geschieht, sei Wärme. Im Zustand der Erhitzung neige das Fett dazu, sich aufzulösen, während es, je kälter es werde, dem Formprozeß zustrebt. Jedem plastischen Prozeß, so Beuys, lägen diese drei Kategorien zugrunde, egal, ob es auf der stofflichen oder der seelischen Ebene sei.

Ihre seelische Entsprechung haben diese Kategorien in den oberen drei Seelenvermögen: dem Willen, dem Fühlen und dem Denken. Dabei

---

[4] Zitiert in: Karlheinz Koinegg: Ein Kunstwerk verschwindet. Die Fettecke. In: ‹De Schnüss›, Bonner Stadtzeitung Nr. 5, 1989. S. 112–113.
[5] Werkstattgespräch mit Beuys, a.a.O. S. 57–59.

Joseph Beuys: «Boden-Wischen»/«Hüpfen».

wird das Fühlen mit der Wärme, sprich der Bewegung assoziiert, das Denken, im Extrem, mit der erstarrten kristallinen Formbildung und der Wille mit einer noch ungerichteten Willensenergie. Findet diese Energie keine ihr entsprechende Form, so wird sie chaotisch und aggressiv, das heißt, sie wird zerstörerisch. Äußert sie sich in einem Formwillen, der nicht durch das lebendige Fühlen und Erleben getragen wird, so neigt die Formbildung der intellektuellen Erstarrung zu. In diesem Sinne kritisiert Beuys mehrfach die Intellektkultur, die sich nur noch auf das abstrakte, begriffliche Denken verstehe, wo doch das Denken maßgeblich auf eine Nahrungszufuhr mit lebendigen Imaginationen angewiesen sei. Die Begriffe, so Beuys, würden schon nach einem halben Jahr absolute Leichen sein, wenn sie nicht durch die Imaginationskraft ernährt würden. Das Denken müsse gleichsam von innen heraus verlebendigt werden, und dies könne nur durch die künstlerische Inspiration geschehen.

In einem Gespräch mit Friedhelm Mennekes weist er darauf hin, daß das innere Auge für den künstlerischen Prozeß sehr viel bedeutsamer sei, als der nur auf das Äußere gerichtete Blick:

> *Der erweiterte Kunstbegriff ist keine Theorie, sondern eine Vorgehensweise, die sagt, daß das innere Auge sehr viel entscheidender ist, als die dann sowieso entstehenden äußeren Bilder. Viel besser für die Voraussetzung guter, äußerer Bilder (...) ist, daß das innere Bild, also die Denkform, die Form des Denkens, des Vorstellens, des Fühlens, die Qualität hat, die man von einem stimmenden Bild haben muß.*[6]

---

[6] Hans und Franz Josef Van der Grinten (Hg.): Menschenbild – Christusbild. Auseinandersetzung mit einem Thema der Gegenwartskunst. Darin: Joseph Beuys im Gespräch mit Friedhelm Mennekes. Stuttgart 1984, S. 116.

Joseph Beuys: ‹Terremoto in Palazzo› (Detail), 1981.

Denken ist gleichsam eine nach innen gestülpte Plastik, ihr Ursprung, der Logos, das sie inspirierende Wort. Daher heißt es ein wenig später:

> *Also ich verlagere das Bild schon an seine Ursprungsstätte. Ich gehe zurück auf den Satz: Im Anfang war das Wort. Das Wort ist eine Gestalt. Das ist das Evolutionsprinzip schlechthin.[7]*

Einleitend in den Text ‹Aufruf zur Alternative› liest man die folgenden Zeilen:

> *Vor der Frage: Was können wir tun?, muß der Frage nachgegangen werden: Wie müssen wir denken? (...) vor kopflosem Umsteigen wird gewarnt (...) Suchen wir nach Ideen, die uns die Richtung der Umkehr weisen.[8]*

Und einige Seiten weiter:

> *Erst wenn wir die Grundzusammenhänge des sozialen Organismus neu überdenkend die «Revolution der Begriffe» geleistet haben, wird damit der Weg frei für eine Evolution ohne Zwang und Willkür.[9]*

Die ‹Revolution der Begriffe›, sprich die künstlerische Anschauung der Natur der sozialen Gestalt, ist die Voraussetzung für die weitere Evolution. Das künstlerisch inspirierte Denken schafft die Bedingungen für die soziale Metamorphose, auf deren Grund sich die Evolution des Menschen zum Künstler vollziehen kann.

«Ich will sagen», so beendet Beuys in der Lehmbruck-Rede seine Ausführungen über die Natur des Plastischen und die Freiheitsgestalt der Sozialen Skulptur, «es kommt nach den Prinzipien, die Wilhelm Lehmbruck auf den allerhöchsten Gipfel der Entwicklung der Plastik in der Moderne getrieben hat, eine Zeit, in der der Zeit- und Wärmebegriff den Raumbegriff erweitert.» Eine Zeit, in der, so konnte man ergänzen, ein künstlerisches Fühlen, Wollen und Denken das soziale Leben inspirieren wird. Das Schönste vom Schönen müsse erst noch erreicht werden, sagte Beuys im Gespräch mit Michael Ende: die Soziale Skulptur:

> Beuys: *Wenn wir nicht zu den Sternen greifen, werden wir gar nichts tun.*
> Ende: *Abstrakt gebe ich Ihnen recht, ich kann mir nur darunter nichts vorstellen. Es ist ein Wort für mich.*
> Beuys: *Was ist ein Wort für Sie?*
> Ende: *Ja, daß der soziale Organismus eben schön ist, da kann*

---

[7] Ebd.
[8] Joseph Beuys: Aufruf zur Alternative, a.a.O. S. 140.
[9] Ebd. S. 144.

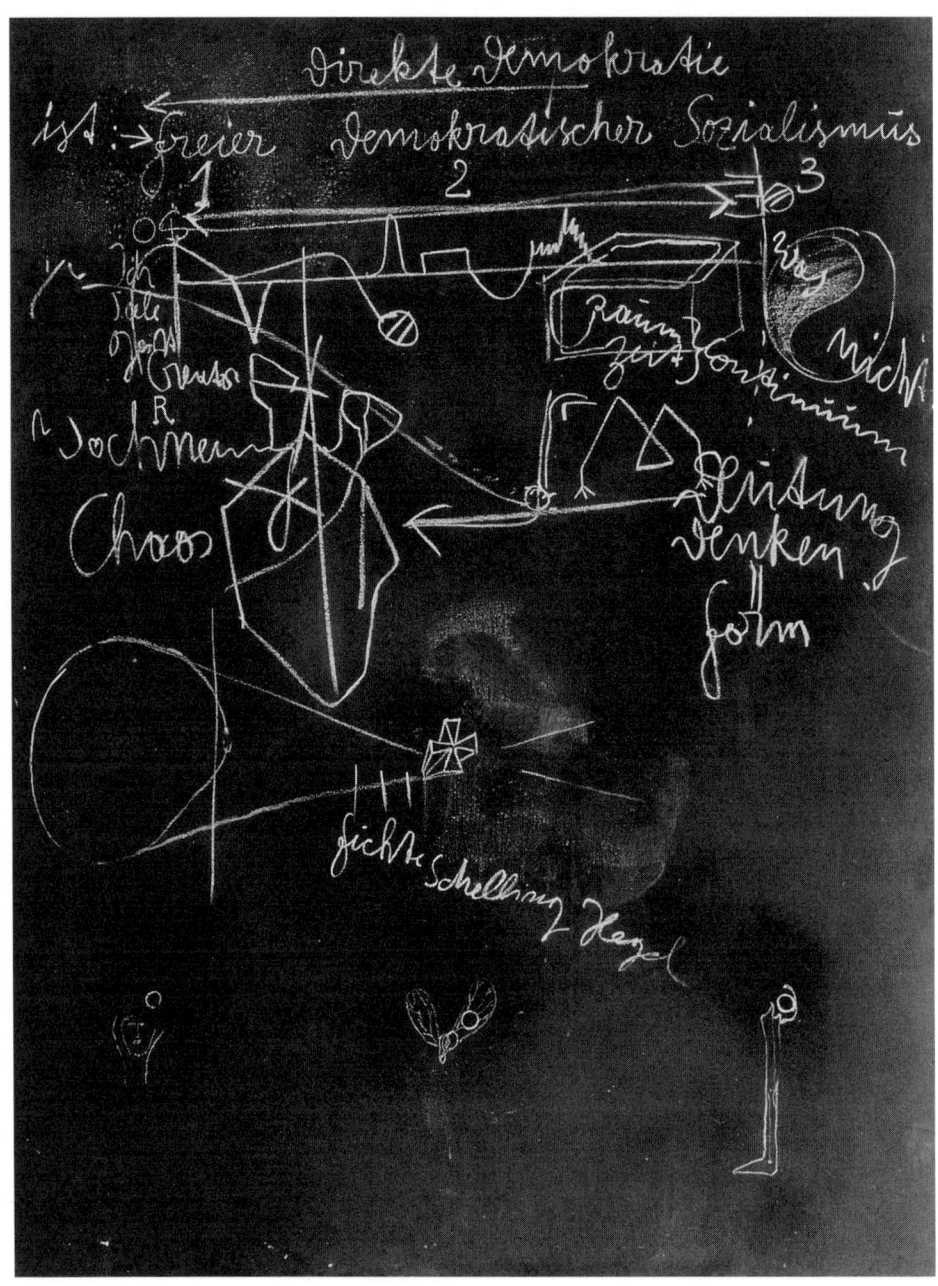

Joseph Beuys: Diagramm-Zeichnung, 1972.

ich mir nichts darunter vorstellen, da weiß ich nicht, wie das aussieht.
Beuys: *Schön heißt doch vor allen Dingen in der alten Koppelung der sogenannten philosophischen Ästhetik – etwa von Baumgarten oder solchen Leuten –, da heißt es: Wahrheit, Schönheit, Güte. Es ist immer eine Dreiheit. Es wird nicht nur von Schönheit geredet, sondern von den organischen Zusammenhängen dieser drei Dinge. Sie müssen erfüllt werden, und sie müssen anwendbar sein auf die menschliche Gestaltung.*
Ende: *Aber ich kann mir auch das Paradies nicht vorstellen, die vollkommene Harmonie, ein zukünftiges Jerusalem oder eine zukünftige Erfüllung, ein Zusammenfallen aller Gegensätze in eins, kann ich mir nicht vorstellen. Ich kann es zwar abstrakt denken, aber nicht konkret vorstellen.*
Beuys: *Doch, irgendwann kann ich es mir vorstellen, irgendwann, ja.*[10]

---

[10] Kunst und Politik, a.a.O. S. 53.

SCHLUSSWORT

Was ist das Denken?
Wo liegen seine Grenzen?
Und welche Möglichkeiten eröffnet es dem Menschen?

Rudolf Steiner und Joseph Beuys haben je auf ihre Weise versucht, Antworten auf diese Frage zu finden. Für beide lag der Schlüssel zur Lösung drängender Menschheitsfragen – die Schrecken des Krieges, soziale und ökologische Verwüstungen, die Verödung des menschlichen Seins – im Vermögen des Menschen, zu *denken*. Ich habe versucht zu zeigen, wie intim sich das Denken Rudolf Steiners und Joseph Beuys' aufeinander bezieht, ohne entscheiden zu wollen – oder es auch zu können – inwieweit die frappierende Ähnlichkeit ihrer jeweils präsentierten Ergebnisse ein Produkt der Nachahmung durch den späteren – in diesem Falle Beuys – oder Folge einer jeweils unabhängig erlebten ‹Schau der Ideen› ist. (Die fast bestürzende Ähnlichkeit der Tafelzeichnungen Beuys' und Steiners läßt sich jedenfalls nicht durch bloßes Nachahmen erklären).

Aber die Fragen nach ‹Jüngerschaft› und ‹Epigonentum› führen – einmal abgesehen vom unbestrittenen Rang Joseph Beuys' als epochemachendem Künstler – ohnehin in die Irre und überdecken die einzig wirklich interessante Frage, die diesem Buch zugrundeliegt, nämlich:

Ist es dem Leser von heute – und damit jedem Menschen – möglich, den Ideen Beuys' und Steiners zu folgen und die von ihnen behaupteten Tatsachen in sich selbst zu erleben – das heißt zu erschauen? Anders gefragt: Sind diese Ideen überhaupt noch für irgendjemanden wirklich relevant? – Die Antwort auf diese Frage kann nur das Interesse des Lesers selbst geben.

Mich selbst jedenfalls hat die Suche nach Antwort lange genug interessiert und gefesselt, um jetzt als Ergebnis diese erste Skizze einer Darstellung von Ideenzusammenhängen bei Steiner und Beuys vorzulegen.

In einem ersten Schritt habe ich versucht darzustellen, wie Steiner dem Phänomen des Denkens systematisch auf den Grund geht, gleichsam das Denken selbst durchdenkt *(Kap. I.1, Die ‹Philosophie der Freiheit›)* und durch diese methodische Durchdringung die höheren Formen des Denkens freilegt *(Kap. I.3, Die höheren Formen des Denkens)*, die es dem Menschen ermöglichen, den Reichtum der sichtbaren und unsichtbaren Schöpfung wahrzunehmen und seine eigenen Kräfte und die daraus sich ergebende Verantwortung für das Gesamtgeschehen zu erkennen *(Kap. I.2, «Zu Wirken die Wunder eines Dinges»; Kap. I.4, «Ein Tag im Leben Brahmas»)*.

Der zweite Teil vollzieht anhand der Beuys-Zeichnung ‹Evolution› nach, wie Joseph Beuys die Entwicklung des menschlichen Geistes und dem ihm innewohnenden Freiheitsbegriff beschreibt *(Kap. II.1, Joseph Beuys – Evolution)*. Die sich daraus unmittelbar ergebenden praktischen Folgen werden im anschließenden Kapitel *(Kap. II.2, «Hiermit trete ich aus der Kunst aus»)* skizziert. Abschließend wird seine plastische Theorie dargestellt und die umfassende Gültigkeit für das menschliche Handeln, die er ihr zuschreibt *(Kap. II.3, Plastische Theorie und Soziale Skulptur)*.

ANHANG 1
Zur Forschungslage/Literaturüberblick

Gemessen an der großen Zahl der Veröffentlichungen über Beuys, gibt es bislang nur relativ wenige Schriften, die die Beziehung von Beuys zur Anthroposophie untersucht haben.[1] Insbesondere erwähnenswert sind neuere Publikationen des Baseler Kunsthistorikers Dieter Koepplin,[2] eine Dissertation von Christa Weber[3] und eine Habilitationsschrift von Christa Lichtenstern, die Beuys genaue Kenntnis der Anthroposophie am Beispiel der Metamorphosenlehre belegt.[4]

Wissenschaftliche Untersuchungen zu Beuys gibt es bis heute fast ausschließlich im Bereich der Kunsthistorie. Philosophische Bezüge werden oft nur am Rande tangiert. Wichtige Ausnahmen, die Bücher von Andreas Hochholzer über den erweiterten Kunstbegriff in der Moderne,[5] eine Untersuchung von Woutter Kotte und Ursula Mildner über ‹Das Kreuz als Universalzeichen bei Joseph Beuys›[6] und eine im Jahre 1992 erschienene Untersuchung von Friedhelm Mennekes, die sich aus theologischer Perspektive eingehend mit der Rezeption der ‹Geistlichen Übungen› des Ignatius von Loyola durch Beuys befaßt.[7]

---

[1] Einen guten Überblick über bisher erschienene Publikationen bietet die anthroposophische Wochenschrift ‹Das Goetheanum› in ihrer Ausgabe vom 3. Juli 1994 (Das Goetheanum. Wochenschrift für Anthroposophie. Nr. 27, 3. Juli 1994, S. 314/315). Sie bietet eine Fülle bislang unveröffentlichter biographischer Details und eignet sich ganz besonders als Einführung in den Themenbereich.
Einen Überblick über Beuys' ‹anthroposophische Bibliothek› gibt Volker Harlan im Vortragsband der Baseler Beuys-Tagung von 1991. (Volker Harlan, Verzeichnis der anthroposophischen Bibliothek von Joseph Beuys. In: Joseph Beuys-Tagung Basel, 1.–4. Mai 1991. Basel 1991, S. 292 ff.).
[2] Dieter Koepplin: Zeichnerische Bildkräfte zu begrifflich fundierter Plastik. In: Joseph Beuys – 4 Bücher aus: ‹PROJEKT WESTMENSCH› 1958. Hrsg. v. d. öff. Kunstsammlung Basel und Edition Schellmann New York. Köln/New York 1993, S. 61–87.
Ders.: Beuys aktualisiert Steiner. In: Rudolf Steiner: Tafelzeichnungen, Entwürfe, Architektur. Katalog zur Ausst. Im Württemberg. Kunstverein Stuttgart, 27. Okt. bis 4. Dez. 1994. Ostfildern 1994, S. 85–107.
[3] Christa Weber: Vom ‹Erweiterten Kunstbegriff› zum ‹Erweiterten Pädagogikbegriff›. Weber beschreibt in Teil III ihrer Untersuchung Hinweise auf Steiner bei Beuys für die Bereiche ‹Soziale Dreigliederung› und ‹Erkenntnistheorie› (C. Weber: Vom ‹erweiterten Kunstbegriff› zum ‹erweiterten Pädagogikbegriff›. Frankf./M. 1991. S. 27–60).
[4] Lichtenstern kommt im Rahmen ihrer 1990 veröffentlichten Untersuchung zu einem Ergebnis, das im Prinzip auch heute noch Gültigkeit besitzt: «Beuys' starke Verpflichtung gegenüber dem Werk Steiners darf gewiß nicht unterschätzt werden. Hier warten in Zukunft die dringlichsten Aufgaben einer kritischen Beuys-Forschung.» (Christa Lichtenstern: Die Wirkungsgeschichte der Metamorphosenlehre Goethes. Von Philipp Otto Runge bis Joseph Beuys. Weinheim 1990, S. 145).
[5] Andreas Hochholzer, Evasionen – Wege der Kunst. Kunst und Leben bei Wl. Solowjew und J. Beuys. Eine Studie zum erweiterten Kunstbegriff in der Moderne. Würzburg 1992 (Epistemata – Würzburger Wissenschaftliche Schriften, Reihe Philosophie, Bd. 218).
[6] Woutter Kotte, Ursula Mildner: Das Kreuz als Universalzeichen bei Joseph Beuys. Ein Requiem. Stuttgart 1986.
[7] Friedhelm Mennekes: Joseph Beuys – Manresa. Eine Aktion als geistliche Übung zu Ignatius von Loyola. Frankfurt/M. und Leipzig 1992.

Unerläßlich für ein vertieftes Verständnis der erkenntnistheoretischen Gehalte des Werkes sind die unter anderem in dem Band ‹Zeitstau› veröffentlichten Vorträge des Düsseldorfer Künstlers Johannes Stüttgen. Stüttgen, der Beuys seit den 60er Jahren kontinuierlich begleitete, schöpft nicht nur aus dem reichen Erfahrungsschatz im persönlichen Umgang mit dem Künstler, sondern muß auch als einer der wichtigsten Interpreten des Werkes gelten, insbesondere was die Darstellung des inneren Zusammenhanges von Werk und Idee betrifft.

Zur Forschungslage betreffs Steiner ist bezeichnend, daß ich die für meine Zwecke geeignetste Untersuchung in einer längst vergriffenen anthroposophischen Veröffentlichung aus dem Jahre 1927 fand. Die Analyse des Steiner-Teils stützt sich maßgeblich auf die Analyse Steinerscher Primärliteratur. Die Schwierigkeiten, die sich daraus ergeben können, faßt Gerhard Wehr, ein genauer Kenner Steiners in seiner überaus lesenswerten Schrift über C. G. Jung und Rudolf Steiner[8] wie folgt zusammen:

> *Das zum größten Teil in Form von Vortragsnachschriften erhaltene Werk Steiners ist mangels geeigneter Hilfsmittel eigentlich nur wenigen Sachkennern voll zugänglich (...) Die verdienstvolle, noch im Erscheinen begriffene Gesamtausgabe der Werke und der Vorträge Steiners bringt zwar kurze Anmerkungen mit Querverweisen und knappen biographischen Angaben, jedoch keinen Index, der das Auffinden der sehr verstreut liegenden Äußerungen Steiners zu ein und demselben Thema erleichterte. Diktion und Komposition der Vorträge verringern den Mangel keineswegs. Und indem der Herausgeber am Eingang jedes der rund 350 Bände des Vortragswerkes darauf aufmerksam machen muß, daß es sich um Nachschriften handelt, die vom Autor nicht durchgesehen worden sind und daß gewisse Erkenntnisvoraussetzungen gemacht werden müssen, kommt eine weitere Schwierigkeit hinzu. (...) Eine erhebliche Schwierigkeit stellen für viele Steiners Mitteilungen dar, soweit diese als Ergebnisse seiner geistigen Forschung ausgegeben werden. Abgesehen von der bisweilen heftig kritisierten Sprachgestalt, in die diese Aussagen (vor allem in den Vortragstexten) gekleidet sind, steht der unvorbereitete Leser oft ratlos vor den mitgeteilten Fakten. Eine solide naturwissenschaftliche, philosophische oder auch psychologische Bildung reicht nicht ohne weiteres aus, um anthroposophische Primärliteratur zu verstehen. Spezielle hermeneutische Hilfen erweisen sich als notwendig. Leser, die z. B. mit dem Wesen des Imaginativen und der ihm gemäßen Aussageform noch nicht vertraut sind, fragen daher, wie die Mitteilung okkulter, dem begrifflichen Denken auf dem For-*

---

[8] Gerhard Wehr: C.G. Jung und Rudolf Steiner. Konfrontation und Synopse. Zürich 1990.

schungswege nicht zugänglicher Sachverhalte aufzufassen sei, ob etwa eine mythologische, symbolische oder allegorische Redeweise vorliege, wobei noch zu klären wäre, was der Fragesteller unter Mythos, Allegorie oder Symbol versteht.[9]

Auch Beuys' Ästhetik ist – ähnlich der Metaphysik Steiners – sehr hermetisch und wird oftmals erst nach einer langen hermeneutischen Anstrengung und wiederholten Auseinandersetzung mit Werk und Idee überhaupt verständlich. Eine Schwelle, die ein unbefangenes Herangehen an das Werk, zumal ein wissenschaftliches, zu einem schwierigen Unterfangen macht. Hinzu kommt die Tatsache, daß Beuys nicht etwa seine traditionellen künstlerischen Arbeiten, sondern den von ihm geprägten neuen Kunstbegriff als sein wichtigstes Kunstwerk ansah, dieser aber, wegen seines fundamentalen Anspruchs auch so disparate Bereiche wie Pädagogik, Ökonomie oder, wie in diesem Falle, Philosophie berührt. Obwohl Beuys kein politischer Künstler im traditionellen Sinne war, setzt sein Kunstbegriff doch die Beschäftigung mit dem Spannungsfeld von Kunst und Gesellschaft in hohem Maße voraus.

Eingedenk dieser Schwierigkeiten muß wohl nicht eigens betont werden, daß die vorliegende Untersuchung nur ein weiterer Schritt auf dem Wege zu einem besseren philosophischen Verständnis des Beuys-Werkes sein kann. Wichtige Analysen, insbesondere den Nachlaß betreffend, stehen noch aus.

Die Materialbasis, auf die sich die Untersuchung der Ideen von Beuys – neben den genannten und einigen anderen wissenschaftlichen Publikationen – stützt, entspricht den vielen Tätigkeitsbereichen, in denen der Künstler aktiv war, und ist daher relativ umfangreich. Ein Standardwerk, das als Leitfaden durch das Beuyssche Œuvre dienen kann, ist eine schon im Jahre 1986 in der dritten Auflage erschienene Werkdarstellung[10], die sich an dem von Beuys selbst verfaßten Lebenslauf/Werklauf ausrichtet und in einer kurzen, skizzenhaften Form das wichtigste Dokumentationsmaterial aus den 65 Lebensjahren des Künstlers zusammenträgt. Es diente mir, neben der umfangreichen Sichtung der Primärliteratur als eine der Hauptquellen der Untersuchung. Diese beschränkt sich in den meisten Fällen auf die zahlreichen Gespräche und Interviews, die Beuys im Laufe seines Lebens gab. Daneben existieren Aufzeichnungen und Videomitschnitte von Seminaren, Podiumsdiskussionen und Gesprächsrunden sowie einiger öffentlicher Reden, die er vor allem in seinen letzten Lebensjahren hielt.

Originäre Texte von Beuys sind rar. Neben einigen ‹Partituren› und ‹Theaterstücken›, die zu verschiedenen Aktionen, vornehmlich der sechziger Jahre, verfaßt wurden und einigen kleineren Texten aus dem Nachlaß gibt es den zuerst in der Frankfurter Rundschau vom 23.12.1978 veröffentlichten ‹Aufruf zur Alternative› und eine von ihm verfaßte und

---

[9] Ebd. S. 13–14.
[10] Götz Adriani, Winfried Konnertz, Karin Thomas: Joseph Beuys. Leben und Werk. Köln 1981.

redigierte Mitschrift eines Gespräches mit Hagen Lieberknecht. Außerdem existiert jener selbstverfaßte Lebens- und Werklauf.[11] Andere Quellen, aus denen die vorliegende Untersuchung schöpfen konnte, sind die zahlreichen Museen des Rheinlandes, in denen man das künstlerische Werk direkt begutachten kann. Auch das Medium des Ausstellungskataloges und Video- und Schmalfilmproduktionen und Dokumentationen aus den sechziger und siebziger Jahren haben die umfangreiche Materialbasis ergänzt.

Man sieht schon hier, daß die Schwierigkeit, die bei der Sichtung des Materials entsteht, eine ganz andere ist als im Falle Steiners. Hier ist es eher die Heterogenität und die Vielschichtigkeit der Primärquellen, die zum Problem werden kann. Daß den verschiedenen Materialien jedoch ein innerer Zusammenhang innewohnt und man gleichsam alle Äußerungen von Beuys als Ausdruck einer erkenntnis- und praxisleitenden Idee ansehen muß, dies wird bei der eingehenderen Beschäftigung mit Werk und Text offenbar. Sowohl das bildhauerische als auch das begriffliche Schaffen bezieht seine Motivation aus demselben Grund: Aus der Idee eines ‹Erweiterten Kunstbegriffes›, der jeden Menschen als individuellen Gestalter des sozialen Ganzen, als Gestalter der ‹Sozialen Skulptur› begreift.

Weiterführende Literatur zu den Themen
Soziale Theorie, Ökonomie, Soziale Plastik (Auswahl)

- Joseph Beuys: Ein kurzes erstes Bild von dem konkreten Wirkungsfelde der Sozialen Kunst. Wangen 1989 (2. Aufl.).
- Joseph Beuys, Johann Philipp von Bethmann, Hans Binswanger, u.a.: Was ist Geld? – Eine Podiumsdiskussion Wangen. 1991.
- Silvia Gauss: Joseph Beuys – Gesamtkunstwerk ‹Freie und Hansestadt Hamburg› 1983/84. Wangen 1995.
- Fernando Groener, Rose-Maria Kandler (Hrsg.):
  7000 Eichen – Joseph Beuys. Köln 1987.
- W. Junge, G. Krämer, B. Krenkers: Projekte Erweiterte Kunst – Von Beuys Aus. Wangen 1993.
- Rainer Rappmann (Hrsg.): Petra Kelly, Joseph Beuys – «Diese Nacht in die die Menschen...». Wangen 1994.
- Ders. (Hrsg.): Die Kunst des sozialen Bauens. Beiträge zu Wilhelm Schmundt. Wangen 1993.
- Ders. (Hersg.): Auf die Schultern von Riesen. Dreigliederungswirksamkeiten in der 2. Hälfte des 20. Jahrhunderts: Beuys, Dutschke, Schilinski, Schmundt. Wangen (erscheint voraussichtlich im Sommer 1995).

---

[11] Inzwischen wird von Eva und Wenzel Beuys an der Herausgabe eines Bandes mit nachgelassenen Schriften gearbeitet, der voraussichtlich 1995 unter dem Titel ‹Joseph Beuys – Das Geheimnis der Knospe zarter Hülle. Schriften des Bildhauers aus seinem Nachlaß 1942–1986› erscheinen wird.

- Enno Schmidt, Klaus Wolbert (Hrsg.): Idee Unternehmen Wirtschaft und Kunst – erweitert. Wangen 1994.
- Wilhelm Schmundt: Erkenntnisübungen zur Dreigliederung des Sozialen Organismus – Durch Revolution der Begriffe zur Evolution der Gesellschaft. Achberg 1982.
- Rudolf Steiner: Die Kernpunkte der sozialen Frage in den Lebensnotwendigkeiten der Gegenwart und Zukunft. Frankfurt/M. 1985.
- Johannes Stüttgen: Freie Internationale Universität – Organ des Erweiterten Kunstbegriffs für die Soziale Skulptur. Wangen 1992.
- Ders.: Joseph Beuys – 7000 Eichen. Wangen 1992.
- Ders.: Zeitstau. Im Kraftfeld des Erweiterten Kunstbegriffs von Joseph Beuys. Stuttgart 1988.

ANHANG 2
Verzeichnis der Bildunterschriften

Seite 24: Wandtafelzeichnung von Joseph Beuys. Gezeichnet anläßlich eines Vortrages mit dem Titel: ‹Jeder Mensch ein Künstler›, gehalten in Achberg, am 23.3.1978. Publiziert in: Joseph Beuys: Zeichnungen – Skulpturen – Objekte. Ausstellungskatalog zur gleichnamigen Ausstellung in Düsseldorf/Hafen, Zollhof 3 vom 25.9.–28.10.1988. Düsseldorf 1988, S. 124.

Seite 29: Joseph Beuys, Katalogdeckel der Ausstellung ‹Joseph Beuys, Werke aus der Sammlung Karl Ströher›. Kunstmuseum Basel, Emanuel Hoffmann-Stiftung, November 1969–Januar 1970.

Seite 32: Hildegard von Bingen, zweite Vision aus dem ‹liber divinorum operum simplicis hominis›: Die göttliche Schöpferkraft mit dem Universum und Kosmos-Menschen in den Armen (Detail). Um 1230. Lucca, Biblioteca Governativa, Ms 1942. Publiziert in: Clausberg, Karl: Kosmische Visionen. Mystische Weltbilder von Hildegard von Bingen bis heute. Köln 1980, Abbildung Nr. 8.

Seite 33: Hildegard von Bingen, dritte Vision aus dem ‹liber divinorum operum simplicis hominis›: zweites Bild des Kosmos Menschen. Ebd., Abb. Nr. 9.

Seite 38: Joseph Beuys: ‹Mensch›, 1972.
Installation; Kreide auf Tafel, Bräter gefüllt mit Steinen und Telefon mit Kabelverbindung zu Wandanschluß. Publiziert in: Joseph Beuys – Skulpturen und Objekte. Ausstellungskatalog (Bd. 1) der Ausstellung im Martin-Gropius-Bau Berlin vom 20.2–1.5.1988. Herausgegeben von Heiner Bastian. München 1988, S. 203. Foto: Friedrich Rosenstiel.

Seite 41: Joseph Beuys: ‹Bronzekreuz›, 1948. Bronze, Kupferdraht. Sammlung van der Grinten, Museum Schloß Moyland. Publiziert in: Joseph Beuys – Transit. Dreibändiger Ausstellungskatalog zur gleichnamigen Ausstellung im Kaiser-Wilhelm-Museum, Krefeld vom 17.11.1991–16.2.1992. Bd. 1: Plastische Arbeiten 1947–1985, Krefeld 1991, S. 43. Foto: Fritz Getlinger.

Seite 52: Leierspielender Eros in Gestalt eines geflügelten Epheben, auf und zwischen Ranken. 3. Jh. v.Chr. Staatliche Vasensammlung, München, in: Alfons Rosenberg: Engel und Dämonen. Gestaltwandel eines Urbildes. München 1986 (2. Aufl.), S. 38.

Seite 60: Wandtafelzeichnung Rudolf Steiners vom 5. Juli 1924. Angefertigt im Rahmen einer Reihe von zwölf Vorträgen zur Heilpädagogik. In: ‹Wenn die Erde Mond wird›, a.a.O. S. 127.

Seite 62: Joseph Beuys: Hüterin des Schlafes, 1951. Bleistift auf Büttenpapier, 22,3×33 cm. In: Joseph Beuys – Transit. Bd. 2 des dreibändigen Ausstellungskataloges der gleichnamigen Ausstellung des Kaiser-Wilhelm-Museums, Krefeld, vom 17. Nov. 1991–9. Feb. 1992. Krefeld 1991, S. 19.

Seite 70: Wandtafelzeichnung Rudolf Steiners vom 30.7.1924. Angefertigt im Rahmen einer Vortragsreihe mit dem Titel: ‹Die Schöpfung der Welt und des Menschen. Erdenleben und Sternenwirken› (GA Bd. 354). Veröffentlicht in: Rudolf Steiner, Wandtafelzeichnungen zum Vortragswerk. Bd. 28. Dornach 1992.

Seite 76: Joseph Beuys: ‹Evolution›, 1965. Veröffentlicht in: G. Adriani, W. Konnertz, K. Thomas: Joseph Beuys. Köln 1973, S. 81. Foto: Hildegard Weber, Kleve.

Seite 77: Joseph Beuys: ‹Kunst = KAPITAL›, 1980. Postkarte Verlag Gebr. König, Köln. Das abgedruckte Foto wurde veröffentlicht in: Johannes Stüttgen, ‹Zeitstau›. Im Kraftfeld des Erweiterten Kunstbegriffs von Joseph Beuys. Sieben Vorträge im Todesjahr von Joseph Beuys. Stuttgart 1988, S. 114.

Seite 82: Der Engel vertreibt Adam und Eva aus dem Paradies. Spätes 11. Jh. Detail vom Bronzeportal von S. Zeno Maggiore in Verona. Veröffentlicht in: Rosenberg, a.a.O. S. 242. Foto: Jean Roubier, Paris.

Seite 85: Wandtafelzeichnung Rudolf Steiners vom 19.4.1924. Angefertigt im Rahmen einer Vortragsreihe mit dem Titel ‹Mysterienstätten des Mittelalters. Rosenkreuzertum und modernes Einweihungsprinzip›. Veröffentlicht in: ‹Wenn die Erde …›, a.a.O. S. 93.

Seite 88: Matthias Grünewald, Die Auferstehung Christi. Rechter Flügel der zweiten Schauseite des Isenheimer Altars (Abb. des gesamten rechten Flügels!). Entstanden 1512–1517. Colmar, Museum Unterlinden (Ausschnitt).

Seite 98: Joseph Beuys: ‹Zeige deine Wunde›, 1974/75 (Ausschnitt). Rauminstallation bestehend aus fünf Doppelobjekten: Zwei Werkzeuge, geschmiedetes Eisen; zwei Schultafeln, schwarz, handschriftlich mit Kreide beschrieben: ‹Zeige deine Wunde›; zwei Leichenbahren aus der Pathologie; zwei Lampen; zwei Fettkisten, darin jeweils ein Fieberthermometer und ein Reagenzglas, das einen Vogelschädel (Drossel) enthält und mit Gazefilter verschlossen ist; zwei Feldzeichen: Forken aus Eisen mit Holzstiel und buntem Halstuch auf zwei Schiefertafeln stehend, in die mit den Zinken der Forken Halbkreise eingeritzt wurden; zwei Streifbandzeitungen: Zwei Ausgaben der italienischen Zeitung La Lotta Continua im Streifband; Zeitungen in verglaste, weiß gestrichene Holzkästen montiert. Publiziert in: Joseph Beuys: Skulpturen und Objekte. Ausstellungskatalog anläßlich der Joseph-Beuys-Ausstellung im Martin-Gropius-Bau Berlin vom 20.2.–1.5.1988, S. 279. Foto: Dietmar Tanterl.

Seite 102, 108, 109, 118, 122, 126: Joseph Beuys: ‹Evolution› (Ausschnitt), Bleistift, 1974. Publiziert in: Harlan, Rappmann Schata, a.a.O. S. 140. Die Zeichnung entspricht der Handzeichnung nach einem Vortrag in der Hibernia-Schule Wanne-Eickel vom 1.7.1974.

Seite 103: Joseph Beuys: ‹Sibylla – Pythonissa›, 1954. Publiziert in: Joseph Beuys, Natur–Materie–Form. Ausstellungskatalog zur gleichnamigen Ausstellung in der Kunstsammlung Nordrhein-Westfalen vom 30.11.1991–9.2.1992. München, Paris, London 1991, Abb. 35 (keine Paginierung).

Seite 104: Joseph Beuys: ‹Die Geheimnisse›, 1950. Publiziert in: Joseph Beuys, Transit. Band 2 (Zeichnungen 1947–1977) des Ausstellungskataloges zur gleichnamigen Ausstellung im Kaiser-Wilhelm-Museum, Krefeld vom 17.11.1991–16.2.1992. Bonn 1991, S. 18.

Seite 106: Hermes, ‹der ältere›, mit Flügelhut und Bart. Hermes besteigt den von Eros und Psyche gezogenen Wagen. Griechisches Tonrelief aus Lokris. 5. Jh. v.Chr. Nationalmuseum Reggio, Kalabrien. Publiziert in: Alfred Rosenberg, Engel und Dämonen, a.a.O. S. 25.

Seite 120: Joseph Beuys: ‹Ohne Titel›, 1962/1983. Ausstellungsvitrine (Ausschnitt). Publiziert in: Joseph Beuys, Skulpturen und Objekte. Ausstellungskatalog der Berliner Beuys-Ausstellung im Martin-Gropius-Bau vom 20.2.–1.5.1988. München 1988, S. 258. Foto: Jochen Littkemann.

Seite 124: Joseph Beuys: ‹Der Erfinder der Dampfmaschine …›, 1971. Publiziert in: Beuys zu Ehren. Ausstellungskatalog der gleichnamigen Beuys-Ausstellung in der Städtischen Galerie im Lehnbachhaus, München vom 16.7.–2.11.1986. München 1986, S. 228.

Seite 127: Joseph Beuys: ‹Kreuzigung›, 1962/63. Publiziert in: Joseph Beuys, Skulpturen und Objekte. Ausstellungskatalog der Berliner Beuys-Ausstellung im Martin-Gropius-Bau vom 20.2.–1.5.1988. München 1988, S. 151. Foto: Heinz Vogelmann.

Seite 128: Joseph Beuys: ‹Kreuz mit Sonne›, 1947/48. Publiziert in: Joseph Beuys, Transit. Bd. 1 (Plastische Arbeiten und Zeichnungen) des Ausstellungskataloges zur gleichnamigen Ausstellung im Kaiser-Wilhelm-Museum, Krefeld vom 17.11.1991–16.2.1992. Bonn 1991, S. 44. Foto: Volker Döhne.

Seite 130: Joseph Beuys: ‹Palazzo Regale›, 1985 (Detail). Installation. 7 Messingtafeln, bedeckt mit Firnis und Goldstaub; 2 Vitrinen, Messing und Glas. Vitrine 1 (Abb.): Kopf (Eisenguß); Mantel aus Luchsfell; 2 Becken; Muschel. Publiziert in: Joseph Beuys: Natur–Materie–Form. Ausstellungskatalog zur gleichnamigen Ausstellung in der Kunstsammlung Nordrhein-Westfalen vom 30.11.1991–9.2.1992. München, Paris, London 1991, Abb. 252 (keine Paginierung). Foto: Walter Klein, Düsseldorf.

Seite 136: Broschüre der ‹Aktion Dritter Weg›, Grundsatzprogramm und Statuten, Achberg 1977. Die Abbildung wurde publiziert im Ausstellungskatalog der Düsseldorfer Ausstellung: Joseph Beuys-Zeichnungen, Skulpturen, Objekte, Düsseldorf/Hafen (25.9.–28.10.1988), S. 184.

Seite 139: Diagrammzeichnung von Joseph Beuys. Publiziert in: Adriani, Konnertz, Thomas: Beuys. Köln 1986 (3. Aufl.), S. 317.

Seite 142: Diagramm einer Tragetasche für eine Straßenaktion auf der Kölner Hohe Straße, 1971. Ebd. S. 271.

Seite 144: Joseph Beuys: ‹Fettwall›. In: Eva Huber, Joseph Beuys. Hauptstrom und Fetträume. Ein Lehrstück für die fünf Sinne. Mit Fotos von Camillo Fischer. Darmstadt 1993, S. 43.

Seite 146: Joseph Beuys: ‹Boden-Wischen›/«Hüpfen›. In: Eva Huber, Joseph Beuys. Hauptstrom und Fetträume. Ein Lehrstück für die fünf Sinne. Mit Fotos von Camillo Fischer. Darmstadt 1993, S. 43.

Seite 148: Joseph Beuys: ‹Terremoto in Palazzo›, 1981 (Detail). Publiziert in: Joseph Beuys, Skulpturen und Objekte. Ausstellungskatalog der Berliner Beuys-Ausstellung im Martin-Gropius-Bau vom 20.2–1.5.1988. München 1988, S. 306. Foto: Mimmo Jodiche.

Seite 150: Joseph Beuys: Diagramm-Zeichnung 1972. Tafel, Kreide, 200×150 cm. Publiziert in: Joseph Beuys: Natur, Materie, Form. Ausstellungskatalog der gleichnamigen Ausstellung in der Kunstsammlung Nordrhein-Westfalen. 30. Nov. 1991–9. Feb. 1992. München, Paris, London 1991. Abb. Nr. 207 (keine Paginierung).

Literaturverzeichnis
Literatur zu Joseph Beuys

(Kataloge werden unter dem Namen des Künstlers in chronologischer Reihenfolge angegeben, wenn es sich um Einzelausstellungen des Künstlers handelt.)

Adriani, Götz; Konnertz, Winfried; Thomas, Karin: Joseph Beuys. Köln 1973.

Altenberg, Theo; Oberhuber, Oswald (Hrsg.): Gespräche mit Beuys. Joseph Beuys in Wien und am Friedrichshof. Klagenfurt 1988.

Arnold, Matthias: Das Leben zum Kunstwerk erklärt. Joseph Beuys. Arbeiten aus den Münchner Sammlungen. In: Weltkunst. 51. 1981, Nr. 19. S. 2696–2697.

Beuys, Eva, Wenzel und Jessica: Joseph Beuys – Block-Beuys. Mit Aufnahmen von Claudio Abate im Hessischen Landesmuseum Darmstadt, München 1990.

Beuys, Joseph: ‹Joseph Beuys›. Mönchengladbach: Städtisches Museum 1967. (Ausstellungskatalog)

Ders.: Werke aus der Sammlung Karl Ströher. Basel: Kunstmuseum, Emmanuel-Hoffmann-Stiftung 1969. (Ausstellungskatalog)

Ders.: Zeichnungen, kleine Objekte. Basel: Kunstmuseum, Kupferstichkabinett 1969. (Ausstellungskatalog)

Ders.: Handzeichnungen. Kiel: Kunsthalle 1971. (Ausstellungskatalog)

Ders.: Sammlung Lutz Schirmer, Köln. St. Gallen: Kunstverein 1971. (Ausstellungskatalog)

Ders.: Handzeichnungen. Braunschweig: Herzog Anton Ulrich-Museum, Kupferstichkabinett 1971. (Ausstellungskatalog)

Ders.: Multiples und Graphik. München: Galerie Schellmann 1971. (Ausstellungskatalog)

Ders.: Zeichnungen 1947–1959. Band 1: Gespräch zwischen Joseph Beuys und Hagen Lieberknecht. Geschrieben von Joseph Beuys. Köln 1972.

Ders.: Kunst im politischen Kampf. Aufforderung – Anspruch – Wirklichkeit. Hannover: Kunstverein. Hannover 1973. (Ausstellungskatalog)

Ders.: Multiples, Bücher und Kataloge. Bonn: Galerie Klein 1973. (Ausstellungskatalog)

Ders.: ‹Selten so viel gelacht›. In: Kunstforum international. 1. 1973/74, Bd. 8/9. S. 224–229.

Ders.: Jeder Mensch ein Künstler. Gespräche auf der Documenta 5, 1972; aufgezeichnet von Clara Bodenmann-Ritter. Frankfurt, Berlin, Wien 1972.

Ders.: Wasserfarben. Watercolours. 1936-1963. Frankfurt, Berlin, Wien 1975.

Ders.: Zeichnungen, Bilder, Plastiken, Objekte, Aktionsphotographien. Freiburg i.Br.: Kunstverein 1975. (Ausstellungskatalog)

Ders.: Hannover: Kestner-Gesellschaft 1975. (Ausstellungskatalog) (Kestner-Gesellschaft. Katalog 6. 1975.)

Ders.: The secret block for a secret person in Ireland. Basel: Kunstmuseum 16.4.–26.6.1977. Basel 1977. (Ausstellungskatalog)

Ders.: Eintritt in ein Lebewesen. Vortrag, gehalten am 6.8.1977 im Rahmen der Free-International-University, Documenta 6 in Kassel. In: Kunstforum international. 1978, 5 = Bd. 29. S. 150–157.

Ders.: Richtkräfte. Berlin: Nationalgalerie. Berlin 1977. (Ausstellungskatalog)

Ders.: Kunst und Staat. Vortrag, gehalten am 12.1.1978 bei den 8. Bitburger Gesprächen zum Thema ‹Kunst und Recht›. In: Kunstmagazin. 18. 1978, Nr. 4, S. 57–60.

Ders.: Multiplizierte Kunst. Alle Auflagenobjekte und Graphiken aus der Sammlung G. Ulbricht, Düsseldorf. Braunschweig: Kunstverein 1978. (Ausstellungskatalog)

Ders.: Aus Berlin: Neues vom Kojoten. New York: Feldman Gallery; Berlin: Galerie René Block. 1979.

Ders.: Spuren in Italien. Luzern: Kunstmuseum 1979. (Ausstellungskatalog)

Ders.: Zeichnungen. Tekeningen. Drawings. München 1979.

Ders.: ‹Ein bißchen mehr Einsicht in die Seelenlage›. Joseph Beuys über sein Verhältnis zu den Grünen. In: Der Spiegel. 33. 1979, Nr. 45. S. 268–270.

Ders.: Zeige deine Wunde. 1. Hg. von d. Städt. Galerie im Lehnbachhaus München. Text: Armin Zweite. Photos: Ute Klophaus. – 2. Reaktionen. Zur Ausstellung ... im Kunstforum Maximilianstr./Altstadtring München 1976. München 1980.

Ders.: Abendunterhaltung. Ein Gespräch zwischen Joseph Beuys, Hamburger Journalisten und Wissenschaftlern am 5. März 1977. Achberg 1977.

Ders.: Arbeiten aus Münchner Sammlungen. Mit einem Text von Armin Zweite. Katalog zur Ausstellung in d. Städt. Galerie im Lehnbachhaus München. München 1980. (Ausstellungskatalog)

Ders.: Objekte, Zeichnungen, Multiples. Sammlung, erworben 1964/1973–1981 und Dauerleihgaben Ulbricht/Murken. Bonn: Städt. Kunstmuseum 1981 (Ausstellungskatalog)

Ders.: Frauen. Erweiterte deutschsprach. Version d. für d. Museum Nymwegen/Niederlande 1981 gedruckten Dokumentation. Ulm: Kunstverein 1982. (Ausstellungskatalog)

Ders.: Zirkulationszeit. Einl. von Peter Anselm Riedl. Worms 1982.

Ders.: Ölfarben 1949–1967. Tübingen: Kunsthalle 1984. (Ausstellungskatalog)

Ders., u.a: Was ist Geld? Eine Podiumsdiskussion mit Joseph Beuys, Johann Philipp von Bethmann, Hans Binswanger, Werner Ehrlicher, Rainer Willert vom 29.11.1984. Wangen 1991.

Ders.: Aktive Neutralität. Die Überwindung von Kapitalismus und Kommunismus. Ein Vortrag mit Diskussion am 20.1.1985 in Rorschach/Schweiz. Wangen 1989. (3. Aufl.).

Joseph Beuys/Michael Ende: Kunst und Politik. Ein Gespräch vom 8. Februar 1985 im Rahmen der Freien Volkshochschule Argenthal. Wangen 1989.

Joseph Beuys: Ein kurzes erstes Bild von dem konkreten Wirkungsfelde der sozialen Kunst. Rede gehalten in Wangen/Allgäu am 10.2.1985 anläßlich des öffentlichen Podiumsgespräches mit Michael Ende. Wangen 1989. (2. Aufl.).

Ders.: Kreuz und Zeichen. Religiöse Grundlagen im Werk von Joseph Beuys. Aachen: Suermondt-Ludwig-Museum; Museumsverein 1985. (Ausstellungskatalog)

Ders.: Reden über das eigene Land. In: Hans Mayer, Joseph Beuys, Margarethe Mitscherlich-Nielsen, Albrecht Schönherr: Reden über das eigene Land. München 1985. S. 33–55.

Ders.: Rede zur Verleihung des Wilhelm-Lehmbruck-Preises 12.1.1986. In: Die Tageszeitung vom 27.1.1986.

Ders.: Vorstellungsrede für den Deutschen Bundestag auf der Landesliste der Grünen NRW. Unveröffentlichte Tonbandnachschrift vom 8.6.1986 nach den Protokollkassetten der Landesdelegiertenkonferenz der Grünen NRW, Geilenkirchen, Januar 1983.

Ders. u.a: Ein Gespräch. Una Discussione (Gespräch mit Jannis Kounellis, Anselm Kiefer und Enzo Cucchi). Zürich 1986.

Ders.: Wasserfarben. Aquarelle und aquarellierte Zeichnungen 1936–1976. Düsseldorf: Kunstverein für die Rheinlande und Nordrhein-Westfalen 5.9.–16.11.1986. (Ausstellungskatalog)

Ders.: Beuys zu Ehren. (Herausgegeben von Armin Zweite.) München: Städt. Galerie im Lehnbachhaus. 16.7.–2.11.1986. (Ausstellungskatalog)

Ders.: Beuys vor Beuys. Frühe Arbeiten aus der Sammlung Van der Grinten. Zeichnungen, Aquarelle, Ölstudien, Collagen. Bonn: Ministerium für Bundesangelegenheiten. 27.11.–31.12.1987. (Ausstellungskatalog)

Ders.: Brennpunkt Düsseldorf. Joseph Beuys – Die Akademie – Der allgemeine Aufbruch 1962–1987. Düsseldorf: Kunstmuseum 1987. (Ausstellungskatalog)

Ders.: Zeichnungen, Skulpturen, Objekte. Düsseldorf: Zollhof 25.9.–28.10.1988. (Ausstellungskatalog)

Ders.: Skulpturen und Objekte. Berlin: Martin-Gropius-Bau 20.2.–1.5.1988. (Ausstellungskatalog)

Ders.: Der Darmstädter Werkblock. Herausgegeben von der Kulturstiftung der Länder in Verbindung mit dem Hessischen Landesmuseum Darmstadt. Darmstadt 1989. (Ausstellungskatalog)

Ders.: Transit. Krefeld: Kaiser-Wilhelm-Museum 17.11.1991–9.2.1992. (Ausstellungskatalog)
　Teil I: Plastische Arbeiten 1947–1985
　Teil II: Zeichnungen 1947–1977
　Teil III: Barraque D'ull Odde 1961–1967
Ders.: Hauptstrom Jupiter. Beuys und die Antike. München: Glyptothek 28.2.–9.5.1993. (Hrsg. Klaus Vierneisel). (Ausstellungskatalog)
Bleyl, Matthias (Hrsg.): Joseph Beuys. Der Erweiterte Kunstbegriff. Texte und Bilder zum Beuys-Block im Hessischen Landesmuseum Darmstadt. Darmstadt 1989.
Bojescul, Wilhelm: Zum Kunstbegriff des Joseph Beuys. Essen 1985.
Brügge, Peter: ‹Rembrandt war auch Fettkünstler›. Über Andy Warhol und Joseph Beuys in München. In: Der Spiegel. 34. 1980, Nr. 20. S. 236–238.
Burgbacher-Krupka, Ingrid: Prophete rechts, Prophete links. Verständnis-Material zu Joseph Beuys. In: Mitteilungen des Instituts für moderne Kunst, Nürnberg. 1979, Nr. 21/22.
Delacroix, Nikolaus: Joseph Beuys und die Politik. Ein Interview. In: Kunstforum international. 1984, 1 = Bd. 69. S. 207–212.
Demarco, Richard: Conversations with artists. Richard Demarco interviews Joseph Beuys, London, March 1982. In: Studio international. 195. 1982, Nr. 996. S. 46–47. Deutsche Übersetzung von Eva Beuys in: Groener, Fernando; Kandler, Rose-Maria (Hrsg.): 7000 Eichen – Joseph Beuys. Köln 1987. S. 15–20.
Faust, Wolfgang Max: Der Beuys-Block in Darmstadt. Zwischen Erschrecken und Glück. In: art. Nr. 7. Juli 1990. S. 66–79.
Goetheanum, Das: Wochenschrift für Anthroposophie. Nr. 27, 3. Juli 1994.
Grinten, Franz Joseph van der: Die Ausweitung des Christus in Kultur und Geschichte: Joseph Beuys. In: Zwischen Kunst und Kirche. Stuttgart 1985. S. 79–84.
Ders. u. Mennekes, Friedhelm: Menschenbild – Christusbild. Auseinandersetzung mit einem Thema der Gegenwartskunst. Stuttgart 1984.
Grigoteit, Ariane: Joseph Beuys. Wasserfarbe auf Papier (1936–1984/85). 2 Bde. Frankfurt/M. 1992 (Frankfurter Fundamente der Kunstgeschichte Band X).
Groener, Fernando, Kandler Rose Maria (Hrsg.): Joseph Beuys. 7000 Eichen. Köln 1987.
Häußler, Heinz: Material, künstlerische Aktion, höheres Bewußtsein. Zum Problem der hemmungslosen Erweiterung des Kunstbegriffes durch Joseph Beuys. In: Die Drei. 43. 1973, H. 7/8. S. 325–334.
Hahne, Heinrich: Zum neuen Beuys-Prozeß. In: Das Kunstwerk. 29. 1976, 2. S. 36–37.
Harlan, Volker; Rappmann, Rainer; Schata, Peter: Soziale Plastik. Materialien zu Joseph Beuys. Achberg 1976.
Ders.: Was ist Kunst? Werkstattgespräch mit Beuys. Stuttgart 1986.
Ders. u. Koepplin, Dieter u. Velhagen, Rudolf (Hrsg.: Joseph Beuys-Tagung Basel 1.5.–4.5.1991. Basel 1991.
Helms, Dietrich: Der Überbeuys. Zur Wirkung der Beuys-Literatur. In: Kunst und Unterricht. 1974, H. 27. S. 37–41.
Hochholzer, Andreas: Evasionen. Wege der Kunst. Kunst und Leben bei W. Solowjew und J. Beuys. Eine Studie zum erweiterten Kunstbegriff in der Moderne. Würzburg 1992.
Honisch, Dieter: Der neue ‹Fall› Beuys. Auch in Basel ist die moderne Kunst ein Fall für das ‹gesunde Volksempfinden›. In: Kunstmagazin 17. 1977, Nr. 4. S. 28–30.
Huber, Eva: Joseph Beuys – Hauptstrom und Fettraum. Ein Lehrstück für die fünf Sinne. Mit Fotos von Camillo Fischer. Darmstadt 1993.
Hülbusch, Karl Heinz; Schulz, Norbert: Joseph Beuys. 7000 Eichen zur documenta 7 in Kassel. Kassel 1984.
Iden, Peter: Ein inszenierter Raum. ‹Tram Stop› von Beuys auf der Biennale. In: Theater heute. 17. 1976, Nr. 9. S. 21–22.
Jochimsen, Margarethe: Eine Holzkiste von Joseph Beuys. Konfrontiert mit Erwin Panofskys Grundsätzen zur Beschreibung und Inhaltsdeutung von Werken der bildenden

Kunst. In: Zeitschrift für Ästhetik und Allgemeine Kunstwissenschaft. Bd. XXII/1, 1977. S. 148–155.

Koepplin, Dieter: Zeichnerische Bildekräfte zu begrifflich fundierter Plastik. In: Ders. u.a. (Hrsg.): Joseph Beuys. 4 Bücher aus: ‹Projekt Westmensch› 1958. Köln/New York 1993.

Ders.: Beuys aktualisiert Steiner. In: Rudolf Steiner: Tafelzeichnungen, Entwürfe, Architektur. Zur Ausstellung im Württemberg. Kunstverein Stuttgart, 27. Oktober–4. Dezember 1994. Ostfildern 1994.

Ders.: Fluxus, Bewegung im Sinne von Joseph Beuys. In: Joseph Beuys. Plastische Bilder 1947–1970. Stuttgart 1990.

Kotte, Wouter; Mildner, Ursula: Das Kreuz als Universalzeichen bei Joseph Beuys. München 1986.

Kosuth, Joseph: Kunst nach der Philosophie. Über Kunst. Künstlertexte zum veränderten Kunstverständnis nach 1965. Hg. von Gerd de Vries. Köln 1974.

Lichtenstern, Christa: Metamorphose in der Kunst des 19. und 20. Jahrhunderts. Bd. 1: Die Wirkungsgeschichte der Metamorphosenlehre Goethes von Philipp Otto Runge bis Joseph Beuys.

Mennekes, Friedhelm: Zur Aktualität des Mythos. In: Kunst und Kirche, 49 (1986). S. 26–30.

Ders.: Beuys zu Christus – Beuys on Christ. Eine Position im Gespräch – A Position in Dialogue. Stuttgart 1989.

Ders. (Hrsg.): Franz Joseph van der Grinten zu Joseph Beuys. Köln 1993.

Ders.: Joseph Beuys – Manresa. Eine Aktion als geistliche Übung zu Ignatius von Loyola. Frankfurt/M., Leipzig 1992.

Moffitt, John, F: Occultism In Avant-Garde Art. The case of Joseph Beuys. Ann Arbor, Michigan. 1988.

Müller, Martin: Wie man dem toten Hasen die Bilder erklärt. Schamanismus und Erkenntnis im Werk von Joseph Beuys. Alfter 1993.

Murken, Axel Hinrich: Joseph Beuys und die Medizin. Münster 1979.

Museumsverein Mönchengladbach (Hrsg.): 7 Vorträge zu Joseph Beuys 1986. Mönchengladbach 1986.

Nemeczek, Alfred: Zeichnungen und Aquarelle von Joseph Beuys in Berlin. In: art. 1980, Nr. 3. S. 66–77.

Ders.: Beuys: Ich hab' genug vom Kunstbetrieb. In: art. 1983, Nr. 2. S. 66–77.

Oellers, Adam C.: Übergänge. Beiträge zur Kunst und Architektur im Rheinland. Alfter 1993. (Beiträge zu Beuys, S. 209–268.

Ders.: Zu den Wandtafelzeichnungen Rudolf Steiners. Peiting 1994.

Rappmann, Rainer (Hrsg.): Petra Kelly, Joseph Beuys. ‹Diese Nacht, in die die Menschen ...›. Wangen 1994.

Ders. (Hrsg.): Joseph Beuys, Frans Haks – Das Museum. Ein Gespräch über seine Aufgaben, Möglichkeiten, Dimensionen ... Wangen 1993.

Raussmüller-Sauer, Christel (Hrsg.): Joseph Beuys und das Kapital. Schaffhausen: Hallen für Neue Kunst 1989. (Ausstellungskatalog)

Rech, Peter: Engagement und Professionalisierung des Künstlers. 1. Künstler und politisches Engagement am Beispiel Joseph Beuys. In: Kölner Zeitschrift für Soziologie und Sozialpsychologie. Köln, 24. 1972. S. 509–522.

Reuther, Hanno: Werkstattgespräch mit Joseph Beuys. In: Kunstjahrbuch. 1.1970. S. 36–42.

Romain, Lothar; Wedewer, Rolf: Über Beuys. Düsseldorf 1972.

Rosenthal, Mark: Joseph Beuys. Blitzschlag mit Lichtschein auf Hirsch. Schriften zur Sammlung des Museums für Moderne Kunst Frankfurt/M. Frankfurt/M. 1991.

Ruetz, Michael: Beuys. Nördlingen 1986.

Schellmann, Jörg; Klüser, Bernd: Joseph Beuys – Multiplizierte Kunst. Werkverzeichnis. München 1977. (4. völlig neu bearb. Aufl.).

Stachelhaus, Heiner: Joseph Beuys, Düsseldorf 1987.

Stemmler, Dierk: Zu den Multiples von Joseph Beuys. Zuerst erschienen im Katalog der Ausstellung: J.Beuys, Multiples. Kassel 1975. Hier jedoch teilweise überarbeitet und ergänzt. Bonn: Städt. Kunstmuseum 1977.
Stüttgen, Johannes: Der Erweiterte Kunstbegriff und Joseph Beuys Idee der Stiftung. Vortrag und Gespräch bei der Heinrich-Böll-Stiftung. Wangen 1990.
Ders.: Freie Internationale Universität. Wangen 1992. (3. Aufl.).
Ders. (Hrsg.): Similia Similibus. Joseph Beuys zum 60. Geburtstag. Köln 1981.
Ders.: Zeitstau. Im Kraftfeld des Erweiterten Kunstbegriffs von Joseph Beuys. Stuttgart 1988.
Thönges-Stringaris, Rhea: Letzter Raum. Joseph Beuys. Dernier espace avec introspecteur. Stuttgart 1986.
Thwaites, John Anthony: Das Rätsel Joseph Beuys. In: Kunstjahrbuch. 1.1970. S. 31–35.
Tisdall, Caroline: Joseph Beuys: Coyote. München 1980 (2. Aufl.).
Dies.: Joseph Beuys. Over Wallop, Hampshire 1979.
Verspohl, Franz-Joachim: Joseph Beuys – Das Kapital Raum 1970–77. Strategien zur Reaktivierung der Sinne. Frankfurt 1984.
Vischer, Theodora: Beuys und die Romantik. Individuelle Ikonographie, individuelle Mythologie? Köln 1983.
Dies.: Joseph Beuys. Die Einheit des Werkes. Zeichnungen, Aktionen, Plastische Arbeiten, Soziale Skulptur. Köln 1991.
Weber, Christa: Vom ‹erweiterten Kunstbegriff› zum ‹erweiterten Pädagogikbegriff›. Versuch einer Standortbestimmung von Joseph Beuys. Frankfurt/M. 1991.
Wedewer, Rolf: Hirsch und Elch im zeichnerischen Werk von Joseph Beuys. In: Pantheon. 35. 1977, 1. S. 51–58.
Wick, Rainer: Sozialutopisches Denken bei Joseph Beuys. In: Kunstforum international. 1978, 3 = Bd. 27. S. 103–107.

Literatur zu Rudolf Steiner

Badewien, Jan: Anthroposophie. Eine kritische Darstellung. Konstanz 1985.
Harbsmeier, Goetz: Anthroposophie – Eine moderne Gnosis. München 1957.
Hemleben, Johannes: Rudolf Steiner in Selbstzeugnissen und Bilddokumenten. Reinbek 1963.
Lauer, Hans Erhard: Vom neuen Bilde des Menschen. Leipzig, Straßburg, Zürich 1932.
Oellers, Adam C.: Zu den Wandtafelzeichnungen Rudolf Steiners. Peiting 1994.
Rittelmeyer, Friedrich: Vom Lebenswerk Rudolf Steiners. München 1921.
Schmundt, Wilhelm: Erkenntnisübungen zur Dreigliederung des sozialen Organismus. Durch Revolution der Begriffe zur Evolution der Gesellschaft. Achberg 1982.
Steiner, Rudolf: Das Christentum als mystische Tatsache und die Mysterien des Altertums. Frankfurt/M. 1986.
Ders.: Das menschliche Leben vom Gesichtspunkte der Geisteswissenschaft (Anthroposophie). Taschenbücher aus dem Gesamtwerk Bd. 612. Dornach 1982 (2. Aufl.).
Ders.: Das Miterleben des Jahreslaufes in vier kosmischen Imaginationen. Fünf Vorträge, gehalten in Dornach vom 5. bis 13. Oktober 1923 und ein Vortrag in Stuttgart am 15. Oktober 1923. Bd. 229 der Gesamtausgabe. Dornach 1989 (7. Aufl.).
Ders.: Die Apokalypse des Johannes. Ein Zyklus von zwölf Vorträgen mit einem einleitenden öffentlichen Vortrag, gehalten in Nürnberg vom 17.6.–30.6.1908. Tb. a. d. Gw. Bd. 672. Dornach 1990.
Ders.: Die Geheimwissenschaft im Umriß. Tb. a. d. Gw. Bd. 601. Dornach 1987 (6. Aufl.).
Ders.: Die Kernpunkte der Sozialen Frage in den Lebensnotwendigkeiten der Gegenwart und Zukunft. Frankfurt/M. 1985.
Ders.: Die Philosophie der Freiheit. Grundzüge einer modernen Weltanschauung. Frankfurt/M. 1985.
Ders.: Ein Weg zur Selbsterkenntnis des Menschen – Die Schwelle der geistigen Welt. Tb. a. d. Gw. Bd. 602. Dornach 1987 (4. Aufl.).

Ders.: Themen aus dem Gesamtwerk Bd. 5: Erde und Naturreiche. Vorträge, ausgewählt und herausgegeben von Hans Heinze. Stuttgart 1980.
Ders.: Friedrich Nietzsche. Ein Kämpfer gegen seine Zeit. Tb. a. d. Gw. Bd. 621. Dornach 1983 (2. Aufl.).
Ders.: Geistige Hierarchien und ihre Widerspiegelung in der physischen Welt. Tierkreis, Planeten, Kosmos. Zehn Vorträge, gehalten in Düsseldorf vom 12.4.–18.4.1909 und zwei Fragenbeantwortungen vom 21.4.–22.4.1909. Bd. 110 der Gesamtausgabe. Dornach 1991 (7. Aufl.).
Ders.: Themen aus dem Gesamtwerk Bd. 8: Geschichtserkenntnis. Zur Symptomatologie der Geschichte. Vorträge, ausgewählt und herausgegeben von Christoph Lindenberg. Stuttgart 1982.
Ders.: Grundlinien einer Erkenntnistheorie der Goetheschen Weltanschauung. Mit besonderer Rücksicht auf Schiller. Tb. a. d. Gw. Bd. 629. Dornach 1988 (4. Aufl.).
Ders.: Inneres Wesen des Menschen und Leben zwischen Tod und neuer Geburt. Ein Zyklus von sechs Vorträgen gehalten zu Ostern in Wien vom 9.4.–14.4.1914. Tb. a. d. Gw. Bd. 663. Dornach 1988.
Ders.: Makrokosmos und Mikrokosmos. Die große und die kleine Welt. Seelenfragen, Lebensfragen, Geistesfragen. Ein Zyklus von elf Vorträgen gehalten in Wien vom 21.3.–31.3.1910. Mit einem vorangehenden öffentlichen Vortrag in Wien, 19.3.1910. Tb. a. d. Gw. Bd. 703. Dornach 1992.
Ders.: Metamorphosen des Seelenlebens. Tb. a. d. Gw. Bd. 603. Dornach 1983 (3. Aufl.).
Ders.: Mysterienstätten des Mittelalters, Rosenkreuzertum und modernes Einweihungsprinzip. – Das Osterfest als ein Stück Mysteriengeschichte der Menschheit. Zehn Vorträge, gehalten in Dornach vom 4.1.–13.1. und 19.4.–22.4.1924. Bd. 233a der Gesamtausgabe. Dornach 1991 (5. Aufl.).
Ders.: Theosophie. Einführung in übersinnliche Welterkenntnis und Menschenbestimmung. Tb. a. d. Gw. Bd. 615. Dornach 1990 (9. Aufl.).
Ders.: Themen aus dem Gesamtwerk Bd. 4: Vom Lebenslauf des Menschen. Vorträge, ausgewählt und herausgegeben von Erhard Fucke. Stuttgart 1991 (4. Aufl.).
Ders.: Themen aus dem Gesamtwerk Bd. 17: Vom Wirken der Engel und anderer hierarchischer Wesenheiten. Vorträge, ausgewählt und herausgegeben von Wolf-Ulrich Klünker. Stuttgart 1991.
Ders.: Wenn die Erde Mond wird. Wandtafelzeichnungen 1919–1924. Herausgegeben von Walter Kugler. Mit einem Vorwort von Walter Dahn und Johannes Stüttgen. Köln 1992.
Ders.: Wie erlangt man Erkenntnisse der höheren Welten. Frankfurt/M. 1985.
Wachsmuth, Günther: Die ätherische Welt in Wissenschaft, Kunst und Religion. Vom Weg des Menschen zur Beherrschung der Bildekräfte. Dornach 1927.
Wehr, Gerhard: Rudolf Steiner. Leben – Erkenntnis – Kulturimpuls. München 1987.

Allgemein

Aristoteles, Werke. In deutscher Übersetzung. Begründet von Ernst Grumach. Herausgegeben von Hellmut Flashar. Berlin/Ost 1984/86.
Ders.: Metaphysik. Übersetzt von Hermann Bonitz. Leck/Schleswig 1966.
Bardenhewer, O. u.a. (Hg.): Des Heiligen Dionysius Areopagita angebliche Schriften über die beiden Hierarchien. Aus dem Griechischen übersetzt von Josef Stiglmayr/S.J. Kempten und München 1911.
Bergson, Henri: Denken und schöpferisches Werden. Aufsätze und Vorträge. Mit einem Nachwort von Konstantinos P. Romanos. Frankfurt/M. 1985.
Burckhardt, Titus: Alchemie. Sinn und Weltbild. Freiburg 1960.
Capelle, Wilhelm (Hrsg.): Die Vorsokratiker. Die Fragmente und Quellenberichte. Übersetzt und eingeleitet von Wilhelm Capelle. Stuttgart 1968.
Clausberg, Karl: Kosmische Visionen. Mystische Weltbilder von Hildegard von Bingen bis heute. Köln 1980.

Dessoir, Max: Vom Jenseits der Seele. Die Geheimwissenschaften in kritischer Betrachtung. Stuttgart 1931 (6. neu bearb. Aufl.).

Diels, Herrmann: Die Fragmente der Vorsokratiker, 3 Bde., Berlin 1903. 5. Aufl. hrsg. und zum Teil neu übersetzt v. W. Kranz 1934–37, 1959 (9. Aufl.), Nachdruck Zürich-Dublin 1972.

Düring, Ingemar: Aristoteles. Darstellung und Interpretation seines Denkens. Heidelberg 1966.

Fröbe-Kapteyn, Olga (Hg.): Das hermetische Prinzip in Mythologie, Gnosis und Alchemie. Eranos-Jahrbuch 9, 1942. Zürich 1943.

Furlong, E.J.: Imagination. London 1961. (Muirhead Library of Philosophy).

Gigon, Olof; Zimmermann Laila: Platon – Begriffslexikon. Erschienen als Bd. 8 der achtbändigen Platon-Jubiläumsausgabe im Artemis Verlag Zürich. Zürich und München 1974.

Hager, Fritz Peter (Hg.): Metaphysik und Theologie des Aristoteles. Darmstadt 1969.

Hirschberger, Johannes: Geschichte der Philosophie. 2 Bände. Freiburg, Basel, Wien 1991 (Sonderausgabe der 13. Auflage).

Jaeger, Werner: Die Theologie der frühen griechischen Denker. Stuttgart 1953.

Kant, Immanuel: Werke. Akademie/Textausgabe. Unveränderter photomechanischer Abdruck des Textes der von der Preußischen Akademie der Wissenschaften 1902 begonnenen Ausgabe von Kants gesammelten Schriften. Berlin 1968.

Klee, Paul: Tagebücher 1898–1918. Textkritische Neuedition. Herausgegeben von der Paul-Klee-Stiftung und dem Kunstmuseum Bern unter Bearbeitung von Wolfgang Kersten. Stuttgart 1988.

König, Josef: Der Begriff der Intuition. Halle 1926.

Koslowski, Peter: Gnosis und Mystik in der Geschichte der Philosophie. Darmstadt 1988.

Leisegang, Hans: Die Gnosis. Stuttgart 1941.

Nietzsche, Friedrich: Werke. Hg. v. Karl Schlechta. München 1980 (Neudruck d. 5. Aufl. v. 1966).

Otto, Walter F.: Die Götter Griechenlands. Das Bild des Göttlichen im Spiegel des griechischen Geistes. Frankf./M. 1987 (8. Aufl.).

Platon, Werke. In der Übersetzung von Friedrich Daniel Ernst Schleiermacher. Herausgegeben im Auftrage des Zentralinstituts für Philosophie der Akademie der Wissenschaften der DDR. Unter Leitung von Johannes Irmscher. Berlin/Ost 1987.

Reisner, Erwin: Der Dämon und sein Bild. Frankfurt/M. 1986.

Rosenberg, Alfons: Engel und Dämonen. Gestaltwandel eines Urbildes. München 1986 (2. Aufl.).

Schadewaldt, Wolfgang: Die Anfänge der Philosophie bei den Griechen. Die Vorsokratiker und ihre Voraussetzungen. Tübinger Vorlesungen Bd. 1. Frankf./M. 1978.

Schmaus, Michael u.a.: Handbuch der Dogmengeschichte. Bd. 2 Faszikel 2b: Die Engel. Von Georges Tarard. Unter Mitarbeit von André Caquot und Johann Michl. Freiburg i.Br./Basel/Wien 1968.

Wiesner, Jürgen (Hg.): Aristoteles – Werk und Wirkung. Bd. 2: Kommentierung, Überlieferung, Nachleben. Berlin – New York 1987.